GOLDMANN

Obwohl der Buddhismus im Westen mehr und mehr Interessierte und Anhänger findet, macht man sich noch weitgehend völlig falsche Vorstellungen von seinem Wesen und seiner Weltsicht – die irrige Meinung, der Buddha sei der »Gott der Buddhisten« ist nur ein Beispiel dafür. Da die Sanskrit-Terminologie der bis heute vorliegenden spezialisierten Einführungen für viele ein Hindernis für das Verständnis der durchaus nicht »exotischen« Gedanken des Buddhismus ist, hat der Autor sich in diesem Buch ein dreifaches Ziel gesetzt.

Erstens soll das Buch dem völligen Neuling in einfacher Sprache einen Zugang zu den wichtigsten Lehren des Buddhismus verschaffen. *Zweitens* soll es dem Leser auf klare und einprägsame Weise einen vollständigen Überblick über die buddhistische Sicht unserer Existenz, unserer Stellung im Universum und des letzten Sinnes des Lebens geben. *Drittens* will der Autor neben der von westlichen Denkern vor allem betonten rationalen Seite des Buddhismus auch seine emotionalen und künstlerischen Aspekte hervorheben und seine poetischen Dimensionen vermitteln.

Alex Kennedy, ein in der abendländischen Kultur verwurzelter praktizierender Buddhist, hat diese dreifache Zielsetzung meisterhaft verwirklicht. Wer sich für den Buddhismus und seine mögliche Rolle in der modernen westlichen Welt interessiert, der wird hier Information, Interpretation, aber auch Inspiration finden.

ALEX KENNEDY
WAS IST BUDDHISMUS?

Lehre und Weltsicht einer großen geistigen
Tradition, die heute auch das
westliche Denken beeinflußt

Aus dem Englischen übertragen
von Rüdiger Jansen

GOLDMANN VERLAG

Originaltitel: The Buddhist Vision

Umwelthinweis:
Alle bedruckten Materialien
dieses Taschenbuches
sind chlorfrei und umweltfreundlich.
Das Papier enthält bereits Recycling-Anteile.

Der Goldmann Verlag
ist ein Unternehmen der Verlagsgruppe Bertelsmann

Genehmigte Taschenbuchausgabe
© 1985 by Alex Kennedy
© der deutschsprachigen Ausgabe by Scherz Verlag, Bern,
München, Wien, für den Otto Wilhelm Barth Verlag
Umschlaggestaltung: Design Team München
Druck: Presse-Druck Augsburg
Verlagsnummer: 12396
M D · Herstellung: Heidrun Nawrot/sc
Made in Germany
ISBN 3-442-12396-8

3 5 7 9 10 8 6 4

Inhalt

VORWORT

Es gibt schon zahlreiche Bücher über den Buddhismus; deshalb bedarf es einer Rechtfertigung, wenn hier ein weiteres vorgelegt wird. Jahr für Jahr habe ich Vorträge über den Buddhismus gehalten sowie Menschen in buddhistische Meditationspraktiken eingeführt, und immer wieder empfand ich bei solchen Gelegenheiten den Mangel an Veröffentlichungen einer Art, die ich mit ehrlicher Überzeugung auch jenen Menschen hätte empfehlen können, die noch kaum etwas über die Lehren des Buddha wußten. Derartige Publikationen sollten eine Reihe verschiedener Eigenschaften miteinander verbinden; eben dies zu versuchen, war meine Absicht, als ich dieses Buch schrieb.

Zunächst sollte das Buch den Buddhismus auch völlig uninformierten Lesern verständlich machen und sie in die Grundlagen der wichtigsten Lehren einführen. Aus diesem Grunde habe ich komplizierte Einzelheiten und alle Fachausdrücke bis auf sechs oder sieben Wörter aus den kanonischen Sprachen des Buddhismus vermieden. Fremdsprachige Wörter wie «Buddha» und «Dharma» können wir nicht treffend übersetzen; deshalb übernahm ich sie, und man wird sie auch ins buddhistische Deutsch aufnehmen müssen. Vielleicht wird man mir eine zu starke Vereinfachung einzelner komplexer Lehren vorwerfen, doch gehe ich davon aus, daß Leser, die mehr wissen wollen, auch mehr lesen werden. Dazu soll die Liste mit Literaturhinweisen anregen.

Zweitens scheint es notwendig, einen umfassenden Überblick über die buddhistische Sicht der Existenz zu geben, damit der Leser erkennen kann, wie Buddhisten das menschliche Leben, seine Beziehung zum gesamten Universum und seinen wahren Sinn verstehen. Die Symbole des Lebensrades, der Spirale und des Mandala der Fünf Buddhas, die ich als Rahmen meiner Darstellung gewählt habe, erforschen und verknüpfen alle Aspekte des Daseins, während der Evolutionsbegriff, den ich als erklärenden Leitfaden wählte, geeignet ist, die Symbolgruppen selbst miteinander zu verbinden. Hat der Leser sie erst einmal verstanden, dann wird er eine allgemeine Vorstellung davon haben, wie ein Buddhist das Leben sieht.

Der Mensch zeigt verschiedene Seiten: Er handelt mit dem Herzen und mit dem Verstand. Der Buddhismus wendet sich an den ganzen Menschen, und deshalb sollte auch eine Darstellung des Buddhismus möglichst vielfältig sein. Um dies zu erreichen, entschloß ich mich, dieses Buch anhand von Symbolen zu gliedern, denn ich glaube, daß sie nicht nur handfeste psychologische und philosophische Informationen vermitteln können, sondern auch Einsichten einer eher bildhaften und poetischen Art.

Allzu viele Bücher über den Buddhismus sind trocken und akademisch. Dagegen war es mein Wunsch, ein wenig von dem spürbar werden zu lassen, was doch schließlich die buddhistische *Vision* der Wirklichkeit ist.

Was aber vielleicht das Wichtigste ist: Wir brauchen das Werk eines in dieser modernen Welt praktizierenden Buddhisten. Seit über zehn Jahren gehöre ich dem Westlichen Buddhistischen Orden an und bemühe mich, mein ganzes Leben dem buddhistischen Weg zu widmen. Seit ich dem Orden angehöre, habe ich mit meinem Lehrer und anderen Ordensmitgliedern dafür gearbeitet, eine buddhistische Bewegung zu schaffen, die den Menschen hilft, ein Leben als Buddhisten zu führen – und dies hier und jetzt.

Meine Darstellung des Buddhismus ist daher freimütiger Ausdruck einer Überzeugung. Ich schreibe als jemand, der ehrlich an den Inhalt seiner Ausführungen glaubt und sich bemüht, sie auch praktisch zu verwirklichen. Ich hoffe, dadurch zeigen zu können, daß der Buddhismus auch heute eine *praktische*

Lehre von großem Belang für die Menschen ist – so wie er es früher war und für alle Menschen zu allen Zeiten bleiben wird.

Als Engländer wurde ich im Westen geboren und wuchs dort auch auf. Bisher kam ich nie weiter in den Osten als an die jenseitige Küste der schönen griechischen Insel, wo ich dieses Buch schrieb. Ich hoffe, daß mein westlich geprägter Hintergrund dazu beitragen wird, anderen westlichen Menschen den Zugang zu diesem Text zu erleichtern.

Dieses Buch gibt in der Hauptsache mein Verständnis der Darlegungen meines verehrten Lehrers Sangharakshita über die Vision des Buddha wieder, und so bin ich denn allenfalls für Fehler und Entstellungen verantwortlich. Die schöpferische Vision selbst ist längst entfaltet; ich habe nur versucht, sie so klar und getreu wiederzugeben, wie ich kann. Ich hoffe, daß es mir gelungen ist und dazu beitragen wird, in zahlreichen Menschen Herz und Verstand auf ihr ureigenes Entwicklungspotential anzusprechen.

Was dies und die meisten anderen sinnvollen und fruchtbaren Bereiche meines Lebens angeht, empfinde ich tiefen Dank gegenüber dem ehrwürdigen Sangharakshita, der die Lehren darlegte, auf denen dieses Buch basiert, der mich ermutigte, es zu schreiben, und bereit war, die Belastung durch ein geschwächtes Sekretariat während meiner Abwesenheit hinzunehmen. Ihm verdanke ich so viel, daß ich ihn in meinem Text vermutlich manches Mal wörtlich zitiert habe, ohne es zu bemerken. Alle hier beschriebenen Lehren kommen mehr oder weniger direkt von ihm.

Auch meinen Freunden und Mitarbeitern, den Dharmacharis Vessantara, Bodhiraja und Ratnaprabha, möchte ich danken, daß sie heiteren Sinnes die zusätzliche Arbeit leisteten, die ihnen durch meine Abwesenheit zuwuchs. Robert Stainton hat mir nicht zum ersten Male ermöglicht, seine griechische Villa zu bewohnen, die für einen Autor wahrlich ein bergender Hafen ist. Nie bisher sind wir einander begegnet – um so mehr schätze ich seine selbstlose Großzügigkeit. Dharmachari Jayadeva schließlich war der Gefährte meiner einsamen Inselzuflucht: Er kaufte ein, kochte für mich und hielt Ordnung im Haus. Gelassen ertrug er jene Zeiten, da mein Stift nicht schreiben wollte, wie auch meine selbstversunkene Schweigsamkeit, wenn die Tinte endlich wieder floß. Ohne die Hilfe dieser Freunde hätte ich das Buch nicht schreiben können.

Dharmachari Subhuti
Skopelos, Griechenland

7. April 1984
Sechzehnter Gründungstag des
Westlichen Buddhistischen Ordens

1 UNSERE SICHT DER DINGE

Jedermann hat eine Sichtweise, eine Perspektive, aus der er das Dasein betrachtet. Ansichten bestimmen die Richtung unseres Lebens. Oftmals nahezu völlig unbewußt, legen sie in unserem Geist ein Fundament, das aus undurchdachten Annahmen über uns selbst und unsere Welt besteht. Obwohl wir unserer Sichtweisen überhaupt nicht gewahr sein mögen und sie vielleicht auch niemals ausdrücklich formulieren, offenbaren wir doch in allem, was wir tun und sagen, unsere grundlegenden Perspektiven. Unsere Ansichten mögen widersprüchlich, unbegründet und haltlos sein, doch da wir uns so sehr mit ihnen identifizieren, erkennen wir sie kaum je als das, was sie sind. Es ließe sich sogar sagen, daß wir unsere Ansichten *sind*.

Ansichten, das können beiläufig geäußerte Meinungen über Alltägliches, aber auch Theorien über letzte metaphysische Fragen sein. Jedermanns Wertesystem gründet letztlich auf irgendeiner Ansicht über den Sinn des Lebens, wie verschwommen, unausgegoren oder widersprüchlich diese auch sein mag. Ob wir nun das Leben als einen Kampf um den Bestand des Bestangepaßten betrachten mögen, als Vorbereitung auf ein kommendes höheres Leben oder als eine letzten Endes sinnlose Angelegenheit – in der Regel bleiben solche Ansichten ein lose aufgehäufter Mischmasch von Mutmaßungen, Vorurteilen, Meinungen und Glaubenssätzen, die jedoch alle auch zu überaus komplizierten und verwirrenden Philosophien aufgebauscht werden können.

Selbst wenn wir unsere Ansichten zu feingemusterten Gedankenteppichen verweben, haben sie doch letztlich eine emo-

tionale Grundlage. Unsere Grundanschauungen sind nicht so
sehr gedanklicher Natur – obwohl sie durchaus begrifflich faßbar sein mögen –, sondern eher übermächtige Mythen, die
unsere Wünsche und Leidenschaften in eine Form gießen, etwa
der Mythos von der Überlegenheit der arischen Rasse, der
Mythos von der vollkommenen Gesellschaft als notwendigem
Ziel aller Geschichte oder der Mythos von der Rettung des
Menschen durch einen Erlöser-Gott. «Mythos» in diesem Sinne bezeichnet nicht etwa bloße Legendenbildung oder Fiktion,
sondern eine archetypische Gestaltung unserer Psyche, die Verstand und Gefühl zu einem Ganzen verschweißt und ihnen
dieselbe Stoßrichtung gibt. Im Verein mit der ganzen Masse
unserer Anschauungen sind es solche Mythen, die uns bewegen.

Allgemein gesprochen kommen wir zu unseren Ansichten
auf zweierlei Art: Wir bilden sie eigenständig, oder wir übernehmen sie von unserer Kultur. Meistens geschieht das unbewußt, und wir treffen kaum eine Auswahl unter den Dingen,
von denen wir unser Bewußtsein und unser Leben prägen lassen. Ansichten, die wir eigenständig bilden, sind oft nur Rationalisierungen, die unser Streben nach der Erfüllung unserer
Wünsche rechtfertigen. Anschauungen anderer Menschen
übernehmen wir zum einen oft aus dem Bedürfnis, uns den
Meinungen unserer Familien, Freunde und sozialen Bezugsgruppen anzupassen, zum anderen, weil sie im Sinne unserer
eigenen Wünsche sind. Dauernd werden wir mit Ansichten
gefüttert: von Bildungseinrichtungen, Massenmedien und bei
unseren täglichen Begegnungen. Auch unsere Häuser und
Wohnungen sowie die Art unserer Kleidung prägen unsere
Sicht der Welt.

Haben wir uns einmal bestimmte Ansichten zu eigen gemacht, können diese unseren weiteren Lebensweg tief beeinflussen. Nachdem sie zunächst unseren Gefühlen und Gedanken einen Halt gegeben haben, modellieren sie nun auch unser
Tun. Wir ordnen die Welt entsprechend unseren Wünschen und
leben dann in dieser von uns selbst geschaffenen Welt. Natürlich haben unsere Ansichten auch Folgen für uns – gute ebenso
wie schlechte. Sie können uns in einen endlosen Kreislauf von

Verwirrung und Leiden verstricken oder zu wachsender Freiheit und Erfüllung führen. Es ist von äußerster Wichtigkeit für uns, daß wir unser Denken klären und Ansichten, die heilsam und hilfreich wirken, von solchen Sichtweisen unterscheiden, die Krankheit und Leiden bringen – unser Leben hängt davon ab.

Eine solche Klärung unserer Geisteshaltung zwingt uns zu einer genauen Selbstprüfung. Wir müssen lernen, unserer Gedanken und Motive gewahr zu werden. Wir müssen erkennen, was uns beeinflußt und wohin es uns führt. Wir müssen die Verantwortung für unsere eigenen Ansichten übernehmen, müssen erkennen, welche Emotionen hinter ihnen stehen und wohin sie uns treiben. Bis hierher ist das größtenteils «negative» Arbeit: das Ausräumen von allem, was uns nur den Blick trübt und verwirrt. Doch dann stehen wir vor der Frage: Wie *sollen* wir nun aber die Welt sehen? Zum einen können wir versuchen, eigenständig ein vollständigeres und befriedigenderes Weltbild aufzubauen, andererseits können wir uns dem Einfluß einer schon entwickelten Weltanschauung öffnen. Beide Möglichkeiten bergen ihre besonderen Gefahren und Schwierigkeiten. Im ersten Fall mögen wir selbst, im zweiten andere uns täuschen. Beide Wege können ebenso zum Erfolg wie ins Verderben führen. Es ist jedoch fast unumgänglich, daß wir uns der Führung anderer anvertrauen. Solange wir uns nicht völlig von der menschlichen Gesellschaft fernhalten (was ohnehin heutzutage auch dann fast unmöglich ist, wenn es wünschenswert wäre), werden wir immer wieder manchen Einwirkungen ausgesetzt sein, denen wir uns kaum entziehen können. Außerdem: Wenn andere Menschen – und vielleicht erst nach großen Mühen und Leiden – ein Blickfeld gewonnen haben, das weitaus breiter ist als unser eigenes, so wären wir töricht, wenn wir uns ihrer Belehrung nicht öffnen wollten. Unsere eigene Bemühung würde dagegen viel kraftvoller, wenn wir – mit kluger Umsicht – die fruchtbarsten Sichtweisen der menschlichen Kultur auf uns einwirken ließen.

Nie zuvor stand eine solche Vielfalt von Weltanschauungen zur Auswahl wie in unserer Zeit. Im Westen finden wir noch die überlieferte, christlich geprägte Kultur, wenn auch heutzutage in der Defensive, während daneben die moderne «Konsumgesellschaft» mit ihrem Versprechen augenblicklicher materieller Bedürfnisbefriedigung in der ganzen Welt immer mehr Anhänger findet. Daneben entwickelt sich ein breites Spektrum «alternativer» Anschauungen, die von östlicher Religion und westlicher Wissenschaft, Psychologie und Philosophie in dieser oder jener Verbindung zehren. Unter allen diesen Anschauungen müssen wir wählen, welchen Einfluß wir zulassen wollen.

Nur – wie können wir das überhaupt entscheiden? Wäre unsere Bewertung nicht selbst wieder bloß auf Ansichten gegründet? Neigen wir nicht einfach dazu, eben das zu wählen, was unseren jeweiligen Wünschen entspricht, ganz unbekümmert um die möglichen Folgen? Wie können wir Werte bewerten? Diese Fragen werfen uns auf unsere eigene Erfahrung zurück. Unsere Erfahrung aber müssen wir sorgfältig und kritisch prüfen. Zunächst einmal ist sicherzustellen, daß wir die in Frage stehende Anschauung richtig verstanden haben und sie nicht vorschnell, von unseren Vorurteilen geblendet, bewerten. Danach können wir fragen, ob sie einen vernünftigen Sinn ergibt, ob sie in sich folgerichtig ist und unserer Erfahrung entspricht. Weiter können wir untersuchen, mit welchen Folgen wir rechnen müssen, wenn wir im Sinne dieser Anschauung handeln. Wir können etwa beobachten, wie einzelne ihrer Anhänger leben, denen wir begegnen. Wir können auch mit uns selbst experimentieren, um ihre Auswirkungen am eigenen Leibe zu spüren.

Nicht nur eine eher kühl durchdachte Überprüfung in diesem Sinne ist möglich, sondern wir sollten auch unsere unmittelbaren Reaktionen auf die Anschauung beachten. Dabei müssen wir natürlich selbstkritisch sein und oberflächliche Parteilichkeit von echter Intuition unterscheiden. Wenn wir unbefangen und ehrlich sind, werden wir sehen, daß einige Anschauungen uns offenbar einengen und fesseln, so als ob wir in ihrem Bannkreis nicht mit ganzem Herzen und Verstand denken und erleben dürften. Anschauungen dieser Art sind zu eng, um unseren Möglichkeiten als Menschen gerecht werden zu können. Andere dagegen werden uns düster und verdreht vorkommen; sie verbiegen unsere Natur zu bizarren und abwegigen Gestaltungen. Wieder andere scheinen unser Herz zu weiten, unseren Geist zu beflügeln; sie geben uns Raum zu wachsen und frische Luft zum Atmen. Sie öffnen vor unserem Blick grenzenlose Weiten und ungeahnte Möglichkeiten, die uns unwiderstehlich anlocken.

Das Maß der Bewertung liegt in unserer eigenen Erfahrung. Wenn wir uns selbst gut genug kennen und ehrlichen Sinnes suchen, werden wir bemerken, daß wir im einen Fall an echter Freude, Freundlichkeit und geistiger Klarheit gewinnen, im anderen aber Leiden, Entfremdung von anderen Menschen und Verwirrtheit erfahren. Wir können sehen, welche Sichtweisen hierhin und welche dorthin führen. Jene, die die Entstehung positiver und heilsamer Zustände begünstigen, nennt man in buddhistischer Sprache «rechte Anschauung»; jene, die negative Zustände hervorbringen, gelten als «falsche Anschauung».

Die Sichtweise, um die es in diesem Buch geht, ist eine buddhistische Sicht des Lebens, und sie will mit dem oben genannten Maß bewertet werden. Sie behauptet von sich, eine Lebensanschauung zu sein, die dem einzelnen hilft, glücklicher zu werden, in größerer Harmonie mit anderen zu leben und die Welt klarer zu sehen und zu verstehen. In seinem Kern ist der Buddhismus dies: ein Wissen um die unendlichen Entfaltungsmöglichkeiten des Menschen. Nichts setzt uns endgültige Grenzen; Buddhisten kennen keinen Gott, der uns für immer unerreichbar bleibt. Wenn wir nur zu der erforderlichen Bemühung bereit sind, können wir Sperre um Sperre in unserem Leben durchbrechen und in einer endlos steigenden Spirale wachsende Erfüllung, Einsicht und Liebe erfahren.

Der Begründer der buddhistischen Überlieferung, der unter dem Namen «Der Buddha» oder «Der Erwachte» bekannt ist, verlangte von seinen Schülern keinen blinden Glauben, sondern hielt sie nachdrücklich dazu an, «meine Worte so zu prüfen, wie ein Schmied das Gold im Feuer prüft». Immer wieder fordern die buddhistischen Texte uns auf, das Gehörte sorgfältig zu erwägen, bevor wir ihm Vertrauen schenken. Wir sollten uns der buddhistischen Sichtweise hellwach und verantwortlich nähern und dabei unsere eigenen Gedanken und Gefühle von der Masse übernommener Annahmen trennen. Wir sollten uns bemühen, weder blind und fraglos zuzustimmen noch voreingenommen abzulehnen. Wir sollten diese Anschauung sorgfältig, aufmerksam und wohlwollend anhören und sie im Lichte unserer eigenen Einsicht, Intuition und Erfahrung bewerten.

So unabdingbar eine solche kritische Einschätzung auch ist, sie ist nur ein erster Schritt. Kritische Überprüfung und intellektuelle Billigung genügen nicht. Der Buddhismus fordert Taten von seinen Anhängern. Sie sollen ihn in die Tat umsetzen, als Richtschnur ihres Handelns nehmen und sich zu eigen machen. Und selbst das genügt noch nicht. Die buddhistische Anschauung mag uns zwar befähigen, eine höhere und edlere Geisteshaltung zu erstreben und uns positiver zu verhalten, doch ist sie auf dieser Stufe noch nicht eigene unmittelbare Anschauung. Sie erscheint uns vernünftig, intuitiv bejahen wir sie, und unsere eigene Erfahrung bestätigt sie, aber eigentlich handelt es sich doch noch immer um eine äußere Einwirkung auf uns. So zielt die buddhistische Sicht der Dinge letztlich darauf ab, in den Menschen, die sich von ihr angesprochen fühlen, ein *Sehvermögen* heranzubilden, mit dem sie sich durch eigene Erfahrung von der Wahrheit dieser Sicht überzeugen können. Dann allerdings hat man in gewissem Sinne überhaupt keine Ansichten mehr, denn alle Ansichten sind nun durch direkte Schau abgelöst worden.

Für den Buddhismus liegt das letzte Kriterium der Bewertung aller Ansichten darin, ob sie zur Transzendierung von Ansichten, also zu unmittelbarer Schau führen. Falsche Ansichten entstellen und behindern das Leben derer, die sie hegen. Rechte Ansichten fördern zunächst die Entstehung einer immer positiveren Grundhaltung, vor allem aber führen sie schließlich zu jener direkten Erfahrung der Natur des Daseins, die wir «unmittelbare Schau» nennen. Diese Schau bildet das Kernstück des Buddhismus, und für die Buddhisten war es Siddhārtha Gautama, dem sie vor ungefähr 2500 Jahren in Nordindien als erstem zuteil wurde. Durch das Erlangen dieser Schau wurde er der Buddha. Er sah, daß jeder Mensch ein Buddha werden kann, und er widmete den Rest seines Lebens der Aufgabe, anderen zu helfen, zu dieser unmittelbaren Schau zu gelangen. Die Überlieferung, die wir als Buddhismus kennen, ist das beharrliche Bestreben der Nachfolger des Buddha, anderen Menschen diese Schau oder Vision der Wirklichkeit zu vermitteln.

Die Vision des Buddha ist nicht an bestimmte Orte oder Zeiten gebunden, sondern heute so wichtig wie zu jedem beliebigen Zeitpunkt in der langen Geschichte der von ihm begründeten Überlieferung. In den verschiedenen Kulturen und Zeiten wurde sie auf dem Wege ihrer Verbreitung fortwährend erneuert und fand neue Ausdrucksformen. Die Tradition ist ein wahres Schatzhaus vielfältiger Formen, die sie im Laufe ihrer Übermittlung angenommen hat. Jede dieser Formen hatte ihre eigene Kraft, Menschen zur tiefgreifenden Wandlung ihrer selbst und ihrer Welt zu bewegen.

Unsere Zeit ist von der Auflösung allgemein verbindlicher Werte gekennzeichnet. Wir stehen vor einem Schmelztiegel der Ansichten, über die es keine allgemeine Einigkeit gibt. Die zunehmend tonangebende Sichtweise ist die materialistische. Übernatürliches und Anderweltliches, Himmel und Hölle oder andere vorstellbare Seinsdimensionen spielen im bewußten Erleben der meisten Menschen heute kaum eine Rolle. Zweifellos sind viel Aberglaube und Unsinn verschwunden, doch blieben wir mit drastisch verengtem Gesichtsfeld zurück. Flach und eindimensional ist diese Welt, in der wir unsere kurze Spanne zwischen Geburt und Tod verbringen. Viel von unserer Zeit ist angefüllt mit aufwendiger Haushaltsführung und dem Geschäft des physischen Überlebens – wenn auch in immer mehr Komfort und Bequemlichkeit. Was dann noch übrig ist an Zeit, widmen wir der Zerstreuung und Unterhaltung.

All denen, die spüren, daß diese Sicht des Lebens etwas in ihnen unbeantwortet läßt, ist diese buddhistische Vision zugedacht.

2 EINE VISION DES DASEINS

Die gesicherten historischen Befunde zeichnen nur einen vagen Umriß der Lebensgeschichte des Buddha. Wir wissen, daß er als Siddhārtha Gautama im sechsten Jahrhundert vor unserer Zeitrechnung geboren wurde, und zwar in Lumbini, nahe der heutigen Grenze zwischen Indien und Nepal. Sein Vater war ein führender Adliger, vielleicht auch das Oberhaupt der Shākyas, eines wohlhabenden Kriegerstammes. Wenige Tage nach der Niederkunft starb die Mutter, und Siddhārtha Gautama wurde von seiner Tante aufgezogen. Sehr jung verheiratete man ihn mit einer Kusine, die ihm einen Sohn mit Namen Rahula gebar. Als junger Mann geriet Siddhārtha in eine aufrüttelnde geistige Krise, die er später mit diesen Worten beschrieb:

Auch ich begehrte vor dem Erwachen, als ich noch ichgebunden war und daher der Geburt unterlag, das, was ebenfalls ichgebunden war und daher der Geburt unterlag. Selbst dem Altern, Siechtum, Sterben, der Sorge und Unreinheit ausgeliefert, verlangte ich nach dem, was ebenfalls dem Altern, Siechtum, Sterben, der Sorge und Unreinheit ausgeliefert war. Da fragte ich mich: «Warum strebe ich, der ich selbst allen diesen Dingen ausgeliefert bin, dennoch nach ihrem Besitz? Warum suche ich, der ich Geburt, Alter, Verfall, Tod, Sorge und Unreinheit unterliege, nicht das Ungeborene, Nicht-Alternde, Nicht-Verfallende,

das Todlose, Sorgenfreie, Reine, den höchsten Schutz vor
den Fesseln – Nirvāna?»*

Siddhārtha Gautama empfand eine tiefe Abneigung gegen die
Schalheit seines reichen Bürgerlebens und nahm – was damals
ein von der Gesellschaft wohl angesehener Weg war – die
Wanderschaft eines Wahrheitssuchers auf. Zunächst schloß er
sich verschiedenen Lehrern an, die ihn aber nicht wirkungsvoll zu unterweisen wußten. Darauf übte er einige Jahre lang
strenge Selbstkasteiungen, bis er sich schließlich entschloß –
nun ganz auf sich allein gestellt –, den Pfad der Meditation zu
gehen. Unter einem Feigenbaum nahe Bodhgayā sitzend, erlangte er Erleuchtung und wurde zum Buddha.

Es heißt, er habe nach seiner Erleuchtung zunächst keine
Möglichkeit gesehen, seine Erfahrung mit anderen zu teilen,
denn die Kluft zwischen einem erleuchteten Geist und der
übrigen Menschheit ist in gewissem Sinne unendlich weit.
Doch gehörte zum Wesen seiner Erfahrung auch ein tiefes
Gefühl des Erbarmens mit allem Lebendigen. Er wußte, daß
seine erleuchtete Schau die Leiden aller Wesen ein für allemal
aufheben konnte, sofern sie nur ihre volle Tiefe und leuchtende Schönheit wahrzunehmen vermochten. In seiner Vorstellung sah er die gesamte Menschheit wie Lotospflanzen in
einem großen Teich. Einige steckten noch tief im Bodenschlamm, andere schoben gerade ihre Knospen über den
Wasserspiegel, während manche schon frei aus dem Wasser
ragten und begannen, ihre Blüten zur Sonne hin zu öffnen.
Auf solche Weise sah er die Lebewesen entsprechend ihrer
individuellen Entwicklungsstufe. Manche waren schon bereit
und im Herzen empfänglich für seine Lehren; andere benö-
tigten noch seine Ermutigung zu wachsen, bis sie die Erleuchtungserfahrung in ihrer Fülle aufnehmen konnten. Dieser Aufgabe widmete der Buddha den Rest seines Lebens.
Mit großem Geschick und unermüdlicher Geduld entwickelte er ein umfassendes Lehrsystem, das allen Temperamenten
und Entwicklungsstufen genügen konnte. Der Überlieferung

* *Ariyapariyesanasutta, Majjhima-Nikāya,* I, 163.

nach gelangten viele seiner persönlichen Schüler zur Erleuchtung, und, von seinem Vorbild inspiriert, folgten ihnen durch die Jahrhunderte viele andere. Trotz des Verfalls und der Auszehrung einiger institutionell verhärteter Formen bewahrte der Buddhismus 2500 Jahre lang in sich eine lebendige Überlieferung unmittelbarer spiritueller Erfahrung, die auf den Buddha selbst zurückgeht.

Worin besteht nun die unmittelbare Schau des Daseins, die Vision oder Einsicht, die der Buddha erlangte? Die Einsicht selbst wie auch alle Versuche, sie anderen zu vermitteln, wird von Buddhisten der «Dharma» genannt. (Dies ist ein Sanskrit-Wort mit einer Vielzahl von Bedeutungen; im Pali, einer anderen wichtigen Sprache des frühen Buddhismus, heißt es «Dhamma».) In unserem gegenwärtigen Zusammenhang bezeichnet «Dharma» die Wahrheit, wie sie vom Buddha erfahren und gelehrt wurde. Das Wort ist einer der buddhistischen Schlüsselbegriffe, die wir am besten unübersetzt lassen. Buddhisten sprechen nicht vom «Buddhismus», sondern vom «Dharma», und sich selbst nennen sie «Dharma-Anhänger». Somit lautet unsere Frage nun: «Was ist der Dharma?», und in gewisser Hinsicht können wir die Frage natürlich überhaupt nicht beantworten. Der Dharma ist nicht mit dem Verstand allein zu begreifen; man muß ihn in unvermittelter Direktheit, sozusagen von Angesicht zu Angesicht erfahren. Vorerst können uns allerdings auch begriffliche Umschreibungen der Erleuchtungserfahrung helfen, wenigstens eine rationale Vorstellung von ihrer Reichweite zu gewinnen. Symbole und Bilder haben darüber hinaus die Kraft, in tieferen Schichten unser bildliches Vorstellungsvermögen anzufachen, das uns etwas von der Schönheit und Größe der Einsicht des Buddha spüren läßt. In diesem Buch werden wir eine Mischung aus begrifflichen Formulierungen und Sinnbildern verwenden, um den Dharma in seinen allgemeinen Umrissen darzustellen. In der Hauptsache werden wir dabei drei bedeutende Symbole – oder besser Gruppen von Symbolen – untersuchen: das Lebensrad, den Spiralen-Pfad und das Mandala der Fünf Buddhas. Diese Symbole werden den Rahmen unserer Ausführungen bilden. Zunächst aber sind noch einige Grundprinzipien des Dharma zu klären.

Das wichtigste Erklärungsmodell, das der Buddha benutzte, um seine Vision zu verdeutlichen, ist als «Prinzip der Universalen Bedingtheit» bekannt oder – genauer, aber auch weniger griffig – als «Gesetz des bedingten Entstehens»:

Wenn dieses besteht, wird jenes; aus der Entstehung von diesem entsteht jenes; wird dieses nicht, so wird jenes nicht; wenn dieses aufhört, hört jenes auf.

Unserem Intellekt sind solche Worte trügerisch leicht eingängig, und doch weisen sie in eine Bedeutungstiefe, die auszuloten nur wenigen gelingt. Sie lehren uns, daß das gesamte Universum aus Prozessen besteht, deren jeder in Abhängigkeit von einem Bedingungsgeflecht auftritt. Wirken die Entstehungsbedingungen eines bestimmten Vorganges nicht mehr, dann endet er. Selbst ein Ergebnis von Bedingungen, verursacht jeder Prozeß seinerseits weitere Prozesse. Der Buddha sah alles – im Menschen und in der Welt – als die Gesamtheit solcher miteinander verflochtener Prozesse. Das Leben ist ein unaufhörlicher Wirbel von Bewegung. Nichts verharrt auch nur für einen Augenblick in Ruhe: Immer entsteht es oder vergeht. Was wir «Dinge» nennen, sind in Wirklichkeit Prozesse. Die Welt erscheint uns so, als bestünde sie aus festen und dauerhaften Gebilden, die sich im Grunde stets gleich bleiben. Für das praktische Handeln unseres Alltags ist es durchaus zweckmäßig, die Dinge so zu sehen, nur machen wir leider dabei nicht halt, sondern verkehren das Praktische und Zweckmäßige in Glaubenssätze und leben dann so, als seien wir und unsere Welt von ewiger Dauer. Doch alles – wir Menschen eingeschlossen – ist Wandel, und wenn es auch eine Kontinuität geben mag in diesem Wandlungsprozeß, so ist doch nichts von ewigem Bestand.

In gewisser Hinsicht ist diese wesenhafte Unbeständigkeit von allem Bedingten furchterregend. Sie bedeutet, daß wir uns nie fest auf irgend etwas Bedingtes verlassen oder stützen können. Worauf wir auch immer bauen mögen, es wird unweigerlich verfallen. Materielle Dinge können verlorengehen, gestohlen werden oder zerbrechen. Menschen schwanken in ihren

Neigungen und werden irgendwann sterben. Nichts in der Erscheinungswelt ist von wirklicher Substanzhaftigkeit. Auf nichts können wir uns deshalb wirklich verlassen. Bauen wir auf Umstände, die bedingter Natur sind, dann verurteilen wir uns damit selbst dazu, früher oder später Enttäuschung und Schmerzen zu erleiden.

Die Tatsache der Vergänglichkeit hat jedoch auch eine Kehrseite. Sie bedeutet, daß alles sich wandeln muß und sich gerade deshalb auch zum Besseren wenden kann. Der Strom des bedingten Geschehens kann nämlich auf zwei Arten fließen: Er kann wie Ebbe und Flut in einer wiederkehrenden Schwingung zwischen Wachstum und Verfall pendeln, aber auch in einer ansteigenden Kurve einer immer höheren Entwicklung entgegenstreben. Er kann zyklisch verlaufen und sich wie ein Rad Runde um Runde drehen; und er kann sich hochwinden, höher und höher wie eine Spirale. Da wir selbst bedingte Prozesse sind, können wir also ein Leben führen, das sich im Kreise dreht oder aber in spiralförmigem Aufstieg immer höher strebt.

Die zyklische Form der Bedingtheit ist ausschließlich quantitativer Art. Das Spiel der wechselnden Bedingungen mischt aus verschiedenen Zutaten vorübergehend die Gestalten etwa eines Steines, eines Baumes oder eines Pferdes zusammen. Nach einer Weile wandeln sich die Bedingungen, und der Zusammenhalt schwindet. Unerbittlich folgen Wachstum und Verfall aufeinander. Ob nun gerade Riesensterne oder Lebewesen in ihrer erstaunlichen Vielfalt entstehen – früher oder später beginnt ihr Niedergang, und sie vergehen. Diese Art der Bedingtheit ist mechanisch: Den einmal gegebenen Voraussetzungen folgen bestimmte Konsequenzen mit der Zuverlässigkeit eines aufgezogenen Uhrwerks. Zyklisch ist diese Art der Konditionalität in dem Sinne, daß jedes Wachsen bloß ein Wachsen hin zu neuem Zerfall ist. Wie ein großes Rad dreht sich die Kette der Bedingungen, heute aufwärts und morgen abwärts. An seiner Nabe fixiert, gelangt das Rad nie über seinen eigenen Umfang hinaus. Nichts Neues entsteht, nur endlose Umgestaltungen des Alten.

Ein Großteil unseres Tuns vollzieht sich auf solche Art.

Nicht nur unsere Körperfunktionen unterliegen dem zyklischen Typ der Bedingtheit, sondern auch viele Bereiche unseres Geisteslebens. Unser Denken und Handeln ist das Ergebnis eines Bedingungsgefüges physischer, biologischer und sozialer Art. Wir sind weitgehend das, wozu unsere Umgebung uns gemacht hat. In der Tat können wir einen Großteil unseres Verhaltens nach dem simplen Muster eines Reiz-Reaktion-Modells Pawlowscher Prägung verstehen. Wir re-agieren auf die uns umgebenden Dinge und sind dabei unserer selbst kaum bewußt. Diesen Typ psychischen Funktionierens bezeichnen wir als «reaktiven Geist».

Der reaktive Geist wirkt nicht in allem menschlichen Verhalten. Es gibt noch etwas anderes, wovon wir uns leiten lassen können, den «schöpferischen Geist». Dieser Typ mentaler Aktivität folgt dem spiralförmigen Modus der Bedingtheit und zeichnet sich durch eine Zunahme von *Qualität* aus. Hier windet sich die Kette der Bedingungen nicht im Kreis, sondern steigt unter immer neuen Anstößen auf und vermehrt ihre Qualität von Stufe zu Stufe. Jeder Bedingungsfaktor übertrifft den vorhergehenden und wird seinerseits vom nächstfolgenden übertroffen. Jeder bildet die Grundlage der aus ihm hervorwachsenden Stufe, ohne diese jedoch zu begrenzen. In einer solchen spiralförmigen Weise zu leben, heißt, schöpferisch zu sein: Wir nehmen die Bedingungen, wie sie auftreten – unsere Umwelt, unsere eigenen Empfindungen und Gefühle –, und füllen sie mit einem neuen Wert, den wir aus unserer eigenen Tiefe schöpfen.

Im Werk des Künstlers sehen wir ein gutes Beispiel für das spiralförmige Wirken des schöpferischen Bewußtseins. Ein Bildhauer etwa wählt unbehauenen Stein und den Kopf seines Modells als Vorgaben und gestaltet nun ein Werk, das nicht allein durch Ähnlichkeit seine Kunstfertigkeit zeigt, sondern darüber hinaus eine tiefere Einsicht in das Wesen des Menschen bezeugt. Dabei handelt es sich nicht bloß um eine quantitative Veränderung des Steinblocks, sondern auch um eine qualitative Wandlung im Bewußtsein des Künstlers, die er seiner Skulptur mitteilen konnte.

Der schöpferische Geist ist keineswegs exklusiver Besitz der

Künstler. Wann immer wir unsere Bedingtheit – und sei es auch geringfügig – übersteigen, handeln wir schöpferisch. Wann immer wir zum Beispiel von echter Uneigennützigkeit und Großzügigkeit bewegt sind, wann immer wir neue Eintracht und Klarheit in unseren Lebensumständen herbeiführen, handeln wir schöpferisch. Schöpferisches Handeln zeichnet sich aus durch Selbst-Gewahrsein und Spontaneität und durch positive Empfindungen wie Freundlichkeit, Glück und Aktivitätsdrang. Schöpferisch handeln heißt, immer von neuem die Grenzen unserer Bedingtheit zu durchbrechen, und dies auf immer höheren Stufen.

In jedem Moment unseres Lebens haben wir zwischen schöpferischen und reaktiven Verhaltensmöglichkeiten zu wählen. Es liegt an uns, ob wir den Zyklus bloßen Reagierens fortsetzen oder ob wir, das Gewahrsein unserer selbst steigernd, allmählich einen Strom schöpferischen Verhaltens in Gang bringen. Der Dharma ermutigt uns, diesen Übergang vom reaktiven zum schöpferischen Geist zu wagen. Er zeigt uns, daß reaktives Verhalten zu immer neuer Enttäuschung und Unzufriedenheit führt, während das Schöpferische eine stets wachsende Freude und Erfüllung bewirkt.

Der reaktive Geist wird durch das Rad symbolisiert, der schöpferische durch die Spirale. In verschiedenen Menschen finden wir Rad und Spirale unterschiedlich stark ausgeprägt vor. Manche bemühen sich nicht im geringsten, höhere Zustände in sich zu erzeugen; ihr Bewußtsein bleibt vom zyklischen Bedingungstyp bestimmt, also vom Rad. Andere bemühen sich hier und da, obwohl sie weiterhin vorwiegend re-agieren. Sie sind teilweise Rad, teilweise Spirale. Schließlich gibt es Menschen, deren ganzes Leben als ungebrochene Steigerung schöpferischen Wachstums verläuft – sie sind ganz Spirale. Buddhaschaft ist der Punkt, an dem die Spiralbewegung sich vollständig von der zyklischen löst und es nur noch Schöpfertum gibt.

Von denen, die gerade ihre ersten, zögernden Schritte auf der Spirale wagen, bis zu denen an der Schwelle zur Buddhaschaft erstreckt sich der Pfad menschlicher Entwicklung. Wer auf dem Pfad wandelt, muß ständig trachten, den schöpferischen Geist in sich zu entfalten und den reaktiven Geist in

Schach zu halten. Immer wieder wird man schwanken; ein ums andere Mal muß man sich von neuem aufraffen. Irgendwo unterwegs gibt es allerdings einen entscheidenden Wendepunkt. Dies ist der Punkt, von dem an die Spirale in uns das Rad überwiegt. Es ist der Punkt des «Eintretens in den Strom», denn von nun an befindet man sich in dem Strom, der mit Gewißheit aus dem Rad heraus zur Buddhaschaft führt. Und es ist ein Punkt ohne Umkehr: Obwohl das Reaktive noch immer in uns wirkt, kann es doch niemals mehr vollständig von uns Besitz ergreifen. Letztlich können wir nun nur noch weiter vorwärts gehen. Bis zu diesem Punkt können wir zurückfallen und unsere Bemühungen sogar völlig aufgeben. Der Punkt des Eintretens in den Strom ist für jeden Buddhisten ein wichtiges Etappenziel, weil man erst von diesem Punkt an des weiteren Fortschritts gewiß sein kann.

Der Buddhismus sieht die Welt somit als einen Prozeß mit zwei Richtungen: einer reaktiven und einer schöpferischen. Er zeigt uns, daß wir Menschen einem aufsteigenden Pfad der Entwicklung folgen können, der sich vom Rad bis zum Punkt der Buddhaschaft erstreckt, von wo aus sich die Spirale frei von allen zyklischen Neigungen weiter emporhebt. Der Buddhismus besitzt nicht bloß eine Vision des menschlichen Entwicklungspotentials, sondern bietet auch denjenigen Anleitung, die den Pfad beschreiten wollen. Er beschreibt seine Abschnitte und bietet jedem, der den Weg gehen möchte, einen reichen Schatz methodischer Hilfen an.

Eine der Grundlehren des frühen Buddhismus gliedert den Pfad in drei einander folgende Stufen und zeigt, was auf jeder von ihnen zu tun ist. Dieser «Dreifältige Pfad» umfaßt die Stufen Moral, Meditation und Weisheit. Sie alle werden wir in späteren Kapiteln dieses Buches noch eingehender untersuchen; an dieser Stelle genügt eine vorläufige Darstellung.

Anfangs, wenn wir als Neulinge den Pfad betreten, liegt eine breite Kluft zwischen unserem höheren Bestreben und unserem alltäglichen Verhalten. So ehrlich wir auch wünschen mögen, eine schöpferische Geisteshaltung in uns heranzubilden, unser Handeln und unsere Lebensweise unterscheiden sich doch kaum von denen anderer Menschen. In manchen Fällen sind unsere Arbeit und die Menschen, denen wir nahestehen, unseren Bemühungen nicht förderlich. Es kann auch passieren, daß Freunde und Verwandte unseren Vorsatz, uns zu entwikkeln, offen verspotten. Wir müssen darum unser Leben untersuchen und erkennen, was unsere Entwicklung fördert und was nicht. Nicht allein unser Lebensstil kann uns in gewissem Grade behindern, auch unser eigenes Verhalten kann unserem Wunsch zu wachsen entgegenarbeiten. Unser Tun kann beispielsweise andere Menschen verletzen. Dadurch verstärken wir selbst die negativen Neigungen unseres Geistes, die das Rad antreiben. Verhalten dieser Art wird im Buddhismus als *unethisch* bezeichnet, weil es uns immer fester an den reaktiven Typ der Bedingtheit kettet. Deshalb müssen wir auf der ersten Stufe unserer höheren Entwicklung versuchen, unsere Lebensweise in Einklang zu bringen mit unserer Absicht, den Pfad zu gehen – und das tun wir, indem wir unsere Moral prüfen und verbessern.

Als Hilfen zur Verbesserung der Moral gibt es in der buddhistischen Überlieferung Gebote – das sind jedoch keine Gebote im christlichen Sinne, die uns von einer äußeren Macht auferlegt werden. Sie beschreiben vielmehr das Verhalten von jemandem, der vollkommen schöpferisch lebt, und sie wirken als Richtlinien, mit deren Hilfe wir unser Verhalten einschätzen und verbessern können. Die gebräuchlichste dieser Gebote-Sammlungen ist fünffach gegliedert und beschreibt, was jemand, der vollkommen schöpferisch ist, *nicht* tut. Wer den Pfad geht, akzeptiert diese Vorsätze als grundsätzliche Richtschnur zur Bewertung seines eigenen Tuns:

Ich nehme den Schulungsgrundsatz an, die Verletzung von Lebewesen zu unterlassen.
Ich nehme den Schulungsgrundsatz an, das Nehmen des Nicht-Gegebenen zu unterlassen.
Ich nehme den Schulungsgrundsatz an, sexuelles Fehlverhalten zu unterlassen.
Ich nehme den Schulungsgrundsatz an, unwahre Rede zu unterlassen.
Ich nehme den Schulungsgrundsatz an, die Einnahme von

Getränken und Drogen, die den Geist trüben, zu unterlassen.

Wenn man erst einmal gröbere unethische Taten unterläßt und eine Lebensweise aufgenommen hat, die eine Höherentwicklung begünstigt, statt von ihr abzulenken, wird man geistig ruhiger und klarer werden, denn eine heitere Gelassenheit ist die Folge eines wahrhaft ethischen Lebens. Danach kann man beginnen, mit Hilfe von Meditation direkt am Geist zu arbeiten. Nach buddhistischer Auffassung ist Meditation ein Weg zu höheren Bewußtseinsebenen, die Erfahrung eines unaufhörlichen Vorwärtsschreitens zu positiven Zuständen. Meditation läutert den Geist von jeder Ablenkung, Oberflächlichkeit und Neigung zum Negativen. In der Regel übt man Meditation auf systematische Weise, indem man, an einem ruhigen Ort sitzend, eine einfache Übung ausführt. Zwei Grundübungen dieser Art gibt es in zahlreichen Schulrichtungen des Buddhismus. Die erste wird «Vergegenwärtigung des Atems» genannt. Hierbei sammelt man seine Aufmerksamkeit stufenweise immer mehr auf den Atem, wie er in den Körper einströmt und ihn wieder verläßt. Nach und nach verebbt dabei das ständige Geschwätz, das unseren Geist meistens beherrscht, und gibt einer äußerst wohltuenden Harmonie und tiefen Stille Raum. Der Geist ist klar, ausgeglichen und – ohne irgendeinen Gegenstand seiner Aufmerksamkeit – doch hellwach und bewußt.

Die zweite, ergänzende Meditationsübung ist die «Bildung von Herzensgüte». Hierbei läßt man zunächst die Gefühle von Liebe und Wohlwollen gegenüber sich selbst wachsen; dann erweitert man diese Liebe Stufe um Stufe – zu einem Freund, einer neutralen Person, einem Feind –, bis sie schließlich alle Lebewesen in allen Richtungen des Raumes einschließt. Wer ausdauernd und regelmäßig Meditation übt, wird sich immer leichter in solche gehobenen und beglückenden Zustände versenken können. Er wird sie nicht nur beim Meditieren erfahren, sondern jederzeit, in allen seinen Tätigkeiten.

Ist man so weit fortgeschritten in der Meditation, dann wird ein viel höherer Geisteszustand erreicht sein. Alle unterbewußten Kräfte sind nunmehr ins Bewußtsein aufgenommen, aller

Starrsinn und jedes Vorurteil sind überwunden. Furcht, Haß und Gier sind außer Kraft gesetzt. Alle inneren Konflikte wurden befriedet, und man ist so frei und gesammelt, daß man sein ganzes Sein daran wenden kann, das eigentliche Wesen des Daseins zu erfassen. Meditation legt also das Fundament für die Stufe der Weisheit.

Dieses Stadium ist gekennzeichnet durch die Kontemplation von Buddha-Worten oder von symbolischen Darstellungen, in denen seine Einsicht und das von ihm Geschaute zum Ausdruck kommen; daneben gibt es jedoch noch zahllose andere Methoden. Hier erlebt man schließlich den Durchbruch von bloßer Anschauung zu unmittelbarer Schau: Man sieht die Dinge, wie sie wirklich sind. «Weisheit» bedeutet hier jedoch nicht bloß die Fähigkeit zu verstehen, sondern zugleich auch die Auslöschung aller Grenzen zwischen einem selbst und anderen Wesen. Man ist nicht länger ausschließlich in sich selbst verkapselt, denn man sieht keinen Wesensunterschied mehr zwischen sich und anderen. Man empfindet uneingeschränkte Liebe und Erbarmen für alle Lebewesen. Weises Verstehen und das Gefühl umfassenden Erbarmens sind nur zwei einander entsprechende Aspekte der einen Erfahrung direkter Schau.

Das Erwachen der Fähigkeit zu unmittelbarer Schau bezeichnet den Punkt des Eintretens in den Strom, von dem an die Zugkraft der Spirale die zyklische Neigung überwiegt. Von hier an bis hin zur Buddhaschaft, dem endgültigen Erlöschen aller reaktiven, kreisläufigen Strömungen des Geistes, muß man alle Aspekte des Lebens von dieser Schau durchtränken lassen. Nach und nach wird sie dabei alle Ebenen unseres Seins verwandeln und reorganisieren.

Buddhaschaft bedeutet nicht etwa, daß der Pfad nun zu Ende wäre. In gewissem Sinne ist sie ein Neubeginn, denn erst ein Buddha ist wirklich aller Fesseln ledig, selbst jener kaum spürbaren, die auch einen hochentwickelten Menschen noch an das Rad binden. Buddhaschaft ist der Punkt, von dem an der Pfad jenseits unseres Auffassungsvermögens verläuft. Auch in unseren lichtesten Momenten gewinnen wir allenfalls eine blasse Ahnung von der Erhabenheit des nun folgenden Wegabschnittes.

Das flüchtige Bild, das wir vom Dreifältigen Pfad gezeichnet haben, zeigt uns die Stufen, über die wir aufsteigen müssen, und die Ausrüstung, die uns den Aufstieg ermöglichen kann. Dabei handelt es sich um eine sehr vereinfachte Skizze. Das Leben nur weniger Menschen entfaltet sich in einer derart regelmäßigen Ordnung; heutzutage beginnen viele ihre Bemühungen auf dem Pfad mit Meditationsübungen, lange bevor sie sich ernstlich um die Stufe der Moral kümmern. Zudem offenbart dieses Bild eine ganz bestimmte Perspektive, nämlich die Betonung der individuellen Arbeit an *sich selbst*. Wenn wir nur das sehen, mag uns das Gehen auf dem Spiralenpfad als ein ziemlich isoliertes, ziemlich ichhaftes Leben erscheinen. Das Gegenteil trifft jedoch zu: Unsere Begegnung mit anderen Menschen und die Vertiefung unserer Beziehungen zu ihnen wirken entscheidend auf unsere Entwicklung ein. Die Begegnung mit Menschen, die uns in ihrer Entwicklung voraus sind, weckt in uns die Begeisterung und Einsicht, die wir brauchen, um weiter fortzuschreiten. Im Kontakt mit unseresgleichen werden wir angeregt und herausgefordert, ermutigt und kritisiert; vor allem aber finden wir hier den unverzichtbar wichtigen brüderlichen Zusammenhalt, ohne den unser Leben kaum menschenwürdig wäre. In der Begegnung mit Menschen, die weniger fortgeschritten sind als wir, lernen wir, für andere zu sorgen und ihnen zu helfen. Andere Menschen bewahren uns davor, daß wir uns im Nebel unserer Selbstsucht verirren und nur noch uns selbst und unsere nächstliegenden Bedürfnisse vor Augen haben. Man könnte sogar sagen, daß der Spiralen-Pfad in seinem Kern in der Vertiefung unserer Freundschaft und Liebe für andere besteht. Je höher die Stufe des Pfades liegt, die wir erstiegen haben, desto mehr können wir anderen Menschen Partner sein.

Das Ideal der Freundschaft gilt Buddhisten so viel, daß es, in seiner höchsten Form, eines der drei Hauptobjekte der Verehrung ist. Diese drei – die «Drei Juwelen» – sind der Buddha, der Dharma und der Sangha. Mit dem Buddha wird einerseits das Ziel verehrt, auf das hin sich alle Lebewesen bewegen, und andererseits der geschichtliche Mensch, Siddhārtha Gautama, der Begründer der buddhistischen Überlieferung. Der Dharma bezeichnet gleichermaßen die Wahrheit, die der Buddha schaute, wie auch den Pfad, den er in seinen Lehren darlegte. Der Sangha ist die spirituelle Gemeinschaft. Diese Drei Juwelen – oder die «Drei Höchsten Kostbarkeiten» – bilden das Fundament des Buddhismus. Zum Buddhisten wird man durch seine «Zufluchtnahme zu den Drei Juwelen», das heißt durch die eigenständige, entschiedene Selbstverpflichtung, in seinem Leben jene Ideale zu verwirklichen, deren Sinnbilder die Drei Juwelen sind.

Die spirituelle Gemeinschaft oder der Sangha ist also einer der Grundpfeiler des Buddhismus. Auf der höchsten Ebene ist er die in Worten nicht faßbare Einmütigkeit, in der die geistig Entwickelten verbunden sind – diejenigen, die in den Strom eingetreten oder noch weiter gelangt sind. Derselben schöpferischen Schau teilhaftig und ihr doch jeder auf seine ganz eigene Weise Ausdruck gebend, sind sie ein hohes Vorbild harmonischer Eintracht. Allumfassendes Vertrauen und vollkommenes Verstehen bestimmen ihre Beziehungen untereinander. In den buddhistischen Schriften gibt es viele sehr bewegende Beispiele der Liebe und Anteilnahme unter den Jüngern des Buddha.

Auf niederer Ebene umfaßt der Sangha alle, die Zuflucht zu den Drei Juwelen genommen haben. Sie alle betrachten die Vision des Buddha als ihr höchstes Lebensziel, zu dessen Verwirklichung sie sich verpflichtet haben. Da der Sangha auf dieser Stufe sowohl jene einschließt, die den Punkt der Nicht-Umkehr schon überschritten haben, als auch andere, die noch nicht so weit sind, unterliegen viele seiner Mitglieder noch den Schwankungen ihres ruhelosen, reaktiven Bewußtseins. Die Verbundenheit zwischen ihnen ist deshalb zwar leichter zu erschüttern, aber sie ist dennoch tief und herzlich.

Die Zufluchtnahme zu den Drei Juwelen drückt man gewöhnlich in einer schlichten Zeremonie aus. Zugleich wird man dadurch zum Angehörigen des Sangha im Sinne einer Religionsgemeinschaft, einer Bruderschaft oder eines Ordens – einer Vereinigung von Männern und Frauen, die ihr Leben den Drei Juwelen widmen wollen und dadurch eine spirituelle Gemeinschaft bilden, auch wenn sie vielleicht nicht miteinander unter einem Dach leben. Manchmal wird das Wort «Sangha» in einem engeren Sinne benutzt, um ausschließlich die Mönche und Nonnen zu bezeichnen, doch ist die Angehörigkeit zum Sangha keineswegs an die Übernahme eines bestimmten Lebensstils gebunden, sondern einzig daran, daß die gewählte Lebensweise dem Individuum tatsächlich hilft, sich höher zu entwickeln. Die Angehörigen des Sangha können in Lebensgemeinschaften von Männern oder Frauen wohnen; sie mögen verheiratet sein und Familien haben oder auch allein leben – was sie miteinander verbindet, ist nicht ihre Lebensform, sondern ihre klare und eindeutige Selbstverpflichtung auf die Vision des Buddha. Diese ihnen gemeinsame Vision macht den Sangha potentiell zu einer außerordentlichen Kraft für die Verwandlung der Welt.

Alle genannten Stufen des Sangha bilden zusammengenommen die buddhistische Gemeinschaft, und unter günstigen Umständen kann sich aus ihr eine ganze Kultur entwickeln, die auf das Beschreiten des Pfades ausgerichtet ist. Institutionen und Übungen, Bräuche und Feiern, Künste und Gewerbe – allmählich entsteht eine ganzheitliche Lebensweise, die Männern und Frauen auf jeder Wegstufe entsprechend ihren persönlichen Neigungen und Begabungen hilft, sich zu entwickeln. Solche buddhistischen Kulturen blühten im Osten zu vielen Zeiten in immer neuen Formen und reicher Fruchtbarkeit. Im Westen bildet sich langsam eine buddhistische Lebensweise heraus, die in ihrer Erscheinung zwar neuartig ist, aber dennoch von den gleichen Pfeilern getragen wird wie die Formen der Vergangenheit.

Bisher haben wir die buddhistische Sicht des Daseins in Worten beschrieben, die den überlieferten Darlegungen folgten. Auch im westlichen Denken gibt es jedoch Strömungen, die dem Dharma ähnlich sind und die gewiß erweitert werden können, um seine Botschaft zu vermitteln. Zahlreiche Denker der Moderne vertreten beispielsweise die Meinung, der Evolutionsbegriff könne mehr erklären als nur die Entstehung der Arten. Zwar verfechten einige Menschen noch immer den Glauben, die Welt sei gottgeschaffen mit allen Arten des irdischen Lebens und in genau den Formen, die wir heute kennen, doch sind diese Schöpfungsgläubigen nicht mehr sehr zahlreich, und wir finden eine breite Übereinstimmung in der Annahme, daß alle Lebewesen auf unserem Planeten sich über lange Zeiträume hinweg aus einfachsten Meeresorganismen entwickelt haben. Diese Auffassung gilt mehr oder weniger unwidersprochen. Offen ist dagegen die Frage, wie diese Evolution vonstatten ging. Natürlich ist es eine wichtige Frage, ob der Verlauf der Evolution mit der These von Zufallsanpassungen natürlicher Selektionen erklärt werden kann oder ob man eine höhere Sinnebene annehmen muß, die sich selbst im Verlauf des Evolutionsprozesses ausfaltet. Für den gegenwärtigen Zusammenhang genügt es jedoch, wenn wir der weithin geteilten Auffassung zustimmen, der Mensch sei aus Lebensformen hervorgegangen, die insoweit unterhalb seiner Entwicklungsstufe stehen, als ihre biologische Struktur viel weniger differenziert ist. Die Debatte darüber, wie das geschehen sein mag, müssen wir hier nicht aufnehmen.

Es wurde schon oft darauf hingewiesen, daß die Evolutionstheorie sich zur Erforschung zahlreicher Erscheinungen in unserer Welt eignet. Galaxien und Sterne entwickeln sich nicht viel anders als der Mensch, der von einem Embryo zum Erwachsenen aufwächst. Die Ausrichtung auf Entwicklung hin, die das ganze Universum durchzieht, scheint im Menschen zu gipfeln, der komplexesten und anpassungsfähigsten Lebensform, die wir kennen. Aber ist der erwachsene Mensch deshalb auch der Schlußpunkt der Evolution? Sind wir das Ziel, auf das das Leben hinausläuft?

An dieser Stelle müssen wir die Begriffe unserer Untersuchung erweitern, denn bisher haben wir die Evolution nur als die wachsende Komplexität des physikalischen und biologischen Organisationsgrades betrachtet. Wenn wir aber auf die Menschheit sehen, bemerken wir, daß auch die menschlichen Kulturen sich im Prozeß einer Evolution (und natürlich ebenso des Verfalls) befinden können. Darüber hinaus sehen wir im Blick auf einzelne Männer und Frauen, daß sie – trotz ihrer im groben Umriß übereinstimmenden Körperformen – sehr verschiedenartige psychische Besonderheiten zeigen und sich in ihren Interessen und Vermögen erheblich unterscheiden. Insbesondere bemerken wir, wie einzelne Menschen dank ihrer intellektuellen Klarheit, ihrer schöpferischen Kraft oder ihrer Herzensgröße ihre Zeitgenossen turmhoch überragen. Man könnte wohl eine ungefähre Hierarchie von Eigenschaften und Tugenden ausmachen, obwohl es manchmal nicht leicht und auch nicht immer fruchtbar ist, einem Menschen den ihm zukommenden Rangplatz zuzuweisen. Viele der maßgebenden Menschen der Geschichte – und mögen sie auch schon von Geburt an ungewöhnlich begabt gewesen sein – haben erstaunlich viele Jahre ihres Lebens darauf verwendet, ihre Talente zu schulen und sich selbst zu vervollkommnen. Sie haben, im Sinne des Goethe-Wortes, etwas aus sich gemacht. Was sie vor den übrigen Menschen auszeichnet, verdanken sie ihrer eigenen Bemühung, ganz abgesehen von den Vorteilen, die ihnen von der Natur oder der Gesellschaft gegeben waren. Von ihnen kann man sagen, sie hätten ihre eigene Evolution über die Stufe des gewöhnlichen Menschen hinausgetrieben. Darum sind es wohl auch diese Menschen, die in die Richtung des nächsten Abschnittes der Evolution weisen.

Der Mensch tritt als eine Art Wasserscheide im Evolutionsgeschehen auf. Er ist ein Produkt der biologischen Evolution sowohl in dem Sinne, daß sein Körper im Verlauf von Milliarden Jahren aus niedrigeren Lebensformen hervorgegangen ist, als auch dadurch, daß seine Entwicklung von der befruchteten Eizelle zum erwachsenen Individuum diese Gattungsgeschichte spiegelt. Gleichgültig, auf welche Weise das geschah, hat ihn die biologische Evolution ohne seine bewußte Mitwirkung bis hierher gebracht. Von hier aus allerdings muß er sich selber schaffen. Die niedere, «quantitative» Evolution bildet das Fundament einer höheren Evolution qualitativer Art. So gesehen ist Evolution nicht mehr vor allem die Entwicklung immer komplexerer biologischer Formen, sondern die Entfaltung zu immer höheren Stufen der Bewußtheit.

Die niedere Evolution schließt die Entwicklung des Sinnesbewußtseins ein. Vom rudimentären Empfinden des primitivsten Einzellers bis zur hochempfindlichen Sinneswahrnehmung der höheren Tiere gibt es stets nur Gradunterschiede, aber keine grundsätzlichen Änderungen. Die Eindrücke von der Welt werden tiefenschärfer und differenzierter, entsprechend dem Anstieg auf der Stufenleiter der Evolution. Aber es gibt noch keine Personen oder Individuen, die diese Empfindungen als ihre eigenen erkennen oder vergegenwärtigen. Der einzelne Organismus, in dem sie auftreten, reflektiert nicht auf sich – er weiß nichts von sich. Seine Eindrücke sind sozusagen Teil des undifferenzierten Gesamtbewußtseins der Natur.

Vermutlich von der Stufe der höheren Tiere an tritt jedoch allmählich eine neue Art der Bewußtheit hervor: das reflexive Bewußtsein oder Selbstbewußtsein, das im Menschen zur vollkommenen Entfaltung gelangen kann. Die undifferenzierte, urtümliche Harmonie des Sinnesbewußtseins, in der alles Leben noch in tiefem Schlummer liegt, ist nun gestört. Bewußtsein ist sich selbst zum Gegenstand geworden, und der Träger des Bewußtseins hat sich als solcher identifiziert: jetzt ist er sich seines Bewußtseins bewußt. Mit wachsender Selbstbewußtheit trifft das Individuum – denn um ein solches handelt es sich von nun an – in seiner Erfahrung eine grundsätzliche Unterscheidung zwischen dem, was es selbst, und dem, was etwas anderes ist. Von nun an gehört zur Grundstruktur seiner Wahrnehmung die Unterscheidung jener Erfahrungsanteile, die zu ihm selbst gehören, von denen, die auf Äußeres verweisen. Sein Bewußtsein spaltet sich in die Pole «Ich» und «anderes».

Mit dieser Spaltung öffnet sich ein breites Spektrum ganz neuer Möglichkeiten. Selbstbewußtsein ermöglicht ebensosehr das unbegrenzte Fortschreiten der höheren Evolution, wie es auch zum Urheber von Grausamkeit und Gier in einem Grade werden kann, den die Natur bisher nicht kannte. Durch das Selbstbewußtsein sind wir ausgesperrt aus dem – zwar gänzlich unreflektierten, aber dennoch vollkommenen – Gleichgewicht der Natur. Gleichzeitig öffnet sich uns aber nun die Aussicht auf eine neuartige und weitaus höhere Harmonie in der vollen Entfaltung unseres Bewußtseins. Vielleicht entspricht diese Harmonie jener altbekannten Frucht vom Baume der Erkenntnis von Gut und Böse, die Adam und Eva nicht verzehren durften. Sie wurden für ihren Ungehorsam und den Verlust ihrer ursprünglichen Unschuld mit der Verbannung aus dem Garten Eden bestraft. Ein Buddhist dagegen wird geradezu angestiftet, die Frucht des Baumes zu verzehren und aus dem Garten Eden aufzubrechen – ganz aus eigenem Antrieb und ohne daß er von Engeln mit Flammenschwertern vertrieben werden müßte. Er ist aufgefordert, seine Bestimmung als Mensch auf sich zu nehmen, und das heißt: die Möglichkeiten und Konsequenzen seines Selbstbewußtseins auszuschöpfen und zu leben.

Das Selbstbewußtsein hat verschiedene Aspekte, von denen das Gedächtnis vielleicht der wichtigste ist, denn seiner selbst bewußt zu sein bedeutet ja, ein Gefühl für eine sich aus der Vergangenheit herleitende Identität zu haben. Aus diesem Gewahrsein, daß man eine Geschichte hat, entsteht ein Wissen von der Verknüpfung zwischen Handlungen und ihren Wirkungen, ein Wissen von sich selbst als einem Urheber von Handlungen und deshalb auch ein Wissen, daß man die Folgen seines Tuns verantworten muß. Aus Selbstbewußtsein wächst also unser Moralgefühl.

Imagination oder bildhafte Vorstellung ist ebenfalls eine Funktion des Selbstbewußtseins. In gewissem Sinne ist das Selbstbewußtsein überhaupt ein Ergebnis der Imagination, denn es setzt voraus, daß wir selbst zum Gegenstand unseres eigenen Gewahrseins werden, und wir können uns ja nicht wirklich als Objekt wahrnehmen. Die bildhafte Vorstellung befreit uns von einer gerade gegebenen Situation und erlaubt uns, ungehindert durch die ungezählten Möglichkeiten des Daseins zu schweifen. So wie uns die Erinnerung eine Vergangenheit bewahrt, schenkt uns daher die Imagination eine Zukunft. Wir blicken zurück, und wir sehen voraus. Wir entwerfen Ziele und Absichten; wir können uns vorstellen, wie anders als heute wir morgen sein werden.

Die Imagination ist eine zweischneidige Sache. In den folgenden Kapiteln werden wir sehen, wie sie Verdrehungen und Pervertierungen des Selbstbewußtseins bewirken kann, die in groteske und zum Teil entsetzliche Sackgassen der Evolution führen. Und doch ist es gerade die Imagination, mit deren Hilfe wir uns zu neuen Höhen unseres Daseins aufschwingen und höchste Ideale erschauen können. Imagination ist die Quelle der Schöpferkraft, und sie offenbart uns die Spirale der höheren Evolution. Wo sie in reiner Form wirkt, ist sie unser Vermögen, spirituelle Wahrheit zu erfassen.

Die Imagination ermöglicht auch unsere mitfühlende Begegnung mit anderen Menschen. Zwar haben wir uns selbst als die Mitte unseres Tuns und Erlebens identifiziert, doch können wir nun auch sehen, daß andere ebenfalls ein Selbst haben. In unserer Vorstellung können wir uns in ihr Leben einfühlen und sie dadurch verstehen und mit ihnen sprechen. Aus dieser Fähigkeit zur wechselseitigen Verständigung folgt, daß Lebewesen, die ihrer selbst bewußt sind, in ihrem Überlebenskampf, aber auch – und dies ganz besonders – in ihrer höheren Evolution zusammenwirken können. Gegenseitige Unterstützung und Verständigung sind in der Tat Kennzeichen der individuellen Reife.

Durch Selbstbewußtsein entsteht also Individualität, das heißt die Unterscheidung von Ich und anderem, von Subjekt und Objekt. Bis zu diesem Punkt war die Evolution ein blindes, unbewußtes Geschehen. Es ging um die Entwicklung ganzer Gruppen und Klassen von Lebewesen im Verbund, nicht aber um Individuen. Vom Aufdämmern der Individualität an muß die Evolution nun bewußt weitergeführt werden. Der einzelne ist nunmehr selbst für seine Höherentwicklung verantwortlich. Ohne beharrliches eigenes Bemühen werden ihn keine Naturmächte vorantreiben. Niemand kann uns zwingen, uns höher zu entwickeln; niemand kann an unserer Stelle wachsen, obwohl andere Menschen wichtige Führer und Begleiter auf unserem Weg sein mögen. In den buddhistischen Texten heißt es: «Auch die Buddhas weisen bloß den Weg.» Kein Erlöser wird uns die Aufgabe zu wachsen abnehmen. Kein Guru – und behaupte er auch, Inkarnation Gottes zu sein – kann uns Weisheit geben. Wir können sie nur durch eigenes Bemühen gewinnen und uns begeistern und beraten lassen von denen, die schon vor uns den Pfad gegangen sind.

Die volle Entfaltung und Annahme unserer Individualität ist der erste Schritt in der höheren Evolution. Anfangs ist unser Gewahrsein unserer selbst meist nur skizzenhaft und unvollständig. Wir verbringen – sozusagen amphibienartig – den Großteil unserer Tage im tiefdunklen Meer der niederen Evolution und wagen nur seltene – vorzugsweise intellektuelle – Abstecher ans sonnenhelle Ufer der höheren Evolution. Diesen Übergang müssen wir zunächst abschließen und uns ganz auf den festen Boden der Bewußtheit unserer selbst stellen. Es geht darum, unser Selbstbewußtsein ganz zu erschließen, indem wir aller Aspekte unseres Seins gewahr werden: der körperlichen, der emotionalen und der intellektuellen.

Zunächst einmal muß die Unterscheidung von Ich und anderem, von Subjekt und Objekt, gefestigt und gesichert werden. Danach erst können wir sie transzendieren. Der Aufstieg auf dem Spiralen-Pfad, die Fortsetzung der höheren Evolution, zieht diese beiden Pole des Erlebens immer näher zueinander. Die Erfahrung der Schönheit eines Dinges hebt uns beispielsweise über die engen Grenzen unserer Ichbezogenheit hinauf in eine neue Art der Verbundenheit mit dem schönen Ding. In tiefgründigem Denken, das nicht nur den Kopf, sondern den ganzen Menschen fordert, dringen wir zu einer tieferen Ebene des Verstehens vor als unsere gewohnte dualistische Wahrnehmung von Subjekt und Objekt. In der Meditation öffnet uns die geläuterte und verfeinerte Sammlung den Zugang zu Bereichen, in denen unser Bewußtsein immer mehr zu einem Ganzen wird. Freundschaften, unsere Kooperation mit anderen und unsere Arbeit für sie mindern unsere Selbstbezogenheit, denn durch unsere Teilnahme an anderen öffnen wir das Tor zu einer größeren Bewußtheit.

Die Annäherung von Subjekt und Objekt in unserer Erfahrung und die Abschwächung der Spannung zwischen ihnen ist das Anzeichen einer neuen Art von Bewußtsein: des spirituellen Bewußtseins. Stufe um Stufe folgen immer schönere, freudigere und befriedigendere Geisteszustände aufeinander. Doch obwohl die Spannung zwischen dem Ich und dem anderen im Verlauf ihrer Annäherung und Harmonisierung nachläßt, gibt es weiterhin jene grundsätzliche Spaltung in unserer Wahrnehmungsstruktur. Spirituelles Bewußtsein muß dem transzendenten Bewußtsein weichen, in dem die Unterscheidung von Subjekt und Objekt endgültig aufgehoben ist. Auf dieser Stufe wird das Bewußtsein in seiner

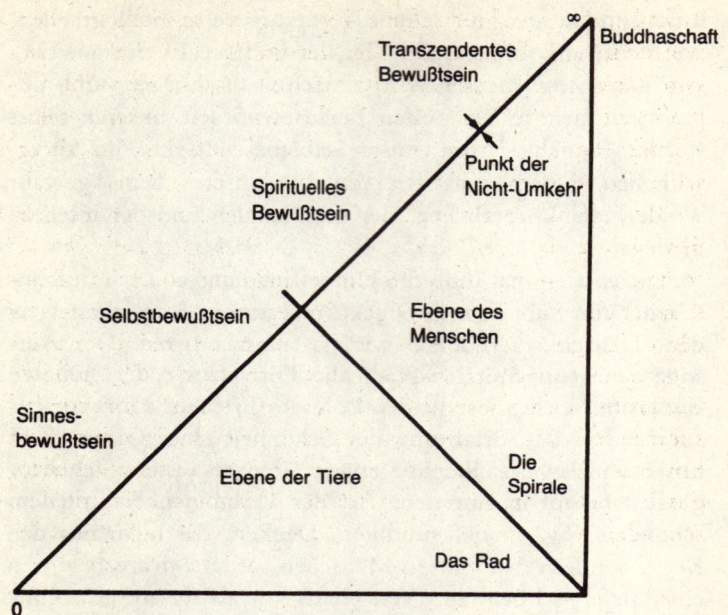

Abb. 1   Das Dreieck der Bewußtseinsevolution

Ganzheit als umfassendes, absolutes Gewahrsein erfahren, welches vollkommen frei und ungehindert ist, vollkommen leuchtend und alles durchdringend.

Es ist schwierig für uns, auch nur annähernd zu verstehen, wie eine solche Erfahrung sein mag. Sie bedeutet, ohne ein Ich im herkömmlichen Sinne zu sein, aber auch nicht in jenen naturhaften Zustand des noch nicht entwickelten Ichbewußtseins zurückzusinken. Viele Kommentatoren des Buddhismus sind dem Irrtum erlegen, dieses transzendente Bewußtsein als eine Art totale Abstumpfung anzusehen – was kaum ein erstrebenswertes Ziel der gesamten Evolution wäre. Vielleicht können wir sagen – obwohl noch immer fehlerhaft oder zumindest nicht wirklich angemessen –, daß es auch für das transzendente Bewußtsein in gewisser Hinsicht eine Fortsetzung des Spiralen-Pfades gibt, wenn auch auf eine Weise, die wir gegenwärtig nicht begreifen können. Alle Dinge werden genauso gesehen, wie sie in ihrer besonderen Einzigartigkeit sind, und alle sind von Liebe und Erbarmen durchtränkt. Dieses Buddha-Bewußtsein ist frei von allem Leiden und erfährt einzig jene «Glückseligkeit», angesichts derer das Glück unseres Alltags schal und abgeschmackt erscheint.

Der Prozeß der Evolution beginnt im unbewußten Ganzen der Natur, das mit dem Aufdämmern des Ichbewußtseins zerbricht. Erst im transzendenten Bewußtsein der Buddhaschaft heilt diese Spaltung. Als Menschen stehen wir in der Mitte des großen Dramas der Evolution, das beim Einzeller beginnt und mit dem Buddha endet. Ins unschuldige Dunkel naturhafter Unwissenheit führt kein Weg zurück. Dort stehenzubleiben, wo wir uns jetzt befinden, hieße, Entfremdung und Enttäuschung herbeizurufen. Wir müssen vorwärts gehen, durch eigenes Bemühen und mit der Hilfe und Führung von Freunden wie Lehrern: vorwärts zum Ziel der Buddhaschaft.

3 DAS RAD UND DER WEG

Die Ursprünge des Lebensrades als Symbol der buddhistischen Sicht weltlicher Existenz liegen in der Frühzeit des indischen Buddhismus. Ein Text* der wichtigen Sarvāstivāda-Schule berichtet, wie der Buddha selbst vorschlug, das Lebensrad an den Eingang eines jeden Klosters zu malen, wobei er auch Anweisungen gab, wie es im Detail ausgeführt werden sollte.

Diesem Text zufolge suchte Maudgalyāyana, einer der bedeutendsten Schüler des Buddha, hin und wieder die Wesen in den verschiedenen Daseinsbereichen auf. Alle buddhistischen Traditionen bestätigen seine übersinnlichen Kräfte, und die waren nur ein Teil seiner Fähigkeiten. Maudgalyāyana konnte die Wesen in höllenähnlichen Lebensumständen oder in himmlischen Welten ebenso sehen wie die in allen anderen möglichen Seinsphasen. Er konnte sehen, was sie in diese Lage gebracht hatte, welche Unvollkommenheiten und Leiden jeder Zustand mit sich bringen mochte und wohin er führen konnte. Anscheinend besaß er ein außerordentliches Einfühlungsvermögen, konnte die Gedanken und Gefühle anderer lesen, ihre Pein und ihre Freuden spüren und verstehen, wie sie sich zu denen entwickelt hatten, die sie jetzt waren.

Angesichts dieser Fähigkeit, sich tief in das Leben anderer einzufühlen, überrascht es vielleicht nicht, daß er sich auch sehr wirkungsvoll mitzuteilen wußte. Wenn ein älterer Mönch, so berichtet uns der Text, Schwierigkeiten mit einem Schüler hat-

---

* *Sahasodgata Avadāna, Divyavadāna* 21.

te, der seine Begeisterung verlor, dann schickte man diesen in der Regel zu Maudgalyāyana, der ihn nun mit so großem Erfolg «ermahnte und belehrte», daß «solche unzufriedenen Mönche das spirituelle Leben wieder mit freudigem Einsatz zu führen bereit waren und sich sogar im Erlangen höherer Stufen hervortaten». Es scheint, daß er die Kraft hatte, erschlaffenden Eifer neu zu beleben, indem er andere an seiner eigenen tiefen Einsicht in die verschiedenen Daseinsumstände teilhaben ließ.

So oft wurde nach ihm verlangt, daß er offenbar ständig von Mönchen und Nonnen, von männlichen und weiblichen Laienanhängern umgeben war. Der Buddha sah dies und bemerkte dazu, es gebe nicht genügend Menschen wie Maudgalyāyana, um alle zu belehren, die seiner bedürften. Deshalb, so schlug er vor, möge man ein Sinnbild anfertigen, um die Lehren Maudgalyāyanas darzustellen, und er unterwies seine Jünger darin, das Lebensrad zu malen, welches, angebracht am Eingang eines jeden Klosters, die verschiedenen Daseinsbereiche und die ihnen zugrundeliegenden Prozesse zeigen solle. Ein Mönch sei dort jeweils mit der Aufgabe zu betrauen, Besuchern und Novizen die Bildersprache zu erläutern.

Diese Geschichte ist in mancher Hinsicht interessant, nicht zuletzt deshalb, weil sie die Anwendung der bildenden Künste als Medien des Dharma schon für die Frühzeit des Buddhismus belegt. (Die Quelle ist ein Text, dessen Aufzeichnung man auf das erste Jahrhundert unserer Zeitrechnung datiert und der nahezu mit Gewißheit weitaus ältere Überlieferungen in sich faßt.) Besonders interessant ist sie allerdings wegen ihrer spirituellen Botschaft. Manch einer wird das «Wunderbare» an dieser Geschichte nur ungern wörtlich nehmen wollen. (Der Buddhismus hat immer behauptet, an solchen Vorfällen sei nichts Wunderbares in dem Sinne, daß etwa Naturgesetze von einer höheren Macht außer Kraft gesetzt würden. Vielmehr seien unsere Fertigkeiten und Vermögen durch unseren eigenen verengten Blickwinkel äußerst beschnitten, und wir könnten – wenn wir nur unseren Geist weiteten – Dinge vollbringen, die uns heute unmöglich erscheinen.) Selbst wenn man nicht akzeptieren mag, daß Maudgalyāyana tatsächlich durch übersinnliche Kräfte in jene anderen Daseinsbereiche gelangte, läßt sich doch erkennen, daß er eine Art visionäres Wissen um die Geistesverfassung anderer Menschen und um die Art ihres Erlebens besaß. Seine Einsicht war nicht bloße Theorie. Aus eigener, unmittelbarer Wahrnehmung erkannte er, was sie waren. Somit ist die Grundlage dieser symbolischen Darstellung, also des Lebensrades, eine direkte Erfahrung. Das Bild ist der Versuch, sie mit anschaulichen Mitteln auszudrücken. Das sollten wir uns stets vor Augen halten und versuchen, über die Grenzen der Form des Symbols hinauszustreben zu jener transzendenten Schau, die ihr zugrunde liegt.

Der andere hier interessante Aspekt der Geschichte betrifft den Einfluß, den Maudgalyāyana auf die mißmutigen Schüler hatte. Kaum jemand, der sich bemüht, den Pfad zu gehen, kennt nicht jene Momente, in denen er keinerlei Begeisterung mehr für irgendeine der Übungen spürt, die ihm helfen können zu wachsen. In der Tat wird man in solchen Zeiten vermutlich an der Idee des Wachsens selbst nur wenig Interesse finden. Das alles kann einem dann als allzuviel Anstrengung und Kampf für kaum spürbare Fortschritte vorkommen. Zwar mögen wir auch dann noch umfassende Darlegungen der buddhistischen Lehren geben können und uns sogar in voller intellektueller Übereinstimmung mit ihren Schlußfolgerungen wiegen, doch fehlt es hier an lebendiger Begeisterung. Emotional sind wir unbeteiligt, und wir können dem spirituellen Pfad wenig Reiz abgewinnen. Unsere Welt ist flach und zweidimensional geworden, und einzig in unseren kleinen Alltagsfreuden vermögen wir noch eine Aussicht auf Glück zu entdecken. Auf irgendeine Art war Maudgalyāyana fähig, in solch erkalteter Asche wieder neue Flammen der Begeisterung zu entfachen. Sogar die knappen Worte des Textes machen klar, daß er dies nicht mittels einer ausgefeilten, rationalen Erörterung der Wirklichkeit tat. Solch ein Vorgehen mochte wohl die intellektuelle Neugier einzelner erregen, hätte sie aber kaum veranlassen können, «das spirituelle Leben wieder mit freudigem Einsatz zu führen» oder sich gar durch die Vortrefflichkeit ihrer Erkenntnisse auszuzeichnen. Er rührte sie vielmehr auf solche Art an, daß ihr Verstehen sich vertiefte und ihr Herz bewegt wurde. Mit anderen Worten: Er sprach ihre Imagination an.

Wie wir gesehen haben, tritt das bildhafte Vorstellungsvermögen gemeinsam mit der Entwicklung des Selbstbewußtseins auf. Ganz allgemein gesagt, handelt es sich dabei um die Fähigkeit, im Geiste Bilder von etwas zu vergegenwärtigen, das den Sinnen nicht tatsächlich anschaulich gegeben ist. Diese allgemeine Definition schließt alles ein von Phantasien von Essen oder Sex über Träume von der Weltherrschaft bis hin zur erhabenen Vision des Künstlers oder Mystikers. Natürlich kann diese Vorstellungskraft in mechanischer Weise zur Produktion von Bildern benutzt werden, durch die wir phantasierend unsere egoistischen Neigungen ausleben, ein Vorgang, den Freud «halluzinatorische Wunscherfüllung» nannte. Jeder, der zu meditieren versucht hat, wird wissen, in welchem Ausmaß Einbildungen solcher Art unsere Geistesregungen ausmachen, denn beim Erlernen von Meditation erlebt man anfangs häufig einen anhaltenden Strom von Phantasiebildern, bevor man lernt, in tiefer Sammlung zu verharren. Einbildungen dieser Art gehören zur reaktiven Bewußtheit und somit auch zum Rad.

Die Imagination wirkt aber auch schöpferisch, indem wir durch sie höhere Möglichkeiten aus unserem Inneren heraus entfalten. In diesem Fall sind ihre Bilder die unserer eigenen Tiefe entspringenden Projektionen neuer Bewußtseinsebenen, die über jene hinausgehen, die wir gewöhnlich erfahren. Aus einer anderen Perspektive gesehen, ist die schöpferische Imagination das Vermögen, durch das wir ansprechbar werden für eine Wahrheit höherer Ordnung. Echte Kunstwerke beflügeln unsere Imagination, und schöpferische Imagination ist dasjenige unserer Vermögen, womit wir auf spirituelle Einsicht und Wahrheit reagieren. Imagination oder bildhaftes Vorstellungsvermögen als schöpferische Kraft des menschlichen Geistes ist strikt von solchen Einbildungen zu unterscheiden, die nur Ausflüsse einer reaktiven Phantasie sind.

Das Imaginationsvermögen eint und transzendiert Denken und Fühlen gleichermaßen. Im Gegensatz dazu ist die Psyche vieler, wenn nicht der meisten Menschen in den modernen Industriegesellschaften tief gespalten. Unsere intellektuellen Fähigkeiten sind in gewissem Ausmaß differenziert und entwickelt – obwohl ich damit nicht behaupten möchte, sie seien für gewöhnlich hoch entwickelt. Unser Gefühlsleben aber ist bejammernswert unreif. Es ist, als besäße der heutige Mensch zwei Persönlichkeiten: eine an der Oberfläche, die zum Nachdenken und zu verhältnismäßig anspruchsvollen intellektuellen Unternehmungen fähig ist, und eine halb- oder unterbewußte Persönlichkeit, die von unreifen, wenn nicht gar infantilen Gefühlen getrieben wird. Zwischen diesen beiden ist eine Kluft der Entfremdung von solcher Weite aufgebrochen, daß sie normalerweise miteinander Krieg führen. Aufgrund dieser Spaltung sind wir kaum in der Lage, uns ein Denken vorzustellen, das von einem mit Intelligenz erfüllten Fühlen durchdrungen ist. Von solcher Art aber ist die Imagination. Sie ist Ausdruck der *ganzen* Person, die geeint ist in fühlendem Verstehen. Wenn unsere Imagination lebendig ist, sind wir ganze Menschen, wachsen über uns selbst hinaus zu neuen Höhen des Bewußtseins. Es wirft ein trübes Licht auf unsere Zeit, daß wir kein allgemein akzeptiertes Wort für ein solches Vermögen haben. Es ist, als könnten wir es, da wir seinen Namen nicht kennen, auch nicht erleben. Aber die Imagination schlummert in uns als eine Kraft, höhere Dimensionen der Wirklichkeit zu erfassen und richtig einzuschätzen. Ohne eine solche Kraft gäbe es auch keine Kunst und ganz gewiß auch nicht den Spiralen-Pfad. An diese Kraft rührte Maudgalyāyana, und weil er das tat, war er mit jenen überdrüssigen Schülern so erfolgreich.

Das bildhafte Vorstellungsvermögen eint und transzendiert unser Fühlen und Denken gleichermaßen. Es eint sie in dem Sinne, daß sie nicht länger wie autonome Teilpersönlichkeiten innerhalb der Gesamtperson wirken. Sie sind bloß zwei Aspekte eines Ganzen. Und transzendiert werden sie in dem Sinne, daß sie nicht weiterhin ein «Denken» und «Fühlen» von jener Art bleiben, die wir für gewöhnlich kennen. Emotion besteht dann nicht mehr aus den plumpen, grobschlächtigen Ausbrüchen und Sehnsüchten, die – oftmals blind und triebhaft – für weite Bereiche unseres Gefühlslebens charakteristisch sind. Dieses ist nun nicht mehr negativ und ichbezogen, sondern bejahend, mitfühlend, und es greift über die engen Schranken des Eigennutzes hinaus. Es ist von der Art inspirierter, gesteigerter, erhabener Gefühle, die zum ästhetischen Genießen gehören, wenn wir beispielsweise in Musik versunken sind oder die glühenden Farben eines Sonnenuntergangs bewundern. Da es überdies eins ist mit dem Verstehen, wird es von Sensibilität, Bewußtheit und Klarheit durchstrahlt.

Als Bestandteil des bildhaften Vorstellungsvermögens ist das Denken nicht bloß eine Fähigkeit, aus gegebenen Voraussetzungen folgerichtige Schlüsse zu ziehen. Es wird hier zur Durchdringung und Erkenntnis höherer Arten von Wahrheit. Ein gutes Beispiel dieser Art Denktätigkeit gibt uns die Dichtung: Häufig verlangt man von Schulkindern Interpretationen des Sinngehalts von Gedichten, doch lassen sich die besten Gedichte niemals vollständig in einer begrifflichen Analyse auslegen. Gewisse Bereiche und Schattierungen des Sinns gehen bei der Übersetzung in derartige Verstandesprosa verloren. Und dennoch versteht etwas in uns, was der Dichter meint, selbst dann, wenn wir es auf keine Weise angemessen auszudrücken oder zu erklären vermögen. Ihm ist es gelungen, den Versen seine eigene Erfahrung eines höheren Grades von Wahrheit einzuweben, den die gewöhnliche Sprache nicht vermitteln kann. Unser Erfassen dieses Sinngehalts ist nicht einseitig kognitiv, denn der Dichter spricht unsere Vorstellungskraft an. Er vermittelt uns den Sinn durch unsere Empfänglichkeit für Schönheit und Wahrheit. Die sinnlichen Qualitäten des Gedichtes – die Kraft seiner Bilder, der Fluß der Worte, Rhythmus und Reim – sprechen zu unseren Gefühlen. Die Bedeutung der Worte und die Symbolik der Bilder, die sie heraufbeschwören, wenden sich an unseren Verstand. Aber hier, in der Imagination, sind Denken und Fühlen eins und transzendiert. Schönheit ist Wahrheit, Wahrheit ist Schönheit.

Dabei ist zu betonen, daß der Buddhismus den Verstand keineswegs abwertet. Er gilt ihm vielmehr als äußerst wichtiges Kennzeichen des menschlichen Lebens und als unverzichtbares Werkzeug der höheren Entwicklung. Wenn wir im Vollzug unserer weltlichen Unternehmungen nicht klar denken können, werden wir unsere Entscheidungen und Voraussagen auf der Grundlage bloßer Mutmaßungen oder vager Ahnungen treffen – was meistens ein recht zweifelhaftes, vorurteilsbeladenes Verfahren sein wird. Wir sollten fähig sein, Beobachtungen zu sammeln und zu bewerten, um dann aus unseren Kenntnissen vernünftige Schlüsse zu ziehen. Aber wir benötigen den Verstand nicht nur in unseren Alltagsgeschäften. Wir brauchen ihn, um das Gestrüpp wirrer Ideen zu lichten, das unseren Geist zu ersticken droht: jene falschen Ansichten und unzutreffenden Meinungen, die so verheerend auf unser Leben wirken können. Ein Großteil dieser Verwirrtheit entsteht, weil wir unsere eigenen Annahmen niemals im Lichte des Verstandes geprüft haben. Mit seiner Hilfe können wir auch eine erste Vorstellung von der buddhistischen Sicht in ihrer begrifflichen Formulierung gewinnen, um sie dann weiter zu ergründen und herauszufinden, ob sie einen vernünftigen Sinn ergibt. Schließlich ist der Verstand zumindest so lange auch die gemeinsame Grundlage unserer Beziehungen zu anderen Menschen, bis wir zur tieferen Begegnung mit ihnen fähig werden. Ein Mensch, der des Verstandes nicht mächtig ist, bleibt noch ins Zwielicht seiner instinktgebundenen Empfindungen getaucht und kann die Dinge nur auf magische, traumartige Weise zueinander in Beziehung setzen. Man hat gesagt, der Verstand sei das Unterscheidungsmerkmal von Mensch und Tier. Gleichwohl hat das Reich des Verstandes enge Grenzen.

So wie ich das Wort «Verstand» hier verwende, meine ich unsere Fähigkeit, Begriffe so zu ordnen, daß wir zu richtigen Schlußfolgerungen über unsere Welt gelangen. Der Verstand ist eine Funktion unseres Selbstbewußtseins. Nachdem wir die Welt in das Ich und das andere geschieden haben, zerlegen wir nun das, was wir als das andere ansehen, in immer kleinere Einheiten, denen wir Namensschilder anheften. Wörter und Namen erlauben uns, etwas im Gedächtnis zu behalten und uns auf die verschiedenen Dinge zu besinnen, auf die sie hinweisen. Dadurch können wir über die Bestandteile unserer Welt in ihren Wechselbeziehungen nachdenken. Wenn wir aber in solcher Weise unsere Außenwelt in viele Einzeldinge zerlegen, folgen wir unbewußt einem Regelsystem, das festlegt, *wie* wir diese Zerlegung vornehmen. Zeigt beispielsweise eine Teilmenge unserer Wahrnehmungen über eine gewisse Zeitdauer hinweg immer dieselben Eigenschaften, dann werden wir beginnen, diese Teilmenge als ein von allem anderen verschiedenes «Ding» zu interpretieren.

Diese Regeln sind grundlegende Annahmen, denen wir gewöhnlich folgen, ohne uns dessen bewußt zu sein. Sie sind in unserer Sprache und Kultur verankert, ja in der Struktur unseres Geistes selbst. Der Verstand ist demnach bestimmt durch die Art und Weise, wie wir die Welt sehen: Er ist die Funktion einer Wahrnehmung, die vom Subjekt-Objekt-Denken beherrscht wird und sich auf die materielle Welt richtet. Wir brauchen kaum zu betonen, daß wir nicht jeder für sich selbst eigens entscheiden, wie wir die Welt sehen wollen. Schon mit der Muttermilch saugen wir unsere Weltsicht ein.

Die Tatsache, daß das Wirken des Verstandes auf Annahmen beruht, die bestimmen, wie wir unsere Erfahrung gliedern, besagt nun nicht, daß er bloße Illusion wäre. Innerhalb ihres Geltungsbereiches werden gegebene Annahmen zu gültigen Folgerungen führen, die uns zu sinnvollem Handeln in der Welt befähigen können. Die meisten von uns müßten erst einmal ihr rationales Vermögen *entwickeln* und konsequenter anwenden. In Schwierigkeiten geraten wir erst dann, wenn wir versuchen, den Verstand außerhalb seiner Grenzen anzuwenden. Der Verstand kann das Wesen der Dinge nicht begreifen, denn die Wahrheit liegt jenseits des Subjekt-Objekt-Rasters, das wir über die Welt spannen und das die Grundlage unserer Verstandesleistungen bildet. Um über unsere Welt nachdenken zu können, müssen wir sie auf ein handliches Maß bringen, doch geht uns beim Verkleinern und Vereinfachen die unbeschreibliche Vielfalt der Dinge verloren, ihre ganze Fülle und alles Wunderbare. Das eigentliche Wesen der Dinge liegt jenseits der Reichweite unseres Verstandes.

Wir haben schon gesehen, daß der gewöhnliche Verstand nicht genügend Kraft zum Verständnis eines inspirierten Gedichtes hat; er vermag uns jedoch eine Grundlage des Verstehens zu geben, von der aus die Imagination sich aufschwingen kann. Den Reichtum eines Symbols oder eines Mythos können wir mittels unserer rationalen Kraft allein nicht verstehen, denn ein Symbol kann eine Sache und zugleich auch ihr Gegenteil bedeuten – und somit das Gesetz der Widerspruchsfreiheit mißachten. Der Verstand kann uns höchstens ein Arbeitsmodell der Welt geben, das für die meisten unserer praktischen Vorhaben taugt, solange wir es nur nicht allzu wörtlich nehmen. Ein Modell aber ist nicht die Wirklichkeit selbst, und um uns der Wirklichkeit anzunähern, benötigen wir einen anderen Modus der Erkenntnis – den wir in der Imagination auch besitzen.

Die Imagination kann sich durch Begriffe mitteilen und auf sie antworten, wenn in ihnen Leben oder Leuchtkraft ist. Teile der buddhistischen Philosophie sind von solcher Art. Sie mögen rational ausformuliert sein, und doch sind sie keine spekulativen Konstruktionen, die einzig auf der Grundlage von Gedanken errichtet wären. Sie sind Versuche, in rationaler, begrifflicher Ausdrucksweise die Einsichten der Imagination zu vermitteln, und sie benutzen dabei Begriffe als Metaphern einer Wahrheit jenseits der Grenzen des Verstandes. Wenn man einer Philosophie dieser Art begegnet, kann die eigene Imagination zum Leben erweckt werden. Allerdings droht auch die Gefahr, daß solche philosophischen Formulierungen allzu schnell zu rationalistischen Dogmen verkümmern, weil die nachgeborenen Generationen sich immer mehr an die Buchstaben klammern, anstatt sich für die Unmittelbarkeit der Einsicht zu öffnen, die die Worte vermitteln wollen. Diese Verfallserscheinungen sind in einigen buddhistischen Schulrichtungen deutlich sichtbar. Andere Richtungen zogen es deshalb vor, den Intellekt durch Paradoxien und Negationen so zu narren, daß er sich an keinerlei Begriffe mehr klammern und sie zu festen Denkgebäuden verhärten konnte. *Entscheidend wichtig für jeden Schüler des Dharma ist darum, daß er sein Verständnis der Worte niemals mit unmittelbarem Erfassen der Wahrheit verwechseln sollte.* Immer muß er trachten, den hinter den Worten liegenden Sinn direkt zu erfahren.

Imagination ist etwas, dem wir normalerweise am ehesten im künstlerischen Bereich begegnen. Jede Kunst, die mehr als bloß dekorativ, oberflächlich reizvoll oder plump belehrend ist, hebt uns auf eine höhere Stufe der Bewußtheit, die wir für eine Weile mit dem Künstler teilen. Wenn wir auf solche Weise angesprochen sind, wirkt dies auf unsere Weltsicht zurück und wir erleben vielleicht ein ganz neues Gefühl von Ganzheit und

Sinn. Ob in der Kunst, in unseren Träumen oder Visionen – Bilder, Symbole und Mythen sind die Sprache der Imagination, die viele Sinnschichten anzusprechen versteht und zugleich aufrüttelnde emotionale Reaktionen auslöst.

Schließlich kann die Imagination die Welt der Bilder – auch der subtilsten – ganz hinter sich lassen. Auch Bilder sind nur Spiegelungen der Wahrheit, nicht die Wahrheit selbst. Die schöpferische Imagination kann sich aufschwingen und alle Schleier zerreißen, die uns von der Wahrheit trennen. Wenn sie das tut, handelt es sich um transzendente Einsicht, das direkte Gewahrsein des Wesens der Dinge in vollkommener, nicht-dualer Bewußtheit. Mit dem ersten Aufscheinen solcher Einsicht wird man zu einem In-den-Strom-Eingetretenen; ihr volles Erstrahlen ist Erleuchtung.

Bilder sind die Sprache der Imagination, die, wie wir gesehen haben, unser Herz bewegen und unseren Geist erhellen kann. Aus diesen Gründen ließ der Buddha Maudgalyāyanas Vision in das Sinnbild des Lebensrades übersetzen. Aus denselben Gründen habe ich das Lebensrad und andere Symbole ausgewählt, um diese Darstellung des Dharma zu gliedern. In gewissem Ausmaß sprechen die Bilder von sich aus das imaginative Vermögen in jedem von uns an. Vielleicht sollte man auf jede Analyse verzichten und bloß die verschiedenen Elemente der Symbolik beschreiben im Vertrauen darauf, daß sie ihre Botschaft schon selbst vermitteln werden. Solch ein Unterfangen bedarf jedoch eines buddhistischen Dante oder Milton und nicht meiner Feder. Auf den folgenden Seiten dieses Kapitels werde ich in knappen Worten das Rad, die Spirale und das Mandala der Fünf Buddhas beschreiben. Ihre Bedeutung werden wir in den folgenden Kapiteln untersuchen. Bei alledem sollten wir den schon berichteten Ursprung des Lebensrades als Sinnbild für Maudgalyāyanas Einsicht nicht vergessen: Wir haben es hier mit inspirierter Schau zu tun, und so bleibt uns nichts anderes übrig, als unsere Imagination für diese Bilder zu öffnen.

Mit der Beschreibung von Maudgalyāyanas Reisen in andere Daseinsbereiche lernten wir nur eine Version der Entstehungsgeschichte des Lebensrades kennen. Andere Quellen erzählen uns anderes. Unser Wissen über das Rad stammt großenteils aus dem tibetischen Buddhismus. Abgesehen von einer einzigen Ausnahme in den alten Höhlentempeln von Ajanta ist in Indien keine Darstellung des Rades erhalten geblieben, so gründlich war die islamische und brahmanische Ausrottung des Buddhismus in seinem Ursprungsland. In Tibet aber, das die reichen Überlieferungen des indischen Buddhismus erbte, findet man das Rad im Eingangsbereich zahlreicher Tempel, wo es bis heute als Lehrbild dient. Eine oft erzählte tibetische Legende führt seinen Ursprung wiederum auf den Buddha zurück und beschreibt, wie er auf einem Reisfeld die Umrisse des Rades für seine Schüler aus Reiskörnern legte. Es scheint, daß manche Einzelheiten des Rades in Tibet hinzugefügt wurden. Unsere Darstellung wird sich auf einen tibetischen Typus des Lebensrades beziehen.

Das Rad wird von vier konzentrischen Kreisen gebildet. Im innersten Kreis, der Nabe, bewegen sich drei Tiere: ein Hahn, eine Schlange und ein Schwein; jedes von ihnen beißt in den Schwanz des vorangehenden, so daß sie zu einer geschlossenen Kette verbunden sind. Um diesen Kreis herum legt sich der zweite Ring in Form eines schmalen Bandes; dieses ist senkrecht in zwei Abschnitte geteilt, einen weißen links, rechts einen schwarzen. Auf der schwarzen Hälfte sieht man Lebewesen herabstürzen; sie werden von Dämonen verfolgt, ihre Gesichter sind angstverzerrt, und hilflos fuchteln sie mit den Armen, um den Fall zu bremsen. Der weiße Abschnitt zeigt Wesen, die aufgrund verdienstvollen Handelns – etwa Meditation, Mildtätigkeit, Verehrung des Buddha – mit freudigen Mienen aufsteigen.

Der nächste, dritte Ring erstreckt sich fast bis zur Felge und nimmt nahezu die Hälfte des Rades ein. Er ist in sechs Abschnitte gleicher Größe geteilt. Der unterste Teil zeigt den Höllenbereich, und wir finden hier jene Torturen wieder, die uns auch aus christlichen Bildern des Mittelalters geläufig sind: Wesen, die geschmort, gekocht, geschunden werden, zerschmettert und zerfleischt von den unbarmherzigen Dämonen, die dieses Reich des Schreckens beherrschen. Die sengende Hitze eines nie erlöschenden Feuers füllt die Höllenwelt, mit Ausnahme ihres tiefsten Schlundes, in dem eine Eiseskälte herrscht wie in Dantes

Abb. 2 Das Lebensrad

Inferno. Im Mittelpunkt der Hölle steht mit mächtigen Gliedern, grimmig stechendem Blick und in einem lodernden
Kranz von Flammenzungen eine Riesengestalt. Dies ist Yama,
der Totenrichter. In einer Hand hält er einen Spiegel, der ihm
die Taten derer zeigt, die vor ihn treten.

Im linken unteren Abschnitt ist das Reich der Hungrigen Geister abgebildet. Rauchfarben und substanzlos sind diese Kreaturen. Ihre Bäuche sind prall aufgequollen, doch sind ihre Münder nur stecknadelkopfgroß. Was sie trinken, wird in ihrem Bauch zu Feuer, was sie essen, zu Schwertern. Im gegenüberliegenden, rechten Abschnitt liegt die Welt der Tiere. Ihr Schicksal ist es, von den Menschen gejagt und getötet zu werden.

Der Abschnitt oben links zeigt die Menschenwelt, in der Männer und Frauen ihren alltäglichen Besorgungen nachgehen. Rechts sieht man die Titanen oder eifersüchtigen Gottheiten, wild-häßliche, kraftstrotzende Gesellen, die ein Leben ständiger Kriege führen. Sie bekämpfen die Götter, die Bewohner des obersten Bereiches, um in den Besitz des wunscherfüllenden Baumes zu gelangen, der alle Begierden stillt. Die Götter selbst leben in einer Welt von Schönheit und Seligkeit; was immer sie wünschen, findet sofortige Erfüllung.

In jedem dieser sechs Bereiche erscheint eine Buddhagestalt in jeweils anderer Farbe und ausgestattet mit einem besonderen Gegenstand. Ein dunkelblauer Buddha bietet den Höllenwesen ein Gefäß mit Balsam; im Reich der hungrigen Geister trägt ein roter Buddha einen mit Nektar gefüllten Krug; den Tieren erscheint ein hellblauer Buddha mit einem Buch in der Hand; ein gelber Buddha im orangefarbenen Gewand und mit dem Stab und der Almosenschale eines wandernden Mönches kommt in die Welt der Menschen; den Titanen steht ein grüner Buddha in voller Rüstung und mit flammendem Schwert zur Seite; ein weißer Buddha schlägt den Göttern die Laute.

Der Außenring des Rades ist in zwölf Abschnitte unterteilt und veranschaulicht die zwölf zyklischen Glieder in der Kette des Bedingten Entstehens, Stationen, die im Kreislauf von Geburt und Tod durchlaufen werden. Jeder Abschnitt zeigt mit einem Bild eine Phase dieses Stromes bedingter Faktoren. Im obersten Abschnitt ertastet ein blinder Mann mit einem Stab stolpernd seinen Weg. Darauf folgen, im Uhrzeigersinn betrachtet: ein Töpfer an der Drehscheibe; ein Affe, der in einem Baum von Ast zu Ast hangelt; vier Männer in einem Boot, das einer von ihnen steuert; ein Haus mit einer Tür und fünf Fenstern; ein Liebespaar in Umarmung; ein Mann mit einem Pfeil im Auge; eine Frau, die einem sitzenden Mann ein Getränk reicht; eine Frau, die Früchte von einem Baum pflückt; ein Paar beim Geschlechtsverkehr; eine gebärende Frau; ein Toter, der zur Verbrennungsstätte getragen wird. Mit dem dann wieder folgenden Abschnitt des Blinden mit dem Stab hat das Rad eine Umdrehung vollendet.

Oberhalb der Felge des Rades starrt ein grimmiges Gesicht mit drei wild drohenden roten Augen und einer Krone aus Totenschädeln hervor. Das ist der Dämon der Vergänglichkeit, der nicht zuläßt, daß irgend etwas Bedingtes jemals zur Ruhe kommt. Mit spitzen Fängen und Klauen umklammert er das Rad.

Dies alles veranschaulicht allerdings nur eine Seite der Wirklichkeit, nämlich die zyklische Art des bedingten Geschehens. Die Spirale wird zwar durch die Buddhas repräsentiert, die in jedem der sechs Bereiche auftreten, aber auf diese Weise erkennt man noch nicht die große Bedeutung, die der Spirale eigentlich zukommt. Obwohl es wahrlich nötig ist, den «Feind» und die düsteren Möglichkeiten des Daseins zu kennen, brauchen wir doch auch ein Gefühl für die positiven Möglichkeiten des menschlichen Lebens, wenn wir die Wirklichkeit ganz erfassen wollen. Darum sieht man auf manchen tibetischen Darstellungen rechts oben, außerhalb des eigentlichen Lebensrades, einen weiteren Buddha. Er weist den Weg zur Erleuchtung. An dieser Stelle gehen wir vom Rad zur Spirale über.

Wenn wir uns vorstellen, das Rad liege flach auf dem Boden und werde von den Klauen des Dämons mit solcher Geschwindigkeit angetrieben, daß alle Einzelheiten verwischt würden und wir nur noch einen verschwommenen Fleck wirren Durcheinanders sähen, dann können wir uns weiter vorstellen, wie die Spirale von seinem äußeren Rand aufsteigt und sich auf immer höhere Ebenen emporwindet. Durch den Punkt des Eintretens in den Strom wird die Spirale in zwei Phasen geteilt. Unterhalb des Punktes sehen wir gottähnliche Wesen von anmutiger, lichter Erscheinung den Pfad aufsteigen. Jenseits des Punktes gewinnt die Schönheit dieser Wesen einen noch tieferen Glanz, und Weisheit strahlt nun hell aus ihrem Blick.

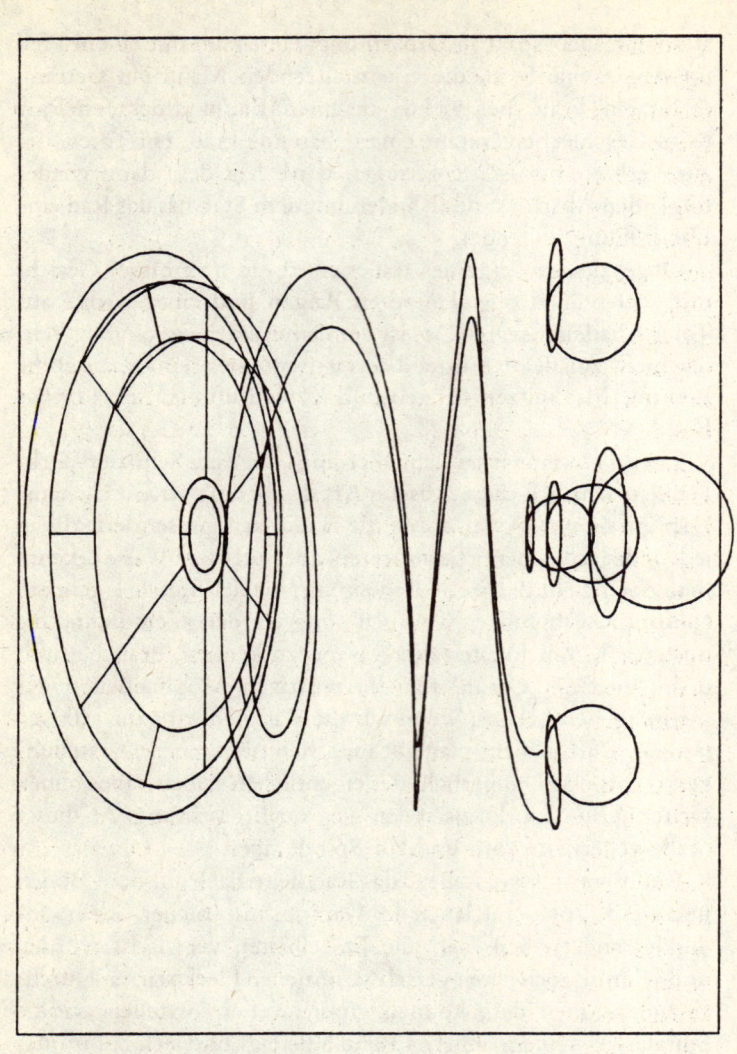

Abb. 3 Das Rad, die Spirale und das Mandala

Schließlich wird die Spirale zum Mandala, einem ausgedehnten, symmetrisch geordneten Kreis. In seinem Mittelpunkt sieht man die blendend weiße Gestalt des Buddha Vairochana, des Erleuchters. Er sitzt mit gekreuzten Beinen auf einem weißen Lotosthron, der von zwei Königslöwen getragen wird. In reiche Seidengewänder gekleidet und mit Juwelen geschmückt, dreht er mit den Händen ein achtspeichiges, goldenes Rad, das wie die Sonne strahlt. In den vier Himmelsrichtungen ist Vairochana von vier weiteren Buddhas umgeben. Sie alle sind von ähnlich prachtvoller Erscheinung. Die blaue Gestalt im Osten ist Akshobhya, «der Unerschütterliche». Er sitzt auf einem von Elefanten gestützten Thron. Seine rechte Hand berührt vor ihm den Boden, während die linke in seinem Schoß liegt und einen goldenen Vajra («Diamant», Symbol der Unzerstörbarkeit; ursprünglich der Blitzstrahl oder «Donnerkeil» der hinduistischen Gottheit Indra) hält. Auf einem Thron von Pferden sitzt im Süden Ratnasambhava, «der Juwelen-Geborene», der gelbe Buddha. Seine rechte Hand ist zur Geste des Gebens ausgestreckt, die linke hält ein Juwel. Im Westen sieht man auf einem Pfauenthron Amitābha, «Grenzenloses Licht», den roten Buddha. Seine Hände ruhen zur Meditation im Schoß und halten eine rote Lotosblüte. Amoghasiddhi, «Ungehinderter Erfolg», der grüne Buddha, bewohnt das nördliche Viertel. In der linken Hand hält er einen Doppel-Vajra, die rechte hat er zur Geste der Furchtlosigkeit erhoben.

Obwohl diese fünf Gestalten miteinander in gewissem Sinne den Gipfel des Pfades veranschaulichen – denn auf dieser Stufe hat man das Rad vollständig hinter sich gelassen –, entfaltet sich die Spirale doch immer weiter. Die Gestalten glühen, pulsieren vor Energie, strahlen blendendes Licht aus. In einem Prozeß endloser schöpferischer Entfaltung erzeugen sie aus sich selbst heraus immer weitere Gestalten und Formen. Unaufhörlich entfalten sich immer neue Stufen der Vollkommenheit.

4 DIE WURZELN DES BÖSEN

Die Kraft, die ein Rad antreibt, setzt an seiner Nabe an. In der Nabe des Lebensrades sehen wir einen Hahn, eine Schlange und ein Schwein als Sinnbilder jener Kräfte, die das Rad treiben. Diese Kräfte werden in der buddhistischen Überlieferung auch «Die Drei Unheilsamen Wurzeln» genannt, weil aus ihnen alles Elend des Lebens wächst, oder «Die drei Gifte», denn sie verderben uns von innen. Der Hahn steht für Gier, die Schlange für Haß und das Schwein für Verblendung – in diesen drei Geisteshaltungen wurzeln alle Knechtschaft und alles Leiden der Menschen.

Diese Kräfte durch Tiere darzustellen ist insofern angebracht, als sie primitive Antriebe unterhalb der augenscheinlich so gesitteten Oberfläche vieler Menschen verkörpern. Allerdings tun wir den Tieren auch Unrecht, wenn wir sie als Symbole für Gier und Haß benutzen, weil Tiere niemals derartige Regungen zeigen, die wir unter den Menschen nur allzu häufig antreffen. Selten wird ein Tier beispielsweise seine Artgenossen bis auf den Tod bekämpfen oder mutwillig Angehörige anderer Arten töten. Zwar empfinden auch Tiere Hunger und andere Bedürfnisse, doch ist es höchst unwahrscheinlich, daß sie sich zu Völlerei oder anderen neurotischen Umtrieben versteigen, es sei denn – und das mag uns zu denken geben –, sie lebten in enger Verbindung mit Menschen. Diese können ihrerseits einen so erbitterten und tödlichen Haß empfinden, daß sie dazu getrieben werden, andere Menschen zu vernichten, selbst diejenigen, die ihnen einst als Freunde oder Verwandte nahestanden. Wie wir wissen, kann sich die menschliche Vernichtungswut ins Maßlose steigern. In ähnlicher Weise können Menschen von solcher Begierde besessen sein, daß sie ihr Leben ganz der Anhäufung von Reichtum und Macht weihen, ohne das schreckliche Leid zu beachten, das sie anderen damit zufügen. Menschliche Gier und menschlicher Haß sind von ganz anderer Natur als der Hunger und die Aggression von Tieren. Es handelt sich hier um besondere, dem Menschen eigentümliche Schwächen, die wir erst dann verstehen können, wenn wir das menschliche Bewußtsein genauer betrachtet haben.

Der Mensch ist seiner selbst gewahr. Aus dem Schoß der Natur ist eine gesonderte Identität hervorgegangen, hat sich aus ihrer Umwelt herausdifferenziert. Anfangs ist dies gesonderte Ich sehr zerbrechlich und kann sich nur mit einiger Schwierigkeit selbst erhalten. So wie es aus dem dunklen Urgrund der Natur matt aufschimmert, ist es roh und starr, und es identifiziert sich vor allem mit seinem physischen Körper, mit materiellem Besitz, mit seinen Beziehungen zu anderen Menschen und einem festen Weltbild. Dieses schwache Ich wird immer wieder aus seinem Inneren von vorbewußten Kräften überschwemmt, die unter der Oberfläche seines Selbstbewußtseins aufwallen. Zugleich fühlt es sich von außen bedroht durch den dauernden Verfall und Tod der Dinge und Menschen in seiner Welt. Alles, worauf sein erstes Identitätsgefühl sich gründet, ist dem Gesetz der Vergänglichkeit unterworfen und kann daher nie als eine beständige und zuverlässige Quelle von Sicherheit taugen. Ein Gefühl der Unsicherheit ist darum eine unvermeidliche Begleiterscheinung des jungen, von den Wandlungsprozessen des Lebens wieder und wieder gebeutelten Selbstbewußtseins.

Das unreife Ich oder Ego versucht sich zu sichern, indem es auf dieselben Instinkte zurückgreift, durch die auch Tiere ihr Leben erhalten. Wie Tiere die Nahrung erjagen, die den Körper erhält, so versucht das Ich, jene Dinge zu besitzen, die es für Faustpfänder seiner inneren Sicherheit hält. Wie ein Tier anzugreifen und zu vernichten sucht, was sein Leben bedroht, so trachtet das Ich danach, das zu zerstören, was seine Unversehrtheit bedroht. Von menschlicher Imagination unterstützt und verstärkt, können derartige Reaktionsweisen sich bis in die monströsen Gewaltakte rücksichtsloser Eroberungsfeldzüge und kriegerischer Massenvernichtung steigern. Gier und Haß sind zwar im Grunde defensive Verhaltensweisen, erscheinen jedoch nicht immer als solche. Sie mögen sich in den zaghaft-verängstigten Regungen jener Menschen verbergen, die spüren, daß sie schon längst vom Leben ins Abseits gedrängt wurden, aber sie können auch mit dem auftrumpfenden Gehabe derer daherkommen, die selbstgewiß an ihre Unbesiegbarkeit im Geschäft der Identitätssicherung glauben.

Der stolze Hahn in seinem schillernden Federkleid ist das Sinnbild der Gier. Zweifellos macht seine sprichwörtliche Eitelkeit und Unersättlichkeit diesen armen Vogel zum passenden Symbol dieser allzu menschlichen Schwäche. Allerdings wird das Wort «Gier» der von ihm verkörperten Emotion nicht ganz gerecht, denn es geht hier um die gesamte Bandbreite unheilsamen Begehrens, vom halbherzigen Gelüst bis zu jenem gewalttätigen Verlangen, das nichts und niemandem erlaubt, den Weg zu seiner Befriedigung zu versperren. Wir können diese Emotion darum treffender als «neurotische Begierde» bezeichnen, womit wir ihre potentielle Gewalt ebenso andeuten wollen wie die krankhafte Verblendung, auf der sie beruht. Neurotische Begierde ist das Verlangen, Dinge zu besitzen, um sie zum Teil der eigenen Persönlichkeit zu machen, weil man glaubt, auf solche Weise seine Identität sichern zu können. Es mögen materielle Dinge sein, nach denen man in dieser Weise strebt: Begierden solcher Art können wir zum Beispiel dann beobachten, wenn wir etwas verlieren und darüber nicht bloß Bedauern oder auch Verärgerung empfinden, sondern ein viel tieferes Gefühl des Verlustes, wenn nicht gar eine Art Verzweiflung erfahren. Dann scheint es uns, als hätten wir nicht bloß ein Ding verloren, sondern einen Teil unserer selbst. In ebensolcher Weise können wir uns auch an Ideen klammern und unsere Sicherheit auf sie stützen. Das wird deutlich, wenn wir uns persönlich untergraben fühlen, weil jemand unsere Ideen angreift oder auch nur in Frage stellt. Häufigstes Objekt der Begierde sind allerdings andere Menschen. Wir sehnen uns nach ihrer Liebe und Anerkennung, nach Bewunderung, ja nach ihrer bloßen Gegenwart als festen Stützpfeilern unserer Welt. Tritt ein solches Verlangen auch noch gekoppelt mit biologischen und sozialen Bedürfnissen wie Sexualität oder der Sicherung der Familie auf, dann werden besonders unerquickliche und leidvolle Situationen wahrscheinlich kaum ausbleiben.

Neurotische Begierde ist von gesunden Bedürfnissen zu unterscheiden. Hunger zum Beispiel ist keine neurotische Begierde. Einen leeren Magen und den Wunsch zu essen kann man ganz einfach als das erleben, was sie sind: Man ißt, und der Hunger ist gestillt. Keinerlei emotionale Beunruhigung und kein Gefühl existentieller Verunsicherung entstehen aus einem solchen gesunden Hunger. Nahrung wird erst dann zum Gegenstand neurotischer Begierde, wenn das gesunde Bedürfnis in einer neurotischen Persönlichkeit gefangen ist. Neurotische Begierde kann man durch spirituelle Übung vertreiben, ein gesundes Bedürfnis jedoch nicht. Um eins vom anderen zu unterscheiden, müssen wir uns fragen, ob mit unserem Verlangen starke Emotionen verbunden sind und ob es wirklich gestillt ist, wenn wir es befriedigen.

Es gibt nicht nur körperliche Bedürfnisse, die gesund sind und befriedigt werden sollten, soweit man dadurch sich selbst oder andern keinen Schaden zufügt, sondern auch solche, die man regelrecht kultivieren sollte. Dazu gehören das Streben nach Freundschaft, Schönheit und anderen idealen Qualitäten, und dazu gehört auch der Wunsch, als Individuum zu wachsen. Solche Wünsche sollten wir in jeder Hinsicht stärken – dies ist ein Ziel, das die buddhistische Übung immer wieder anstrebt.

Ihr kaltes Blut und ihr giftiger Biß machten die Schlange zu einem geeigneten Sinnbild des Hasses. Mit ihrem eisigen Blick und der Schuppenhaut, ihrer Fähigkeit, sich aufzurichten und zischend mit gespaltener Zunge vorzuschnellen, erscheint sie als Archetypus der Bösartigkeit. Und dennoch würde keine Schlange ein anderes Tier angreifen, außer um es zu verspeisen oder sich gegen eine körperliche Bedrohung zu wehren. Der Haß des Menschen kann sich dagegen ebenso in Taten wahlloser Grausamkeit gegen völlig Unschuldige austoben, wie er sich am unteren Ende der Skala in einem kaum spürbaren Abwenden oder einem etwas frostigen Benehmen ausdrücken mag. Ob unsere Abneigung nun stark oder schwach ist – wir hassen, was wir als Bedrohung unseres Ichgefühls empfinden. Der tierische Instinkt der Selbsterhaltung dient nunmehr zur Verteidigung eines schwächlichen Ich. Obwohl man seinen Haß vielleicht nur an unbelebten Dingen ausläßt, richtet er sich doch eigentlich fast immer gegen Menschen. Diese mögen tatsächlich gegen uns arbeiten oder auch nicht: Wir fühlen uns in unserer Existenz von ihnen bedroht, und wir möchten sie loswerden, damit sie uns nicht länger gefährden können. Ist die von ihnen ausgehende Bedrohung unserer Ich-Identität stark genug, dann werden wir vielleicht glauben, unsere einzige Möglichkeit, neue Sicherheit zu gewinnen, liege darin, sie zu vernichten.

Es gibt noch eine dritte Art, auf die ein unreifes Ich versucht, Halt zu finden. Im Zentrum des Rades befindet sich auch ein fettes schwarzes Schwein, das mit dem Rüssel im Dreck wühlt. Seine Ohren fallen wie Scheuklappen über die Augen, so daß es nichts sieht als den Fleck unmittelbar vor sich. Im Westen betrachtet man das Schwein gewöhnlich eher als Inbegriff unersättlicher Gefräßigkeit, hier aber steht es als Sinnbild der Verblendung oder Verstocktheit. Durch die Ohren in seiner Sicht behindert, nimmt das Schwein nur die Dinge wahr, die es mit seinem Rüssel aufwühlt. In ähnlicher Weise ist die Lebensperspektive eines verblendeten Menschen verstellt. Diese Beschränkung folgt keineswegs aus einem Mangel an Informationen, sondern aus einer Abwehrmaßnahme. Der Verblendete weigert sich, irgend etwas wahrzuhaben, was seine Identität gefährden könnte. Er sucht Sicherheit in der Blindheit. Vielleicht wäre der Strauß, der den Kopf in den Sand steckt, um nicht gesehen zu werden, ein gelungeneres Sinnbild des verstockt-verblendeten Menschen. In seinem Wahn nimmt er zu einer Welt der Scheuklappen Zuflucht und ignoriert alles, was nicht in sie hineinpaßt. Er ist nicht willens, die Grundtatsachen des Lebens einzusehen, daß nämlich alles in seiner Welt vergehen wird und daß auch er selbst unweigerlich sterben muß.

Manchmal kann man sich selbst dabei ertappen, wie man

Unwissenheit zur eigenen Verteidigung vorschützt. Vielleicht weist ein Freund mich auf eine unangenehme Wahrheit bezüglich meiner Motive oder meines Handelns hin: Ich verstehe ganz genau, was er sagt, und dennoch wende ich mein Denken unverzüglich davon ab. Eine solche Selbst-Ablenkung geschieht vorsätzlich und ist ein Ausdruck verstockter Verblendung. Sie offenbart sich auch in der starren Lebenssicht vieler Menschen, die sich weigern, irgend etwas zu erwägen, geschweige denn anzuerkennen, was jenseits der Grenzen ihrer gegenwärtigen Überzeugungen liegt.

Verblendung zeigt sich allerdings nicht immer in so leicht durchschaubarem, offenkundig törichtem Verhalten. Sie kann auch in einer geradezu ausgetüftelten Manier daherkommen und den Anstoß zum Entwurf höchst komplizierter Ideensysteme geben. Verblendung ist nämlich das Grundübel, das entscheidende Gift, die tiefste Wurzel – und wirksam bis zum Augenblick der Erleuchtung. Sie ist nichts anderes als unsere Weigerung, uns einer weiteren Perspektive von Wahrheit zu öffnen. Selbst wenn wir auf unserer derzeitigen Bewußtseinsstufe nicht ganz und gar glücklich sein mögen, haben wir doch wenigstens ein zwar verletzliches, aber immerhin verhältnismäßig beständiges Ichgefühl aufgebaut. Wir wissen, wer wir sind – oder glauben, wir wüßten es. Über unsere gegenwärtige Stufe der Bewußtheit zu einer neuen und höheren Dimension fortzuschreiten, verlangt von uns, das Unbekannte zu wagen und unser Ich, wie wir es bisher kannten, zurückzulassen. Das ist eine Art Tod und deshalb eine ungeheure Bedrohung für das Ich. Lieber wenden wir uns ab, weigern uns, die Wahrheit anzuerkennen, die es wohl schon immer gab, die sich aber nun so ungebeten aufdrängt. Gelegentlich können Menschen, die zu meditieren lernen, diese Reaktion in sich wahrnehmen, wenn sie erstmalig eine höhere Bewußtseinsebene erfahren. So beglückend und licht ein solcher Zustand sein mag, ist er doch auch befremdlich und bietet nichts, wodurch man sich in gewohnter Weise selbst identifizieren könnte. Ängstlich sucht man daher, den sicheren Boden seines gewohnten Bewußtseins wiederzugewinnen. Der verblendete Mensch ist wie ein Gefangener, der die Ketten, die er kennt, den geheimnisvollen Möglichkeiten der Freiheit vorzieht. Verblendet sind wir alle – bis wir erleuchtet sind.

Unser Leben wird im wesentlichen von zwei einander widerstrebenden Tendenzen beherrscht: von einem Drang zur Evolution, der uns verlockt, neue Stufen von Bewußtheit zu erreichen, und von der niederdrückenden Schwere der Verblendung, die uns in der Scheuklappenwelt festhält. Entscheiden wir uns für den spirituellen Pfad, so wählen wir damit die Aufgabe, uns von der Kraft der Evolution bewußt aufwärts tragen und von der Verblendung nicht anketten zu lassen. Wir hängen gewissermaßen zwischen den beiden «Himmelskörpern» Natur und Buddhaschaft in der Schwebe, die mit ihren Anziehungskräften auf uns wirken. Der spirituelle Pfad führt vom einen zum anderen. In den Anfängen unserer spirituellen Entwicklung kämpfen wir immer wieder gegen die Macht der Verblendung an, in der die Schwerkraft der Natur auf uns wirkt. Zwar gibt es auch dann schon die Anziehungskraft der Buddhaschaft in uns, die Tendenz zur Evolution, doch wird sie noch um ein Vielfaches vom Gewicht der Verblendung überwogen. Auch für bescheidene Fortschritte müssen wir ausdauernd danach streben, die lähmende Wirkung der Verblendung zu überwinden, die uns an die niederen Daseinsstufen kettet. An einem bestimmten Punkt sind dann beide Gravitationskräfte im Gleichgewicht zwischen Natur und Buddhaschaft. Ist man erst einmal über diesen Punkt hinausgelangt, so wirkt die Kraft der Evolution stärker als der Sog der Verblendung und wir schwimmen ungefährdet in dem Entwicklungsstrom, der zur Buddhaschaft führt. Die Spiralen-Tendenz wirkt in einem Menschen, der in den Strom eingetreten ist, so stark, daß er trotz aller auch weiterhin vorhandenen Verblendung jede neue Grenze durchbricht, an die er auf seinem Weg gelangt. Er kann nicht mehr zurückfallen. Bis zu diesem Punkt ohne Umkehr müssen wir unablässig danach streben, unseren Hang zu Erstarrung und Abschottung zu überwinden, der im Sinnbild des Schweines der Verblendung verkörpert ist.

Hahn, Schlange und Schwein, jedes Tier in den Schwanz des vorangehenden verbissen, bewegen sich miteinander im Kreis.

Das zeigt, daß Begierde, Haß und Verblendung unlösbar miteinander verbunden sind. Verblendung ist die Grundlage der beiden anderen Gifte und findet sich in gewissem Ausmaß auf allen Stufen unterhalb der Erleuchtung. Es gibt sie sogar noch in einigen sehr positiven Geisteszuständen, die völlig frei von Gier oder Haß sind. Wird Begierde blockiert, dann schlägt sie häufig in Haß um, und fast aller Haß enthält eine Spur enttäuschten Verlangens. Die meisten negativen Geisteszustände treten als komplexe Mischungen aller drei Gifte auf. Die drei Tiere ziehen und zerren aneinander, und so treiben sie das Rad des Lebens an.

Nur selten trifft man auf Gier, Haß oder Verblendung in unverstellter Form. Mit großem Raffinement kleidet sich unser nackter Egoismus in die Hüllen der Nettigkeiten unserer gesellschaftlichen Umgangsformen. Ein Schutzschild von Konventionen polstert uns gegen den Ansturm der drei inneren Tiere. Die Maske unserer Höflichkeit verbirgt sie vor anderen, und es kann sogar geschehen, daß auch wir selbst von ihren Umtrieben in uns nichts ahnen. Dies kann man an einem Menschen beobachten, der zwar höfliche und freundliche Worte wählt, in seinem Mienenspiel, seiner Haltung und Gestik aber eine unterschwellige Feindseligkeit oder Furcht offenbart, die ihm selbst kaum bewußt ist. Wenn unsere Begegnungen mit anderen Menschen sehr tief sitzende negative Gefühle hervorzurufen drohen, ziehen wir es oft vor, den Kontakt ganz abzubrechen. In manchen Menschen liegt der harte Knoten ihres abwehrbereiten Ego allerdings so dicht unter der Oberfläche, daß sie kaum eines Anstoßes bedürfen, um auf ziemlich extreme Art zu reagieren. In gefestigten Persönlichkeiten mit größerem Selbstvertrauen liegt dieser Knoten viel tiefer, und sie zeigen kaum je ihr wahres Gesicht, weil sie gesellschaftlich so gut angepaßt sind. Dennoch wirken auch in ihnen die drei Tiere als treibende Kräfte. In den engeren Beziehungen unseres Lebens bricht der Panzer der Konventionen gelegentlich auf: In Liebesbeziehungen oder im Familienalltag stellen Spannungen und Zwistigkeiten, überzogene Erwartungen und ihre unvermeidlichen Enttäuschungen das gefährdete Ich und sein verzweifeltes Streben nach Sicherheit bloß.

Es ist sehr wichtig, daß wir lernen, den Hahn, die Schlange und das Schwein in uns zu erkennen. Nur wenn wir ihrer innewerden, können wir sie daran hindern, unser Leben zu bestimmen. Eines Tages werden wir sie dann vollständig überwunden haben. Wir müssen unser Tun sehr ehrlich betrachten und eingestehen, welche Motive unter dem Deckmantel unserer Rationalisierungen und Anpassungen wirklich pulsieren. Darum empfiehlt es sich, mit anderen Menschen zusammenzusein, denn Menschen sind nun einmal so wichtige Zielpunkte unserer Gefühle, daß uns die Begegnung mit ihnen eher dazu bringen wird, unseren Gefühlen so, wie sie sind, ins Auge zu sehen. Wenn allerdings diese Menschen nicht ebenfalls versuchen, ehrlicher zu werden, dann können wir uns mit ihnen auch auf verhängnisvolle Weise verstricken. Sind sie aber ernsthaft bestrebt, ihr eigenes Herz kennenzulernen, und versuchen sie, den Pfad der höheren Evolution zu gehen, so wird dies auch unsere Bemühungen fördern. Denn solchen Freunden können wir freimütig gestehen, was in uns vorgeht. Sie werden fähig sein, uns zu beraten und zu ermutigen oder uns auch bloß zuzuhören. Die freie Äußerung unserer Gedanken und Gefühle gegenüber Menschen, denen wir vertrauen, schenkt uns nicht nur emotionale Erleichterung, sondern sie hilft uns auch, deutlicher wahrzunehmen, was wir denken und fühlen. Damit ein solches Vertrauen aufkommen kann, müssen wir überzeugt sein, daß unsere Freunde, wie wir selbst auch, von dem Wunsch zu wachsen bestimmt sind. Im Grunde kann diese Art von Offenheit überhaupt nur zwischen Menschen entstehen, die sich der höheren Evolution verpflichtet fühlen und deshalb der einzigen Art geistiger Gemeinschaft angehören, die diesen Namen verdient. Ein wesentliches Kennzeichen eines solchen «Sangha», der geistigen Gemeinschaft, ist die Freimütigkeit unter denen, die ihn bilden. Sie sind fähig und willens, einander unverstellt mitzuteilen, was sie denken und fühlen. Niemand gibt vor, anders zu sein, als er ist – weder aus Schuldgefühlen, noch um andere zu übertrumpfen. Da es sich hierbei um Offenheit vor dem Hintergrund eines höheren Ideals handelt, wird man sich niemals dazu hergeben, bloß in Launen und Stimmungen zu schwelgen. Niemand läßt andere unter seinen Zuständen leiden. Jeder versucht sich zu erkennen, so gut er kann; jeder ist gewillt, sich seinen Freunden mitzuteilen. Jeder ist bereit, die Anregungen und Meinungen derer zu bedenken, denen er sich offenbart hat, und er ist gleichermaßen zugänglich, wenn sie sich ihrerseits äußern wollen.

Die meisten Menschen werden einräumen müssen, daß alle drei Tiere in ihnen wirken, wobei vermutlich eines von ihnen deutlicher hervortritt. Ein frühes buddhistisches System gruppiert die Menschen danach, welches Gift in ihnen überwiegt. Auch uns kann eine Überprüfung, ob wir eher ein Gier-, Haß- oder Verblendungstyp sind, helfen, uns besser kennenzulernen, obgleich diese Kategorien noch sehr allgemein sind. Sie gehen davon aus, daß der Charaktertyp eines Menschen sich in jeder seiner Taten zeigt:

Stehend, ist der begehrlich Geartete von angenehmer und höflicher Art, der haßvoll Geartete wirkt steif und der verblendet Geartete bekümmert. Gleiches gilt auch für das Sitzen. Der Begehrliche ordnet sein Bett glatt und ohne Eile, er legt sich bedachtsam nieder, hält seine Glieder beieinander, und sein Schlaf ist ruhig; wird er geweckt, so erhebt er sich nicht sofort, sondern gibt eine sanfte, wenngleich fast ein wenig unwillige Antwort. Der Haßvolle bereitet sein Bett hastig und nachlässig; er schläft mit unwirscher Miene und verkrampft niedergeworfenem Körper; wird er geweckt, so erhebt er sich mit einem Ruck und antwortet, als sei er verärgert. Der Verblendete macht sein Bett unordentlich und schläft mit ausgebreiteten Gliedern zumeist mit dem Gesicht nach unten; wird er geweckt, so erhebt er sich träge mit einem: «Mmpf».*

So schreibt Buddhaghosha, ein großer indischer Gelehrter des fünften Jahrhunderts, in seinem *Weg der Reinheit,* und er fährt fort, die Eigenarten eines jeden Typs bei der Arbeit, beim Essen, Ankleiden und bei anderen täglichen Verrichtungen zu

* *Visuddhimagga,* III.

schildern. Darüber hinaus beschreibt er auch die positiven Gegentypen zu den Gier-, Haß- und Verblendungsmenschen.

Mit dem gierigen Charaktertyp kann man vermutlich am besten auskommen, denn es ist sein Hauptanliegen, Dinge zu finden, die ihm Freude bereiten. Er genießt das Leben und neigt zu starken Bindungen an andere Menschen. Der Haßtyp dagegen sieht vor allem die Schattenseiten des Lebens. Er achtet besonders auf die unerfreulichen Aspekte der Dinge und ist immer damit beschäftigt, Leiden zu vermeiden. Der Verblendungstyp ist weder so noch so – schwankend, ablenkbar und verwirrt, lebt er in einer grauen Nebelzone und kann sich zu nichts so recht entschließen. Er leidet an chronischer Unentschiedenheit und hat auch gar nicht den Willen, seine Gedanken zu klären. Die meisten Menschen passen nicht genau in eine dieser drei Gruppen; jeder stellt sich aus den drei Giften seine eigene Mixtur zusammen. Man mag diese Typenlehre hilfreich finden oder nicht – wichtig ist nur, daß man sich genauer kennenlernt. Das ist keineswegs einfach, und es wird vermutlich manch ein Jahr vergehen, bis man seine wirklichen Motive und Neigungen, seine Schwächen und Tugenden entschleiert hat. Dazu benötigt man eine Arbeit, die einem positiven Zweck dient, und Freunde, die ebenfalls nach Selbsterkenntnis streben und sich mit ganzem Herzen füreinander einsetzen. Sind diese Voraussetzungen erfüllt, dann wird man allmählich zu verstehen beginnen, wie man ist und wie man sein kann.

Gier, Haß und Verblendung sind nicht die einzig möglichen Antriebskräfte. Deshalb sind auch die ihnen entsprechenden Charaktertypen nicht die einzigen. Die drei Geistesgifte sind in erster Linie als die Abwehrmechanismen eines unreifen Ich anzusehen. Obwohl auch auf sehr hohen Entwicklungsstufen noch Reste von Gier und Haß wirksam bleiben und obwohl es Verblendung sogar bis zur Schwelle der Erleuchtung gibt, kann man doch schon früher ein zunehmend gefestigtes und reiferes Gefühl persönlicher Identität entwickeln.

Im Frühstadium seines Erwachens aus dem Schlaf der Natur ist das keimende Ich noch sehr schwach und spürt seine Verletzlichkeit. Aber es ist nicht nur zerbrechlich, sondern auch sehr unreif: Es betrachtet die ganze Welt als sein Eigentum und versucht, seiner Umgebung den eigenen Willen aufzuzwingen. Abgesehen von seltenen Ausnahmen, wird diese naive Herrschsucht sehr bald am Widerstand der Außenwelt scheitern. Materielle Dinge fügen sich niemals ganz unseren Absichten und erfüllen unsere Wünsche immer nur unvollkommen. Oft geraten wir so in einen direkten Konflikt mit dem Leben selbst. Andere Menschen erweisen sich angesichts unserer Wünsche als besonders spröde, denn sie haben ihren eigenen Willen. Um mit dieser Grundspannung des Lebens zurechtzukommen, müssen wir entweder eine Gesamtstruktur unserer Persönlichkeit ausbilden, die sich den Chancen und Enttäuschungen des Menschenlebens anpassen kann, wenn sie auch letztlich in Begierde, Haß und Verblendung wurzelt – oder wir müssen ein reiferes Ichgefühl verwirklichen.

Das Ego reift durch die Entwicklung von echtem Vertrauen in seine Identität. Dabei wird sein Selbstgefühl unabhängiger von den Dingen und Menschen der Außenwelt; immer mehr findet es seinen Grund in sich selbst. Dieses reifere Ich können wir auch «echte Individualität» nennen, denn vorher war Individualität nur ansatzweise vorhanden. Eine solche Reifung ist in großem Ausmaß die Frucht eigener, ausdauernder Bemühung, aber sie wird auch durch eine verläßliche und ermutigende Umgebung gefördert – eine Umgebung, in der man sich wohl fühlen darf, ohne in seiner aufblühenden Individualität eingeengt oder gar erstickt zu werden. Eltern, Lehrer und Freunde sollten hierbei vor allem Hilfestellung und einfühlsame Anleitung geben; sie sollten das heranwachsende Ich anerkennen und annehmen. Ein Mensch, der in solcher Weise aufwachsen durfte, wird ein natürliches, unbefangenes Selbstvertrauen genießen. Er vermag sich anzunehmen und für sich zu sorgen, er wird sich selbst lieben und Wohlergehen wünschen. Solch eine Haltung ist keineswegs jene narzißtische Selbstgefälligkeit oder egoistische Selbstbestätigung, die das unreife Ego kennzeichnen. Vielmehr handelt es sich hier um eine gesunde Selbsteinschätzung, die auch anderen Menschen die Freude an ihrem besonderen Wert nicht mißgönnt. Viele Menschen im Westen finden es nicht leicht, sich selbst zu mögen, weil sie durch den Einfluß unserer christlich geprägten Kultur mit irrationalen Schuldgefühlen, Selbstablehnung und dem Glauben, sie seien unwerte Sünder, für ihr Leben gezeichnet wurden. Ohne gesunde Eigenliebe ist aber auch keine höhere Entwicklung möglich, denn unsere Versuche zu wachsen würden dann nur in Selbstbestrafung und Verdrängung ausarten. Wachstum setzt Gesundheit voraus, den Wunsch nach einem glücklichen, erfüllten Leben.

Die reife, sich selbst vertrauende Persönlichkeit ist in entspannter Weise neuen Erfahrungen zugänglich, denn ihr Ichgefühl ist nicht mehr ohne weiteres zu untergraben. Insbesondere ist sie offen für andere Menschen, die sie nicht mehr als Bedrohungen der eigenen Identität oder als Reizobjekte neurotischer Begierden erlebt. An diesem entscheidenden Punkt in der höheren Evolution bleibt man nicht länger ein «Ich», das in einer Welt von «anderem» lebt. Statt dessen ist man nun ein Ich in Wechselbeziehung mit dem Ich anderer Menschen. Man erkennt, daß andere in gleicher Weise fühlen wie man selbst, und deshalb beginnt man, mitfühlend an ihrem Leben teilzunehmen und ihnen ebenso wohlzuwollen wie sich selbst. Selbstliebe befähigt uns, auch den anderen als ein Ich zu erkennen und ihn «interesselos» zu lieben.

Außer durch sein Selbstvertrauen zeichnet sich das Individuum durch Unabhängigkeit und Selbständigkeit aus, weil es Sicherheit und Bestätigung in sich findet. Das heißt nicht, daß es nun jenen stereotypen Pseudo-Helden gliche, die überheblich darauf bestehen, alle Dinge in ihrem besonderen Stil zu erledigen und die sich auf Freundschaften nur zu ihren eigenen, egozentrischen Bedingungen einlassen, womit sie die Individualität der anderen faktisch leugnen. Solche Menschen sind keine Individuen, sondern Individualisten. Ein echtes Individuum begegnet anderen freundschaftlich und kooperativ. Es ist bereit, von ihnen zu lernen, und vermag ohne Gesichtsverlust fremder Führung zu folgen, wann immer das angemessen ist. Gier, Haß und Verblendung hat es in Großzügigkeit, Freundlichkeit und Geistesklarheit verwandelt. So wie der Hahn, die Schlange und das Schwein das Rad in Bewegung halten, führen Großzügigkeit, Freundlichkeit und Geistesklarheit von ihm weg und den Spiralen-Pfad hinauf.

Gier wird von Großzügigkeit abgelöst. Gier ist das Verlangen zu besitzen, weil man glaubt, dadurch sein abbröckelndes Ego neu befestigen zu können. Wirkliche Individualität bedarf keiner Stützpfeiler, denn das Individuum findet Sicherheit in sich. Es genießt nicht nur Selbstvertrauen, sondern einen inneren Reichtum in solcher Fülle, daß er auf andere überströmt. Im Gegensatz zur eigennützig besitzergreifenden Haltung des Begehrlichen gibt das Individuum mit offenen Händen und weitem Herzen. Seine Großzügigkeit beschränkt sich nicht auf mildtätige Gaben oder das Opfer eines Teils seiner eigenen Güter zum Wohle der Bedürftigen. Sie ist vielmehr eine Grundhaltung und Lebenseinstellung. Das Individuum ist freigebig mit seinem Besitz, aber auch mit seiner Zeit und Kraft. Es ist großzügig in seiner Beurteilung anderer Menschen und in seiner Nachsicht für das Unrecht, das sie ihm zufügen. Was immer solch ein großzügiger Mensch besitzen mag, kommt anderen zugute, denn was er zu geben hat, ist vor allem er selbst. Das tut er nicht in Erwartung von Gegenleistungen oder um den Empfänger in seiner Schuld zu wissen. Er gibt einfach aus seiner inneren Fülle. Dabei verausgabt er sich nie in seiner Großzügigkeit – so etwas geschieht nur jemandem, der aus Selbst-Ablehnung gibt. Vielmehr ist es seine große Selbstachtung, die ihm erlaubt, die Bedürfnisse anderer zu sehen. So kann er anderen Menschen kooperativ und freundschaftlich begegnen und zwischen ihren und seinen Bedürfnissen ein ausgewogenes Gleichgewicht herstellen. Ihm liegt nichts daran, andere zu übertrumpfen, und er scheut sich nicht, Ratschläge anzunehmen oder sich der Führung anderer zu unterstellen; auch gewinnt er keine neurotische Befriedigung daraus, selbst zu beraten oder zu führen. Es ist bloß sein Wunsch, mit seinen Gefährten zu teilen, was er besitzt.

Weil sie einen wahrlich radikalen Wechsel vom Rad zur Spirale anzeigt, hatte die Übung des Gebens im Buddhismus immer einen hervorragenden Platz. Jeder kann etwas geben, und so ist denn das Geben eine Übung auf dem spirituellen Pfad, die wirklich jedem offensteht. Die Haltung der Großzügigkeit muß man beharrlich üben, denn wie alle übrigen positiven Geisteshaltungen sprudelt sie kaum je von selbst hervor. Ob wir uns gerade mit ganzem Herzen danach fühlen oder nicht – wir sollten uns einfach zur Gewohnheit machen, anderen zu helfen und ihnen zu geben, denn so bildet sich allmählich eine Grundhaltung der Großzügigkeit. Unser Tun formt unseren Geist, und indem wir beständig geben, wächst in uns die Haltung der Freigebigkeit. Wann immer wir eine Regung der Freigebigkeit spüren, sollten wir ihr nachgeben, auch wenn unsere nüchterne Überlegung später dagegen spricht. So entwöhnen wir uns allmählich des Festhaltens aller Dinge und gewinnen den Geist echter Großzügigkeit.

Unsere Freunde und Verwandten, Kollegen und Bekannten sollten ebenso zu den Empfängern unserer Gaben gehören wie Bedürftige, die wir nicht kennen. Daneben ist es wichtig, daß wir denen Dank und Großzügigkeit erweisen, die auf dem spirituellen Pfad weiter fortgeschritten sind als wir und sich ausschließlich der Übung des Dharma widmen. Sie sind unsere Lehrer und Führer auf dem Pfad; wenn wir ihnen nicht geben, dann haben wir ihren Wert noch nicht wirklich erfaßt und sind deshalb auch nicht fähig und offen, von ihrer Erfahrung zu profitieren. Als Dank für die Hilfe, die wir erhalten haben, werden wir auch die Verbreitung des Dharma direkt oder indirekt unterstützen wollen.

Obwohl Großzügigkeit nur durch unsere gezielte Bemühung wachsen kann, dürfen wir doch nicht vergessen, daß es vor allem die Geistes- und Gefühlshaltung der Großzügigkeit ist, die wir zu entwickeln suchen, und nicht etwa eine verkrampfte Mildtätigkeit mit widerstrebendem Herzen. Wir wollen in uns selbst die natürliche Großzügigkeit eines gesunden und reifen Individuums wecken, das aus seinem inneren Reichtum heraus gibt.

Liebe wird anstelle von Haß zur inspirierenden Kraft auf dem Spiralen-Pfad. Das deutsche Wort «Liebe» ist jedoch zu vieldeutig, um mit ausreichender Genauigkeit die hier angesprochene Emotion zu bezeichnen, denn es wird nahezu beliebig für Empfindungen verwendet, die von einem etwas lebhaften Interesse oder Verlangen bis zu romantischer Schwärmerei gehen. «Freundlichkeit» hat im modernen Sprachgebrauch nur wenig Kraft, und das gleiche gilt für den Ausdruck «Güte». Wahrscheinlich ist es hier am besten, ein Wort aus den Sprachen des Buddhistischen Kanons zu verwenden und unübersetzt ins Deutsche zu übernehmen. In der Palisprache finden wir in diesem Zusammenhang zumeist das Wort *mettā*, auf Sanskrit *maitrī*. Mettā ist der starke Wunsch, daß es anderen gutgehen möge, ein intensives Verlangen, das sich im Handeln ausdrückt. Mettā ist unparteiisch und unabhängig davon, ob sie erwidert wird oder ob von der anderen Person irgend etwas zu gewinnen ist – sie ist keine berechnende Liebe. Wo Mettā erwidert wird, blüht sie als Freundschaft. Wie Großzügigkeit gründet Mettā auf innerer Fülle. So reich ist die Empfindung von Selbst-Mettā, daß man mit der Individualität von anderen empfinden kann und ihnen ebensolches Wohlergehen wünscht wie sich selbst.

Mettā ist sorgsam von einigen anderen Emotionen zu unterscheiden, die ihr in mancher Hinsicht ähnlich sind. Es heißt, für Mettā gebe es einen «entfernten» und einen «nahen Feind». Haß, das direkte Gegenteil von Mettā, ist der entfernte Feind. Der nahe Feind ist jene Liebe, die in Wahrheit eigennützig ist. In einem solchen Fall scheint der Liebende sich zwar durchaus um das Wohl des anderen Menschen zu sorgen, doch ist seine Zuneigung in Wirklichkeit von der Erwiderung abhängig, die er als Gegenleistung erhofft. In gewisser Hinsicht geht es dabei mehr um einen Vertrag oder ein Tauschgeschäft als um Liebe, und für die Individualität des anderen ist man kaum zugänglich. So geartete Beziehungen beruhen letztlich auf Begierde, denn man begehrt etwas von der anderen Person – Annahme, Zuneigung, Bestätigung –, und zwar aus dem Gefühl heraus, daß man dadurch die eigene Identität stabiler sichern kann. Der Zusammenhalt solcher bedürfnisorientierter Beziehungen wird oft durch die biologischen Bande von Sexualität und Verwandtschaft verstärkt. Familien sind häufig in dieser wechselseitigen Bedürftigkeit zusammengekettet, die auch in sexuellen Beziehungen weit verbreitet ist. Sogar romantische Liebesbeziehungen sind von gleicher Art: Was als jene maßlos idealisierte Verzauberung beginnt, die man Liebe nennt, entpuppt sich bald als neurotische Begehrlichkeit. Mettā schließt also keineswegs alles ein, was den Namen «Liebe» trägt.

Genauso wie Großzügigkeit muß man auch Mettā durch beharrliche Übung kultivieren. Wir haben schon gesehen, daß eine der beiden wichtigsten Meditationsübungen der meisten buddhistischen Schulen die «Entwicklung der Güte» ist oder, wie wir sie von nun an nennen werden, die «Entwicklung von Mettā», deren Name in Pali «Mettābhāvanā» ist. Diese Übung besteht darin, daß man sich still an einem ungestörten Platz niedersetzt und systematisch versucht, das Gefühl von Mettā hervorzubringen. Der Anfänger wird dies vielleicht täglich oder an jedem zweiten Tag für die Dauer von etwa einer halben Stunde tun, während Fortgeschrittene mehrmals täglich eine Stunde lang oder auch länger meditieren mögen. Man versucht zunächst, Mettā für sich selbst zu empfinden – denn man kann andere nicht lieben, wenn man sich selbst nicht liebt. Vielleicht spricht man immer wieder zu sich selbst: «Möge es mir gutgehen, möge ich glücklich sein, möge ich nicht leiden!» Anfangs werden einem diese Worte vielleicht noch hohl und kraftlos vorkommen, doch nach einer Weile wird das Gefühl von Mettā spürbar werden. Man erlaubt nun diesem Gefühl des Wohlwollens gegenüber sich selbst zu wachsen, so daß es im zweiten Abschnitt der Meditationsübung beginnen kann, auf einen nahen und guten Freund überzuströmen, auf jemanden, dem man aufrichtig zugeneigt ist. Um hierbei zu vermeiden, daß andere Gefühle die Übung stören, wird empfohlen, einen Freund zu wählen, der noch lebt sowie gleichen Geschlechts und annähernd gleichaltrig mit dem Übenden ist. Erneut wiederholt man die Sätze des Wohlwollens, nun für den Freund. Danach geht man zu schwierigeren Personen über: zu einem Bekannten, für den man weder Zuneigung noch Abneigung empfindet, und schließlich zu einem Feind, einem Menschen, mit dem man vielleicht in offenem Streit liegt oder gegen den man Abneigung und Widerwillen hegt. Im fünften und letzten Abschnitt stellt man sich alle vier Personen zusammen vor – sich selbst, den Freund, die neutrale Person und den Feind – und versucht, für alle gleichermaßen Mettā zu fühlen. Damit überschreitet man seine Neigung, einen Menschen den anderen vorzuziehen, und man löscht jeden Rest von Begierde aus, der Mettā trüben könnte. Dann erweitert man Mettā, um – vom

Ort der Meditation ausgehend – immer größere Kreise von Lebewesen einzubeziehen, bis die ganze Welt einbegriffen ist. Mettā soll nun nicht mehr nur anderen Menschen gelten, sondern allen Lebewesen, der gesamten Evolution. Und noch mehr: Vom Leben auf unserem Planeten strahlt Mettā weiter aus zu allen empfindenden Wesen, gleich welcher Art und wo immer im Universum sie sich befinden mögen. Die buddhistische Kosmologie teilte schon immer die Überzeugung, daß es in der Unendlichkeit des Raumes zahlreiche weitere Weltsysteme gibt, in denen das gleiche Drama der Evolution gespielt wird, das wir auf der Erde beobachten können. Für jede dieser Welten werden vielfache Stufen und Dimensionen angenommen, in denen sich Bewußtsein manifestiert. Die Mettābhāvanā-Meditation gipfelt darin, daß Mettā vom Übenden auf alle diese Welten und Dimensionen übergeht und sie durchdringt. Regelmäßige Übung wird die Einstellung des Meditierenden zu sich selbst und anderen deutlich verbessern. Darüber hinaus kann sie bewirken, daß alte Feindschaften verschwinden, weil man beginnt, seine Widersacher im Lichte von Mettā unbefangen und klar zu sehen.

So grundlegend Mettābhāvanā auch ist, sie ist doch nicht das einzige Mittel, um Mettā zu entwickeln. In allen Lebenslagen kann man seine Beziehungen zu anderen Menschen systematisch verbessern. Je mehr diejenigen, mit denen man regelmäßig zusammenkommt, sich ebenfalls darum bemühen, desto wahrscheinlicher wird man erfolgreich sein. Aus diesem Grunde entscheiden sich manche Menschen dafür, mit solchen Freunden zusammenzuleben und zu arbeiten, die mit ihnen den Vorsatz teilen, sich höherzuentwickeln. In traditionell buddhistischen Ländern wie auch im Westen haben Buddhisten zu diesem Zweck Lebensgemeinschaften und Kooperativen des «Rechten Lebenserwerbs» gegründet.

Wenn die Menschen, denen man nahesteht, selbst kein Interesse daran haben, in solcher Weise an sich zu arbeiten, gibt es auch keine verläßliche Grundlage, auf der man jene Schwierigkeiten überwinden könnte, die in jeder Beziehung unvermeidlich sind. Wenn sie sich aber dazu verpflichtet haben, den Spiralen-Pfad zu ersteigen, können echte Freundschaften wachsen, die mehr sind als die zufällige Übereinstimmung von Vorlieben und Abneigungen, nämlich ein tiefes Gefühl gegenseitiger Wertschätzung und Fürsorge. Zwischen Freunden dieser Art gibt es keine ausschließenden Bindungen, wie man sie bei Verliebten so häufig findet. Die Sorge für das Wohl des Freundes verringert nicht die Anteilnahme an anderen, und Probleme der Eifersucht tauchen hier niemals auf. Solange diese Reife nicht erreicht ist, gibt es keine wirkliche Freundschaft, denn Freundschaft kann nur dort blühen, wo es keine neurotischen Bedürfnisse gibt. Die Beziehungen der weniger Reifen gründen nicht in Mettā, sondern in der Verschwisterung von Eigennutz und Bedürftigkeit. Das Vermögen zu uneigennütziger Freundschaft – einer der höchsten Freuden auf dem Spiralen-Pfad – ist ein Kennzeichen der reifen Individualität.

Gewahrsein tritt an die Stelle von Verblendung. Dann gibt es nicht länger jenen verstockten Rückzug in eine Welt beschnittener Perspektiven, denn das Individuum richtet sich zu seiner vollen Größe auf, um eine neue und weitere Sicht in sich aufzunehmen. Ein solcher Mensch nimmt wirklich wahr. Zunächst ist er seiner selbst in seinen verschiedenen Aspekten gewahr. Er nimmt sozusagen seinen Körper voll in Besitz: Er weiß, wie er sich hält, was er tut, und er kennt Richtung und Zweck seiner Bewegungen. Er bewegt sich besonnen und würdig, niemals plump oder nachlässig, und er wird wahrscheinlich bei guter Gesundheit sein, da er seine körperlichen Bedürfnisse kennt und dafür sorgt, daß sie auf gesunde Art befriedigt werden. Er ist seiner Emotionen gewahr. Er weiß, ob er Begierde, Haß oder Verblendung empfindet oder Mettā, Großzügigkeit und Klarheit. Er weiß, was er denkt, welche Gedanken und Bilder seinen Geist durchziehen. Und er weiß ebenfalls, woher diese Gedanken kommen. Er kann unterscheiden, wann sein Denken bloß das Ergebnis seiner früheren Gewohnheiten ist und wann er wirklich schöpferisch denkt. Er denkt selbständig und nutzt den Verstand, um die vielfältigen Schwierigkeiten und Probleme zu entwirren, die das Leben ihm aufgibt. Er handelt intelligent und ist Herausforderungen gewachsen, denen er sich mit Phantasie und Findigkeit stellt. Sein Geist ist nicht träge und stumpf, sondern klar und wach, am Leben interessiert und bereit, dessen verschiedene Lektionen zu lernen und die richtigen Schlüsse daraus zu ziehen. Er ist sich seiner Umgebung bewußt, der natürlichen Umwelt ebenso wie der menschlichen Kultur. Er sieht die Dinge mit dem Auge der Empfänglichkeit für das Schöne, nicht mit dem des egoistischen Aneignens. Er läßt sich tief ergreifen von der Schönheit in Natur und Kunst. Er sieht andere Menschen als unabhängige Ich-Wesenheiten mit eigener Individualität, und er projiziert nicht seine persönlichen Wünsche auf sie. Er nimmt ihre Bedürfnisse wahr und kann sie und seine eigenen objektiv gegeneinander abwägen. Er empfindet Mettā und Freundschaft für die Menschen und hat ein natürliches Gespür für das, was sie verletzt oder ihnen hilft. Vor allem hat er sein Vermögen der schöpferischen Imagination entwickelt. Er sieht, daß es höhere Dimensionen von Wahrheit gibt, und er weiß um die Zielrichtung der gesamten Evolution. Ihm ist klar, daß der Sinn seines Lebens darin liegt, seine Grenzen zu überschreiten, und er weiß, daß der Pfad sich, von seinem derzeitigen Standort ausgehend, spiralförmig immer höher windet.

Sind diese drei Kräfte, Großzügigkeit, Mettā und Geistesklarheit, erst einmal zu den entscheidenden Antrieben des Handelns geworden, so ist das echte Individuum ganz hervorgetreten. Zwischen dem ersten Aufglimmen von Selbstbewußtheit und diesem Punkt liegt eine lange Dämmerung, die von Gier, Haß und Verblendung beherrscht bleibt. In diesem Zwielicht lebt das Proto-Individuum mit seinen Ansätzen zur Selbstbewußtheit als Mitglied einer Gruppe. Es grenzt sich kaum von den anderen Gruppenmitgliedern ab und bezieht seine Wertvorstellungen und Ansichten von ihnen, weil es sich mit ihnen verbunden fühlt. Die Familie, der Jagdtrupp, der Stamm, die Sippe und der Stadtstaat bilden die ältesten Formen der Gruppe, deren moderne Erscheinungsweisen Nationen, religiöse Sekten, politische Parteien, soziale Klassen und dergleichen sind. Gruppenmitglieder haben kaum eine Identität über die Gruppe hinaus.

Zwar scheinen einige frei von Gruppenbindungen zu agieren, doch sind sie in der Regel bloß ihre mächtigsten Mitglieder. Im Hinblick auf ihre psychische Sicherheit sind auch sie abhängig von der Gruppe; nur sind sie stark genug, innerhalb der Gruppe ihren eigenen Launen nachzugehen, und dies nur zu oft auf Kosten anderer Gruppenmitglieder. Ein anderer Typ des Pseudo-Individuums ist der kulturell Entfremdete, der sich vorzeitig vom Nährboden der Gruppe abgelöst hat. Dieser Typ sucht Zuflucht in Gebärden der Selbstsicherheit, verwahrt sich gegen alle Einflüsse und verweigert jede Zusammenarbeit. Individualismus einer solchen Art resultiert oft aus rapidem sozialem Wandel und dem daraus folgenden Zusammenbruch überlieferter Kulturen, die – solange sie stabil und positiv sind – eine unverzichtbare Grundlage für das Hervortreten echter Individualität bilden.

Das Individuum dagegen hat sich im Verlauf eines natürlichen Reifungsprozesses von der Gruppe abgelöst und ist ihrem Anpassungsdruck nicht länger unterworfen. Solch ein Mensch empfindet nicht mehr den Drang dazuzugehören, denn er hat seine Sicherheit nun in sich selbst und braucht den Preis der Gruppenkonformität nicht mehr zu zahlen. Aber er ist der Gruppe auch nicht feindlich gesonnen, denn er erkennt genau, daß viele Menschen in ihr Kraft und Unterstützung finden. Weil er selbst für ihre Einflüsterungen nicht anfällig ist, fühlt er sich in seiner Identität von ihr auch nicht bedroht. Allzu häufig allerdings handelt die Gruppe als Feind des Individuums und versucht sogar, es zu vernichten, um ihren eigenen Vorrang durchzusetzen.

Ein Individuum übernimmt die Verantwortung für sich selbst und seine Taten. Es überläßt sein Geschick nicht länger dem Spiel der Zufälle, und es bürdet anderen nicht die Schuld an den Rückschlägen seines Lebens auf. Es ergreift die Initiative im Hinblick auf seine eigene Entwicklung wie auch in den Aufgaben, die sich ihm stellen. Ein solcher Mensch weiß, daß er sein Leben selbst gestalten kann, und er widmet sich mit ganzem Herzen seinem Bemühen um höhere Evolution.

Der Übergang von Begierde, Haß und Verblendung zu Liebe, Großzügigkeit und Geistesklarheit entspricht dem Übergang vom Rad zur Spirale, von der Gruppe zum Individuum.

Es ist dies auch der Übergang vom «Machtmodus» des Verhaltens zum «Liebesmodus». Jemand, dessen Ego unreif ist, sieht die Welt vorwiegend in den Farben seiner eigenen Bedürfnisse. Auf offene oder versteckte Art versucht er, sich durchzusetzen, aufzudrängen und andere für seine persönlichen Absichten auszunutzen. Er wirkt durch Macht und betrachtet alles, Dinge wie Menschen, als mögliche Objekte seiner Befriedigung. Darin besteht der Machtmodus des Verhaltens. Der Liebesmodus zeigt sich dagegen darin, daß man andere Menschen in ihrer unabhängigen Eigenheit wahrnimmt, ihnen mit Mettā begegnet. Nur im Rahmen des Liebesmodus gibt es auch spirituelle Gemeinschaft. In ihr kommen die Menschen nicht zusammen, um einander auszubeuten oder zu manipulieren, und auch nicht, um in der Unterstützung und im beruhigenden Zusammengehörigkeitsgefühl einer Gruppe zu baden. Sie bemühen sich, anderen als Individuen zu begegnen, und sie ermutigen und begeistern einander in ihren Bemühungen. Somit ist der Übergang vom Machtmodus zum Liebesmodus zugleich der Übergang von der Gruppe zur spirituellen Gemeinschaft.

An diesem entscheidenden Schnittpunkt öffnet sich vor uns der spirituelle Pfad. Gier und Haß verlieren allmählich ihre Macht über den Geist, und von den gröbsten Formen der Verblendung sind wir geläutert. Ein grundlegendes Vorurteil gibt es jedoch auch weiterhin: Unsere Erfahrung wird noch immer durch die Spaltung des Bewußtseins in die Pole von Subjekt und Objekt bestimmt. Immerhin befinden sich die beiden Seiten dieser Spaltung nunmehr in einem freundlicheren Dialog, und das Subjekt betrachtet das Objekt weder als Bedrohung noch als Versprechen einer dauerhaften Sicherheit. Mit anerkennender Aufgeschlossenheit blickt das Subjekt auf das Objekt, und wenn es sich um eine Person handelt, begegnet es ihr mit Offenheit und Mettā.

Von einem höchsten Blickpunkt aus gesehen, ist die Subjekt-Objekt-Perspektive dennoch eine höchst eingeschränkte Form der Wahrnehmung, wenn wir sie mit der reinen, nicht-dualistischen Erfahrung der Wirklichkeit vergleichen. Im Grunde ist die Spaltung des Erlebens in Subjekt und Objekt bloß unsere Weise, die Erfahrung zu gliedern – sie entspricht nicht der Wirklichkeit selbst. Allmählich soll der Liebesmodus verstärkt werden, Mettā und Großzügigkeit sollen mit wachsender Kraft strahlen, Bewußtheit soll tiefer und tiefer dringen, Individualität gefestigt werden, und man soll die spirituelle Gemeinschaft in aller Lebendigkeit erfahren. Je fähiger man ist, Mettā für andere zu empfinden, desto geringer wird die Spannung zwischen Subjekt und Objekt. Doch auch dann noch gründet Mettā in der Liebe zu sich selbst, so verfeinert diese nun auch sein mag. An einem bestimmten Punkt aber durchbricht Mettā die Barriere zwischen Ich und anderem, und man empfindet keinen Wesensunterschied mehr zwischen sich selbst und anderen Wesen. Man identifiziert sich gleichermaßen mit dem, was man bisher als das eigene Ich erlebte, und mit dem, was einem als anderes erschienen war. Jetzt ist das Bewußtsein frei von den Begrenzungen, die ihm von der Spaltung aufgenötigt waren, und Mettā strömt unterschiedslos überallhin. Mit diesem Ende der Ich-Identifizierung wird die Großzügigkeit zum Ausdruck wirklichen Mitfühlens. Dies ist der Punkt des Eintretens in den Strom. Rad und Spirale wirken zwar auch auf dieser transzendenten Stufe noch nebeneinander, aber das Rad kann niemals mehr den Ausschlag für die Bewegungsrichtung geben. Gier und Haß mögen gelegentlich noch aufflackern, und ein feiner Schleier der Verblendung wird den Blick noch trüben, aber Liebe, Großzügigkeit und Geistesklarheit sind von nun an schon von Einsicht in die Natur der Dinge durchflutet. Langsam werden so die drei Geistesgifte abgebaut, bis mit dem Aufscheinen der Vollkommenen Erleuchtung auch die letzte Spur von Verblendung verschwunden ist.

5 VON GEBURT ZU GEBURT

Der erleuchtete Geist sieht die gesamte Wirklichkeit als einen Vorgang des Werdens. Dieser ist so verzweigt, seine Aspekte greifen so vielfältig ineinander, daß er mit Worten nicht angemessen beschrieben werden kann. Was wir auch sagen mögen, kann der vollen Komplexität des Geschehens niemals ganz genügen. Um das Leben zu verstehen und dadurch unserem Handeln Gestalt zu geben, müssen wir diesen Gesamtvorgang des Werdens vereinfachen, indem wir ihn in kleinere Teilprozesse zerlegen, über die wir dann in verallgemeinernden Schlußfolgerungen und in Aussagen über ihre Gesetzmäßigkeiten sprechen können – doch unsere Vereinfachung ist immer auch eine Verfälschung. Allerdings ist ein solches Verfahren für unser Überleben unerläßlich. Es führt erst dann zu Problemen, wenn wir meinen, wir hätten in unserem Verständnis der Verallgemeinerungen und Gesetzmäßigkeiten, mit denen wir unsere Erfahrung gliedern, schon die ganze Wirklichkeit erfaßt. Wahres Verstehen kann nach buddhistischer Auffassung nur in jener unvermittelten Erfahrung auftreten, die «Einsicht» genannt wird – eine Einsicht, die den Intellekt übersteigt. Gleichwohl kann uns auch eine bloß intellektuelle Betrachtung des bedingten Geschehens helfen, die Richtung unseres Lebens zu bestimmen.

Wir haben gesehen, daß die einfachste Formulierung der Einsicht des Buddha in folgenden Worten ausgedrückt ist:

Wenn dieses besteht, wird jenes; aus der Entstehung von diesem entsteht jenes; wird dieses nicht, so wird jenes nicht; wenn dieses aufhört, hört jenes auf.

Jedes Geschehen in der Wirklichkeit beruht auf Bedingungen, ohne die es nicht eintreten könnte. Dieses Gesetz beherrscht alle Erscheinungen. Unsere Verallgemeinerungen und Gesetzesaussagen befassen sich mit der Beziehung zwischen besonderen Bedingungen und ihren Wirkungen innerhalb des gesamten bedingten Werdevorgangs. In diesem kann man verschiedene Wirkungsebenen der evolutionären Entfaltung erkennen. Auf jeder dieser Stufen gelten besondere Gesetze.

Die buddhistische Philosophie unterscheidet fünf Stufen oder Ordnungen des bedingten Geschehens. Zunächst einmal gibt es die physikalisch-anorganische Stufe, auf der, mehr oder weniger, die Gesetze von Physik und Chemie gelten. In vergleichbarer Weise ist die organische Stufe Gegenstand der Biologie. Die untere psychische Stufe umfaßt Bewußtseinsfunktionen unwillkürlicher Art wie zum Beispiel Sinnesempfindungen. Die karmische Stufe ist der Bereich des Wollens. Die Dharma-Stufe ist das Transzendente. Unbelebte Dinge unterliegen den Gesetzen der physikalischen Ordnung; einfache Organismen gehören sowohl zur physikalischen wie auch zur organischen Ordnung. Zusammen mit der unteren psychischen Stufe regulieren diese beiden Ordnungen auch die Lebewesen mit entwickelten Sinnesorganen. Menschen gehören den drei unteren Stufen und dem karmischen Wirkungsbereich an, und sie können – sofern sie dem Eintreten in den Strom nahekommen – auch in das Wirkungsfeld der Dharma-Stufe gelangen.

Es ist möglich, diese Stufen auf die schon früher dargestellte Hierarchie der Bewußtseinsevolution zu beziehen. Dann entspricht die physikalische Ordnung dem Nicht-Bewußten, die organische der untersten Stufe primitiven Sinnesempfindens, die psychische dem entwickelten Sinnesbewußtsein, die karmische dem Selbstbewußtsein und spirituellen Bewußtsein und die Dharma-Stufe dem Transzendenten Bewußtsein. Wie wir später sehen werden, treten die höheren Bewußtseinsstufen nicht notwendigerweise in einer Verbindung mit den unteren Wirkungsebenen auf: Selbstbewußtsein ist zum Beispiel nicht immer mit physischer und organischer Körperlichkeit verbunden. Im Menschen tritt Selbstbewußtsein allerdings gemeinsam mit der gesamten evolutionären Stufenfolge von der anorganischen bis zur karmischen Ordnung auf. Sie vermag aus sich selbst heraus die höchsten Stufen voll zu entfalten und kann so eine Brücke spannen, die das Nicht-Bewußte mit dem Über-Bewußten verbindet.

So anregend dieses Bild vom Platz des Menschen in der Evolution sein mag, zeigt es doch auch deutlich, daß eine Analyse des menschlichen Verhaltens sehr schwierig ist. Jede der Wirkungsebenen, die miteinander das menschliche Dasein regulieren, ist ein Komplex von Gesetzen. Darüber hinaus ist jede Ebene mit allen anderen verwoben, wirkt auf sie ein und wird von ihnen beeinflußt. Der Mensch steht im Schnittpunkt aller dieser Ordnungen, und deshalb sollten wir uns vor vorschnellen Verallgemeinerungen und Urteilen über einzelne Menschen, auch über uns selbst, hüten. Wir benötigen nicht nur ein tiefes Verständnis der menschlichen Natur im allgemeinen, sondern auch eine gründliche Kenntnis der besonderen Person, um die verschiedenen bedingten Prozesse auf ihren verschiedenen Stufen zu entwirren. Die karmische Ordnung, um die es in diesem Kapitel vor allem gehen wird, ist demnach bloß eine von mehreren Stufen der Konditionalität, die sich in dem äußerst feingeäderten Gesamtstrom von Prozessen vermischen, den wir «Mensch» nennen. Wir sollten darauf achten, ihn nicht so starr zu verstehen, wie es manche moderne Interpreten des Buddhismus taten, und wir sollten nicht vergessen, daß wir uns mit einer kaum faßbaren Größe beschäftigen, nämlich mit dem Menschenherzen, und nicht mit einem mechanischen Roboter.

Der zweite Ring des Lebensrades veranschaulicht, wie das Gesetz des Karma wirkt. Der Ring ist senkrecht in einen schwarzen und einen weißen Abschnitt unterteilt. Im schwarzen stürzen gepeinigte Wesen abwärts; sie sind nackt und werden von wilden Dämonen gehetzt. Im weißen Abschnitt gehen lächelnde Männer und Frauen in hellen Kleidern aufwärts und üben verdienstvolle Taten. Die Botschaft dieses Bildes lautet, daß wir unweigerlich die Früchte unseres Karma ernten werden. «Karma» ist ein Sanskrit-Wort (im Pali heißt es *kamma*) und bedeutet «willentliches Tun». Die karmische Ordnung entspricht der Stufe des Selbstbewußtseins, denn sie betrifft das willentliche Handeln eines einzelnen, wie bruchstückhaft und verzerrt seine Selbstwahrnehmung und wie unausgeformt seine Individualität auch sein mag. Das Gesetz der karmischen Ordnung sagt: *Jedes willentliche Tun führt zu einer Wirkung, die der Täter selbst schließlich erleben wird; die Eigenart dieser Wirkung ist von der Absicht bedingt, in der die Tat begangen wurde.*

Willentliches oder absichtliches Tun umfaßt alle Handlungen, die ein Individuum bewußt ausführt, um Ergebnisse zu bewirken, die es wünscht. Solches Handeln ist vom unbeabsichtigten Verhalten wie einem Blinzeln, einem Fall aufgrund eines Stoßes oder dem unaufmerksamen Umstoßen einer Tasse beim Ergreifen einer Teekanne zu unterscheiden. Der Grad von Bewußtheit in absichtlichem Handeln kann allerdings ziemlich gering sein. Oft handeln wir in einer zerstreuten Verfassung und schenken unserem Tun nur geringe Aufmerksamkeit. So etwas mag die Folge einer gewohnheitsmäßigen Abgelenktheit sein, die angesichts der Reizüberflutung des modernen Lebens so verbreitet ist, aber es kann auch unseren Unwillen ausdrücken, wirklich zu erkennen, was wir tun. In Extremfällen finden wir dann jene pathologischen Erscheinungen, die wir mit dem Namen Sigmund Freud in Verbindung bringen:

Wir wünschen etwas und fühlen zugleich, daß wir diesen Wunsch eigentlich nicht hegen dürfen. Nun geschieht es, daß wir dem Wunsch zwar auf die eine oder andere Art Ausdruck geben, ohne uns aber selbst – geschweige denn anderen Menschen – offen einzugestehen, was wir eigentlich wünschen. Wir haben den Wunsch an den äußersten Rand des Bewußtseins gedrängt, so daß wir in der Tat mit Fug und Recht behaupten dürfen, ihn überhaupt nicht zu hegen. Dieser vertrackte Vorgang kann die Tatsache verschleiern, daß unser Handeln, auch wenn es unter dem Einfluß solcher – gewissermaßen ungewünschten – Wünsche steht, trotzdem absichtsvoll ist, so weit der Wunsch auch an den Rand unseres Bewußtseins gedrängt sein mag. Begriffe wie «unterbewußte» oder «unbewußte» Motivationen sind irreführend, denn wo man Motivationen findet, gibt es auch Bewußtsein. Willentliches Tun reicht demnach von einem Handeln, mit dem man klar formulierte und von Herzen ersehnte Ziele anstrebt, bis zu jenen getrübten, schwankenden oder eher beiläufigen Regungen, deren Urheber sich nicht gestattet, klar zu sehen, was er eigentlich tut.

Absichtsvolles Tun umfaßt nicht nur unsere körperliche Aktivität. Im Hinblick auf das Prinzip des Karma gelten auch die Rede und das Denken als Handlungen, die zu Rückwirkungen auf ihren Urheber führen. Es ist die Absicht – das heißt die Tat, etwas zu begehren, und die Entscheidung, es sich zu verschaffen –, welche die karmische Bedingtheit in Gang bringt. Eine feste Absicht, die durch äußere Umstände an der Ausführung gehindert wird, bewirkt nahezu dieselben karmischen Folgen wie eine gleichartige Absicht, die ihr Ziel erreicht. Für das Karma-Prinzip ist das Bewußtsein das Grundlegende, und die karmische Bedeutung von körperlichem Handeln oder Rede hängt ab von der Geisteshaltung, die hinter ihnen steht.

Absichtsvolles Handeln führt zu Wirkungen, die der Handelnde selbst erfahren wird. Das Gesetz des Karma beherrscht die Beziehung zwischen einem Subjekt, das seiner selbst bewußt ist, und der Welt, die es als objektiv gegeben erlebt. Das Ich steht gewissermaßen in dialektischem Wechselspiel mit dem anderen. Man kann die karmische Ordnung als «Rückkopplungssystem» zwischen Subjekt und Objekt betrachten, ein System, das nach jeder Störung von neuem ein Gleichgewicht sucht. Jedesmal, wenn das Subjekt handelt, wird die Balance gestört, und das ganze System muß sich anpassen, um sein Gleichgewicht wiederzufinden. Die Taten des Subjekts innerhalb dieses «universellen Rückkopplungssystems» verändern das Objekt, welches sich seinerseits so verändert, daß es die Einwirkung in sich aufnimmt. Dies wiederum wirkt auf das Subjekt zurück. Welche Art der Anpassung erforderlich ist, um die Ruhe des Systems wiederzufinden, hängt von der Art der Handlung ab, durch die es zunächst gestört wurde. Genauso sind die Rückwirkungen, die den Handelnden erreichen, von der Absicht bedingt, die ihn in seinem Tun leitete.

Die Wirkungen des Karma erlebt man in subjektiver und objektiver Weise. Was wir denken, tun oder sagen, verstärkt gewisse Neigungen unseres psychischen Lebens und verändert im entsprechenden Ausmaß unser Bewußtsein. Die mentalen Bilder und Erinnerungen, die sich uns aufdrängen, die Launen, die uns mitreißen können – sie alle sind durch das geformt, was wir früher einmal gedacht, gesagt und getan haben. Dies ist die subjektive Wirkung. In objektiver Hinsicht finden wir die Wirkungen unseres früheren Handelns in den Situationen, in die wir geraten, und in den Erfahrungen, die uns begegnen. Weil die karmische Ordnung nicht auf simpler mechanischer Folgerichtigkeit beruht, ist es oft sehr schwierig zu erkennen, wie unser Handeln in der Vergangenheit bestimmte objektive Ereignisse in unserem gegenwärtigen Erleben bedingt. Was unser Bewußtsein und ein solches objektives Ereignis zusammenführt, ist eine Art Verwandtschaft. «Gleich und gleich gesellt sich gern» – Absichten, die im Bewußtsein gebildet wurden, ziehen die ihnen entsprechenden Ereignisse an. Ein einfaches Beispiel mag das erläutern: Als ich begann, mich für Buddhismus zu interesssieren, sah ich plötzlich Buddhismus, wo immer ich mich befand. Zeitungsüberschriften erwähnten ihn, die Titel buddhistischer Bücher in den Schaufenstern von Buchhandlungen sprangen mich förmlich an; Menschen, denen ich begegnete, erzählten buddhistische Anekdoten. Es ist gleichgültig, ob es diese Dinge auch vorher schon gab; erst jetzt hatte mein Bewußtsein einen Bezug zu ihnen und schien sie geradezu herbeizurufen.

Die Art der Wirkung wird von der Natur der Absicht bestimmt, in der die Handlung geschah. Absichten lassen sich dahingehend unterscheiden, ob sie auf Gier, Haß oder Verblendung beruhen oder auf Mettā, Großzügigkeit und Geistesklarheit. Taten, die mit den unheilsamen Motiven von Gier, Haß und Verblendung ausgeführt werden, gelten als «ungeschickt»; Taten, die von Mettā, Großzügigkeit und Klarheit bestimmt sind, heißen «geschickt». Diese Worte sind Grundbegriffe der buddhistischen Ethik. Unter dem Gesetz des Karma führen geschickte Taten zu erfreulichen Wirkungen, während ungeschickte Taten unerfreuliche Wirkungen zeitigen. In der Folge unserer von unheilsamen Motiven geleiteten Taten werden wir schließlich leiden. Handeln wir aus einer positiven Geisteshaltung, dann erwirken wir dadurch Glück für uns selbst.

Die Grundzüge des Karmagesetzes sind leicht darzulegen, doch ist es nur selten möglich, eine besondere Erfahrung mit einiger Sicherheit der Wirkung karmischer Bedingheit zuzuschreiben. Noch schwieriger ist es, eine bestimmte Willenshandlung mit einer bestimmten Wirkung zu verknüpfen. Die karmische Ordnung ist ja nur eine von fünf Stufen des bedingten Geschehens, und es mag durchaus möglich sein, ein Ereignis auf befriedigende Weise mit Hilfe einer oder aller anderen Bedingtheitsformen zu erklären. Ein oft zitiertes Beispiel kann diesen Sachverhalt verdeutlichen: Als Folge eines plötzlichen Klimawechsels würde ein auftretendes Fieber zur physikalischen Bedingtheitsordnung gehören; wird es von einem Virus verursacht, dann fällt es unter die Gesetze der biologischen Ordnung; entsteht es durch psychische Überlastung, dann gehört es in den Bereich der unteren psychischen Stufe; als Ergebnis karmischen Wirkens wäre es von einer früheren ungeschickten Handlung bedingt; aber es kann sogar als Begleiterscheinung der völligen Umstellung des Körper-Geist-Systems in der Folge einer transzendenten Einsicht auftreten und somit der Dharma-Stufe unterliegen. Die einzige Möglichkeit festzustellen, ob eine Erfahrung als Ergebnis früheren Karmas anzusehen ist, liegt darin, alle übrigen Erklärungsmöglichkeiten auszuschließen. Wenn keine von ihnen das in Frage stehende Ereignis hinreichend erklären kann, dann sind vielleicht karmische Kräfte wirksam, aber auch das ist keineswegs gewiß. Zunächst jedenfalls wird man das Fieber mit Hilfe jener Heilmittel zu senken versuchen, die den verschiedenen Verursachungstypen entsprechen. Nur wenn sie alle wirkungslos bleiben, darf man versuchsweise annehmen, daß es von früheren Taten verursacht wurde.

Die Tatsache, daß mehrere Ebenen der Bedingtheit in unserem Leben zusammenspielen, macht es schwierig zu entscheiden, wann Karma wirksam ist. Darüber hinaus verdunkelt die Vielschichtigkeit der menschlichen Motivation das Bild noch mehr. Wir denken, sprechen und handeln nämlich jederzeit und setzen mit jeder Willenshandlung Entwicklungen in Gang, die unsere Erfahrung sowohl direkt durch unser Bewußtsein als auch vermittelt durch unsere Umgebung beeinflussen. Es ist sehr schwierig, einzelne Taten aus diesem breiten Strom des Wollens herauszulösen. Die karmische Bedingtheit ist deshalb eher eine Angelegenheit allgemeiner Richtungen und Tendenzen. Alle unsere vielfältigen Absichten vermischen sich untereinander; einige von ihnen bestimmen die vorherrschenden Themen, andere verstärken bloß altvertraute Verhaltensmuster; jene verdünnen die Wirkung von diesen, diese heben jene auf. Verschiedene Absichten sind nicht immer gleich stark, und das Ausmaß des Heilsamen und des Unheilsamen schwankt von einem Tun zum nächsten. Einige Karmas gelten als «schwerwiegend», zum Beispiel einerseits das Begehen eines Mordes und andererseits die Erfahrung höherer Bewußtseinsstufen. Sie haben einen tiefgreifenden Einfluß auf das Gesamtmuster unserer karmischen Aktivität. Manche Taten geschehen aus bloßer Gewohnheit; in ihnen gestaltet Trägheit unsere Zukunft, weil unsere Charakterzüge um so fester von unserem Tun geprägt werden, je häufiger wir uns entsprechend verhalten. Einige Karmas wirken nur verstärkend in ihrer Verbindung mit anderen. Das «Gewicht» einer bestimmten, in den Gesamtstrom des Wollens eingebetteten Handlung legt fest, wann und vor allem ob daraus eine Wirkung hervorwachsen wird. Wir dürfen darum nicht leichtfertig ein besonderes Ereignis auf eine bestimmte Handlung in der Vergangenheit zurückführen. Die karmische Ordnung in uns ist eher einem gewaltigen Energiestrom vergleichbar, der aus allen einzelnen Gedanken, Worten und Taten frischen Zulauf erhält. Die gesamte Wucht dieses Stromes ist es, die unser Bewußtsein ebenso ausformt wie auch die Welt, in der wir leben. Durch unsere Taten erschaffen wir beständig uns selbst.

Das Wirken des Karma ist etwas ganz Natürliches und beruht durchaus nicht auf einer höheren, göttlichen Gewalt. Keine äußere Macht teilt uns unser Maß an Leiden oder Glück zu. Unser eigenes Tun bestimmt darüber, ob wir Freude oder Leid erfahren, denn wir ziehen sie durch unsere eigene Lebensweise auf uns. Die Schwungkraft unserer Taten führt unter dem karmischen Gesetz genauso zu Leiden oder Freude, wie im Bereich der physikalischen Ordnung die Schwerkraft erzwingt, daß ein losgelassener Stein zu Boden fällt.

Die buddhistische Lehre vom Karma ist auch keineswegs fatalistisch. Sie behauptet nicht, daß alles, was uns geschieht, ein Ergebnis von Karma sei, denn auch alle übrigen Formen der Bedingtheit sind zu berücksichtigen. Obwohl jede Willenshandlung auf ihren Urheber zurückwirkt, sind nicht alle Einwirkungen, die man erfährt, Folgen früherer Taten. Selbst wenn man schwerwiegendes ungeschicktes Karma auf sich geladen hat, ist es doch möglich, ihm durch geschicktes Handeln entgegenzuwirken, das nun allerdings von entsprechendem, wenn nicht größerem Gewicht sein muß. Die Tatsache, daß unsere vergangenen Taten, wenngleich auf eine allgemeine Weise, unsere gegenwärtige Erfahrung geprägt haben, besagt nicht, daß wir die entstandene Situation nun tatenlos hinnehmen müßten. Was immer wir tun können, um den Schmerz und das Leiden zu beseitigen, die uns infolge der verschiedenen Bedingtheitsordnungen treffen, das sollen wir auch tun. Darüber hinaus sollen wir versuchen, ein geschickteres Grundmuster unseres Verhaltens zu schaffen, das die negativen Wirkungen unserer alten Taten außer Kraft setzen kann. Wo immer Buddhisten in sich selbst oder in anderen Leiden bemerken, werden sie mit aller Kraft danach streben, es zu beheben. Ob Armut, kulturelle Benachteiligung, körperliche oder seelische Verkrüppelung als Ergebnis von Karma auftreten oder nicht – man soll keine Anstrengung zu ihrer Linderung scheuen. Der Vorwurf der Passivität, der dem Buddhismus gelegentlich gemacht wird, geht an der Wahrheit vorbei, denn der Dharma betont nichts so sehr wie persönliche Verantwortung und tatkräftige Bemühung als Vorbedingungen einer jeden höheren Entwicklung.

Ein letzter, weniger zentraler Ansatzpunkt möglicher Mißverständnisse ist noch zu klären: Zu Beginn unserer Betrachtungen über Karma hieß es, daß unbeabsichtigte Taten nicht in den Wirkungsbereich der karmischen Bedingtheit fallen und wir gaben als Beispiel den Fall, daß jemand beim Ergreifen der Teekanne eine Tasse umstößt. Wenn er nicht beabsichtigte, die Tasse umzustoßen, ist auch der Vorwurf von Böswilligkeit haltlos. Doch *kann* er getadelt werden, weil er seine Absicht, die Kanne zu ergreifen, nachlässig und ohne die erforderliche

Achtsamkeit ausgeführt hat. Eine wohlbekannte Geschichte berichtet, daß ein gewisser Mönch zu Lebzeiten des Buddha einige Laienanhänger in ihrem Hause besuchen wollte. Als er feststellte, daß sie ausgegangen waren, betrat er das Haus und setzte sich auf etwas, das er für eine mit einem Tuch bedeckte Bank hielt. Doch handelte es sich dabei um eine Wiege mit einem Säugling, der erstickte, als der ahnungslose Mann dort saß. Danach gefragt, ob dieser Mönch einen Mord begangen habe, antwortete der Buddha, dies sei nicht der Fall, denn der Mönch habe nicht vorsätzlich getötet. Allerdings habe er in grober Fahrlässigkeit gehandelt, und daraus würden ihm leidvolle karmische Folgen erwachsen. Achtlosigkeit entspringt einer unheilsamen Geisteshaltung.

Der zweite Kreis des Lebensrades zeigt also die Wirkung des Karmaprinzips. In der schwarzen Hälfte handeln Wesen unter dem Einfluß unheilsamer Geisteszustände ungeschickt. Sie erleiden die schmerzhaften Folgen im Verlaufe ihrer weiteren Umdrehungen mit dem Rad. Unter dem Einfluß heilsamer Geisteszustände üben sich die Wesen der weißen Hälfte in geschicktem Tun und genießen Glück und Freude, während sie die Spirale entlang aufsteigen. Diese Spirale führt schließlich aus dem Rad heraus. Wer den Zustand der Erleuchtung erreicht hat, schafft kein neues Karma mehr. Obwohl auch ein Buddha handelt – und zwar mit großer und subtiler Wirksamkeit –, haben seine Taten für ihn selbst keine Folgen. Weil er in nicht-dualer Bewußtheit lebt, gibt es für ihn auch kein Rückkopplungssystem mehr, das noch störanfällig wäre. Eher könnte man sagen, er sei das Gesamtsystem geworden. Von keiner Bedingtheit eingeschränkt, bewegt sich der Buddha in vollkommener Harmonie mit allen Dingen.

Ein gewisses Grundverständnis und eine zutreffende Einschätzung dieses Prinzips der karmischen Bedingtheit ist für uns deshalb besonders wichtig, weil es das ethische und spirituelle Leben untermauert. Gäbe es keine solche Gesetzmäßigkeit, dann wären die Folgen geschickter und ungeschickter Taten unvorhersehbar und ohne Bezug zu den Absichten, die das Handeln leiteten. Es wäre bedeutungslos, wie wir handeln, weil angenehme und schmerzhafte Erfahrungen uns auf offenbar beliebige Weise träfen, ohne daß wir einen Sinn oder ein erkennbares Muster darin finden könnten. Ausdauernde Bemühung in irgendeiner spirituellen Praxis, etwa der Meditation, müßte wertlos erscheinen, denn wir könnten ihrer positiven Wirkung nicht sicher sein. Genauso wie in der physikalischen oder der biologischen Ordnung feste Gesetze herrschen, nach denen Wirkungen auf Ursachen folgen, geschieht es auch im karmischen Bereich. Das Karmagesetz garantiert, daß unsere Taten zu den ihnen gemäßen Folgen führen werden, und deshalb garantiert es auch, daß wir uns entwickeln können. Der Buddhismus hält Zweifel an dieser Auffassung für fatal, denn dies hieße zu bezweifeln, daß die eigene Bemühung irgendeine Wirkung hat und daß es eine höhere Evolution überhaupt geben kann. Die Menschen wären dann bloß die hilflosen Opfer eines unergründlichen Schicksals ohne jeden Sinn und Zusammenhang. Die notorische Ablehnung des Karmagesetzes gilt darum als ein schwerwiegendes ungeschicktes Tun, weil sie ethische Maßstäbe und den Spiralen-Pfad gleichermaßen leugnet.

In allgemeiner Hinsicht ist es nicht schwierig zu erkennen, daß Taten in Übereinstimmung mit dem Karmagesetz zu Folgen führen, doch widerfahren uns auch manche Dinge, die allen unseren Bemühungen zu spotten scheinen und deren Bedingtheit durch unser früheres Handeln nicht ohne weiteres erkennbar ist. Manches, was uns zustößt, erscheint als Zufall. Außerdem wird jeder Mensch auch mit gewissen Vorteilen oder Behinderungen geboren. Wie sollten wir karmische Verantwortung für unsere Geburt tragen können? Der Buddhismus behauptet nämlich, das Karmagesetz wirke nicht nur innerhalb einer einzigen Lebensspanne, sondern wir würden in Entsprechung zu unserem Karma wieder und wieder geboren.

Ehe wir die buddhistische Lehre der Wiedergeburt genauer untersuchen können, müssen wir ein Bild des kosmologischen Hintergrundes entwerfen, vor dem wir unsere zahlreichen Leben leben. Der Buddha verneinte die Auffassung, daß die Welt durch Schöpfung entstanden sei. Er lehrte, das zyklische Geschehen sei ohne einen erkennbaren Beginn oder Abschluß. Innerhalb der grenzenlosen Raum-Dimensionen schleudere das alterslose Spiel der Bedingungen von Zeit zu Zeit unzählige Weltsysteme hervor, die im Laufe unermeßlicher Zeiten entstünden und wieder vergingen. Manche dieser Weltsysteme böten geeignete, unterstützende Bedingungen für die Entstehung von Leben, und so könne der lange Marsch der niederen Evolution beginnen.

Zur gleichen Zeit, so heißt es, verkörpern sich Ströme von Selbstbewußtheit unter dem Gesetz ihres früheren Wollens immer wieder neu in den verschiedenen Weltsystemen. Auch dieser Prozeß ist anfangslos. Er wird nur für diejenigen enden, die den Pfad der höheren Evolution gehen und Buddhaschaft erlangen. An diesem Punkt nämlich übersteigt das Bewußtsein all unser Begreifen, und es gibt keine weitere Wiedergeburt innerhalb des weltlich Bedingten.

Wir haben es also mit zwei parallelen Vorgängen zu tun: mit der Evolution der niederen Lebensformen im Bereich der Weltsysteme und mit den Wanderungen der Ströme von Selbstbewußtsein von einer zur nächsten Geburt in diesen Welten. Die kontinuierlichen Ströme von Selbstbewußtsein schneiden die niedere, biologische Evolution an dem Punkt, wo sie Organismen hervorgebracht hat, die genügend differenziert sind, um Selbstbewußtsein tragen zu können. Die Wiedergeburten in den verschiedenen Bereichen und Ebenen der Weltsysteme setzen sich so lange fort, bis Erleuchtung erlangt ist.

Von welcher Art ein Bewußtsein ist, zeigt sich daran, mit was für einem Organismus es sich verbindet und in welcher Welt es lebt. Jedesmal, wenn der Tod eintritt, bildet ein solches Bewußtseinskontinuum einen neuen Körper in Abhängigkeit von seinen eigenen früheren Taten. Unsere Absichten und Willensregungen sind nämlich die Kräfte, die aus dem Rohmaterial der physikalischen, organischen und psychischen Ordnungen einen Körper und eine Persönlichkeit zusammenfügen. Die Art unseres Körpers und die Art unserer Welt entsprechen dem Zustand unseres Bewußtseins: Es formt sie nach seinem Bild. Dieser Strom der Willenskraft, der durch jedes neue Handeln mit Körper, Rede und Geist verändert wird, ist das, was wir in unserem Innersten sind, und er modelliert das Leben immer neu, um es seinen eigenen Veränderungen anzupassen. Das haben wir seit anfangslosen Zeiten getan, und wir werden weiterhin nach diesem Muster wiedergeboren werden – es sei denn, wir entschieden uns für die Entwicklung zu einer höheren Stufe.

Es gibt nicht nur zahlreiche Weltsysteme, die geeignet sind, Leben zu tragen, sondern jedes dieser Systeme umfaßt nach Ansicht der buddhistischen Kosmologie auch viele Dimensionen. Jede Welt ist in übereinanderliegenden Ebenen geschichtet, die der evolutionären Stufenfolge entsprechen. Die unterste Gruppe dieser Ebenen ist die Sphäre sinnlichen Begehrens. Sie umfaßt die vier freudlosen und leidvollen Bereiche der Wiedergeburt: die Höllen sowie die Welten der Hungrigen Geister, der Tiere und der Titanen. Die Welt der Menschen und die unteren Himmel vervollständigen die Sphäre der Sinne, die in ihrer Gesamtheit dem Lebensrad oder den Evolutionsstufen des Sinnes- und Selbstbewußtseins entspricht. Die beiden folgenden Schichten der archetypischen Form und der Nicht-Form umfassen die Himmel der höheren Götter und entsprechen dem, was wir spirituelles und Transzendentes Bewußtsein genannt haben, also der Spirale bis hin zur Buddhaschaft. Die Sphäre der Buddhas liegt jenseits aller Weltsysteme; sie entspricht dem Aufscheinen des absoluten Bewußtseins.

Das Drama der Wiedergeburt spielt sich auf den zahlreichen Schichten innerhalb der weltgebundenen Bereiche ab, also in den Sphären der Sinneserfahrung, der archetypischen Form und der Formlosigkeit. Ungeschicktes Handeln aufgrund unheilsamer Absichten steuert das Bewußtsein in die Richtung der unteren, leidvollen Stufen der Sinnessphäre. Geschickte Taten führen zu den übrigen Welten der Sinne und in die Sphären der reinen Form und der Nicht-Form. Nur Einsicht in die Wirklichkeit kann zur höchsten aller Sphären, zum Transzendenten führen. Bis zum Auftreten solcher Einsicht kann man auf und ab oder immer rundherum durch all die verschiedenen Welten des Lebensrades wandern, so wie es der eigene Geisteszustand jeweils bestimmt. Keine dieser Welten ist von Dauer; es gibt keine ewige Verdammnis oder Erlösung in ihnen. Jeder verbleibt so lange in einer bestimmten Sphäre, wie das Bewegungsmoment seiner früheren Absichten noch stark genug ist, ihn in dieser Welt zu halten – bis dann neue Tendenzen eine Richtungsänderung bewirken.

Diese Anschauungen über Wiedergeburt und ein vielschichtiges Universum erscheinen heutzutage den meisten Menschen recht befremdlich. Wir werden diese buddhistische Lehre von einer Vielfalt der Welten und vom Ablauf der Wiedergeburt in späteren Kapiteln noch eingehender untersuchen. Zunächst aber müssen wir unser Augenmerk auf die Grundlagen des buddhistischen Glaubens an die Wiedergeburt richten.

Im Westen sind vor allem zwei Anschauungen im Hinblick auf den Tod verbreitet: Die eine hält dafür, er sei das absolute Ende des Bewußtseins, die andere glaubt, dem Tod folge ein Zustand ewiger Seligkeit im Himmel oder ewiger Marter in der Hölle, obwohl nur wenige Menschen diese Auffassung noch ohne Einschränkungen teilen werden. Der materialistische Standpunkt, das menschliche Bewußtsein erlösche mit dem körperlichen Tod, wird immer häufiger als die einleuchtendere Alternative angesehen. Allerdings spricht für sie keineswegs eine größere Wahrscheinlichkeit als für irgendeine der drei anderen denkbaren Auffassungen über Geburt und Tod. Sie mag sogar unter den vier logisch möglichen Ansichten diejenige sein, die am schlechtesten zu untermauern ist. Die folgenden logischen Möglichkeiten stehen zur Wahl: Man lebt weder vor der Geburt noch nach dem Tod; man lebt vor der Geburt, aber nicht nach dem Tod; man lebt nach dem Tod, aber nicht vor der Geburt; man lebt sowohl vor der Geburt als auch nach dem Tod. (Die letzte Auffassung schließt die buddhistische Wiedergeburtslehre ein.) Betrachtet man diese vier Ansichten so vorurteilslos, als höre man von jeder zum ersten Mal, dann wird sich kein Grund sofort aufdrängen, eine von ihnen den anderen vorzuziehen, denn sie alle sind *logisch* schlüssig. Schon Voltaire sagte: «Oftmals geboren zu werden ist nicht erstaunlicher, als einmal geboren zu werden.» Die Materialisten behaupten nun, ihre Auffassung sei die vernünftigste, weil es für keine der anderen offenkundige Beweise gebe. Genausowenig gibt es allerdings ein beweiskräftiges Zeugnis dafür, daß es *kein* Leben vor der Geburt oder nach dem Tod gibt – wir haben nur die negative Gewißheit unseres Nichtwissens. Jemand, der treu an der materialistischen Auffassung festhält, folgt in der gleichen Weise einem Glauben wie seine Gegner. Wenn es also tatsächlich keinerlei logische Gewißheit gibt, kann man höchstens vorsichtig agnostisch sein und sagen, beim gegenwärtigen Wissensstand lege nichts die Vermutung nahe, daß das Leben über Geburt und Tod hinausgeht. Dabei sollte man jedoch offenbleiben für neu auftretende Gesichtspunkte.

Ich kenne niemanden, der glaubt, man lebe zwar vor der Geburt, nicht aber nach dem Tod – dabei ist diese Auffassung für sich genommen nicht absurder, als zu behaupten, es gebe ein Leben nach dem Tod, nicht aber vor der Geburt. Beide Standpunkte führen zu Problemen, denn im einen Fall müssen wir ein Wesen mit anfangsloser Vergangenheit und bestimmbarem Ende, im anderen Fall ein Wesen mit zeitlich festgelegtem Anfang und ewiger Zukunft annehmen. Für sich genommen, erscheint es weitaus wahrscheinlicher, daß das Leben, wenn es schon den Tod überdauert, auch der Geburt vorausgeht und umgekehrt. Vermutlich werden diejenigen, die eine dieser beiden Auffassungen teilen, es nicht schwierig finden, die Möglichkeit einer Wiedergeburt im buddhistischen Sinne zu erwägen.

Wenn es nun keinerlei beweiskräftige Anhaltspunkte für Wiedergeburt gäbe, müßten wir agnostisch bleiben. Es gibt jedoch offenkundige Hinweise und zahlreiche untermauernde Gründe, die zumindest nahelegen, den Glauben an Wiedergeburt vorläufig anzunehmen. Keiner dieser Anhaltspunkte und Gründe ist ein ausreichender, zwingender Beweis; bei diesem Thema ist ein abschließender Beweis kaum zu erlangen, zumal viele Phänomene, die als beweiskräftig angesehen wurden, auch auf andere Weise erklärt werden können. Alles in allem sprechen die Fakten jedoch entschieden *für* die Wiedergeburtslehre.

Zunächst einmal mag es uns nachdenklich stimmen, daß der Glauben an Wiedergeburt in der Geschichte der Menschheit sehr verbreitet war. Er ist nicht bloß eine Eigenheit der großen Religionen Indiens: des Buddhismus, Hinduismus und Jainismus. Zahlreiche Völker in der ganzen Welt – manche nordamerikanischen Indianer, Polynesier und afrikanische Völker – teilen diesen Glauben. Sogar in unserer eigenen Kultur des Westens hatte er eine beachtliche Gefolgschaft. Nach griechischen Aufzeichnungen, die allerdings von modernen Forschern bezweifelt wurden, glaubten die Ägypter an Wiedergeburt. Vor ihrer Bekehrung zum Christentum waren die keltischen Völker der Auffassung, daß jeder Mensch mehrmals lebe. Unter den Griechen wurde der Glaube von den Schulen der orphischen Mysterien gelehrt, und er setzte sich bei den Pythagoräern fort. Von ihnen wiederum bezog Platon für sein Werk *Der Staat* den berühmten «Mythos von Ur», der die Erfahrungen beschreibt, die nach dem Tod zur Wiedergeburt führen. Viele Gnostiker und Neuplatoniker glaubten an Reinkarnation, und, überraschend genug, auch unter den frühen Christen war dieser Glaube nicht selten. Von zwei bedeutenden Kirchenvätern, Origines und Justinus dem Märtyrer, weiß man, daß sie das Vorleben der Seelen lehrten. Origines' Lehre von der Seelenwanderung wurde erst im sechsten Jahrhundert endültig mit dem Bannfluch der Kirche belegt. Im zwölften und dreizehnten Jahrhundert war die Wiedergeburtslehre ein Hauptdogma der christlichen Katharer in Südfrankreich und Italien. Um diese «Ketzerei» auszurotten, unternahm man den ersten europäischen Kreuzzug und gründete das «Heilige Offizium» der Inquisition. Trotz starken Widerstandes der Kirche, die mit Gewalt und Macht die orthodoxe Auffassung unterstützte, trat der Glaube an die Wiedergeburt immer wieder in Europa auf. In diesem Zusammenhang lohnt es sich, darüber nachzudenken, daß die Lehre der Wiedergeburt innerhalb der buddhistischen Überlieferung nie ernsthaft bezweifelt wurde; Andersgläubige wurden von Buddhisten jedoch niemals verfolgt. Viele Christen waren bereit, für ihren vom Dogma abweichenden Glauben zu sterben. In der jüngeren Vergangenheit haben verschiedene Menschen – Voltaire, Benjamin Franklin, Napoleon und Henri Ford seien hier als einige der bekannteren von ihnen genannt – unabhängig voneinander ihrer Überzeugung Ausdruck gegeben, sie hätten schon früher gelebt. Natürlich beweist dieses Phänomen eines weitverbreiteten und wiederkehrenden Glaubens keineswegs die Wahrheit der Wiedergeburtslehre. Es ist jedoch auch bemerkenswert, daß viele voneinander unabhängige Versionen des Glaubens an Reinkarnation auffallende Ähnlichkeiten zeigen.

Besser überprüfbare Zeugnisse findet man in den Berichten von Menschen, die behaupten, wiedergeboren zu sein. In vielen Überlieferungen haben Menschen ihre angeblichen Erinnerungen an vergangene Leben wiedergegeben. Vom Buddha selbst heißt es, er habe sich an viele seiner früheren Leben erinnern können und sie seinen Anhängern beschrieben. In der Tradition des tibetischen Buddhismus gibt es eine detaillierte Lehre über den Prozeß von Tod und Wiedergeburt, die im sogenannten *Tibetischen Buch der Toten* niedergelegt ist und auf direkte Erfahrungen zurückgehen soll.

Derartige historische Berichte lassen sich auf keine Weise verifizieren. Offenbar findet man hin und wieder Kinder, die behaupten, sich daran zu erinnern, daß sie schon früher gelebt hätten. Im Westen wird so etwas meistens als überspannte Phantasie oder Schlimmeres abgetan; im Osten, wo man an die Wiedergeburt glaubt, werden solche Fälle jedoch durchaus ernst genommen. Einige moderne Wissenschaftler haben Beispiele dieser Art im Osten wie im Westen untersucht. Ihre Befunde waren erstaunlich. So behaupteten Kinder beispielsweise, sich an ein früheres Leben an Orten zu erinnern, die sie in ihrem jetzigen Leben nie besucht hatten. Sie berichteten Einzelheiten aus der Vergangenheit, die niemand aus ihrer derzeitigen Umgebung wissen konnte und die sich bei der Überprüfung als außerordentlich genau erwiesen. Obgleich die verschiedenen Fälle aus sehr unterschiedlichen Kulturen und Lebensumständen stammen, gibt es wiederum beträchtliche Übereinstimmungen zwischen ihren allgemeinen Grundzügen, und es scheint, als kehrten gewisse Themen immer wieder. Hier ist noch viel Forschung vonnöten, doch deutet der Augenschein schon jetzt darauf hin, daß zumindest manche Kinder auch früher schon gelebt haben. Absolute Beweise sind auf diesem Gebiet ausgeschlossen, denn keine Umgebung läßt sich so vollkommen abriegeln, daß dadurch alle anderen möglichen Quellen jener Information ausgeschlossen wären, die uns als Erinnerung an ein früheres Leben präsentiert wird. Manchmal werden diese Geschichten aufgrund solcher Möglichkeiten als abgekarteter Betrug wegerklärt, manchmal auch als unterbewußter Einfluß vergessener Erlebnisse oder als telepathische Erscheinungen. Dennoch können wir sie zumindest als Hinweise akzeptieren.

Ähnliche Fälle kannte man in Tibet vor der chinesischen Invasion. Man war der Ansicht, daß diejenigen, die weit auf dem Pfad der spirituellen Entwicklung fortgeschritten waren, selbst wählen könnten, wo und wann sie wiedergeboren würden. Manche Lamas – spirituelle Lehrer – gaben vor ihrem Tod Hinweise auf Zeit und Ort ihrer nächsten Geburt, und man wartete dann auf das Eintreten der Vorhersage. Kinder, die unter den angezeigten Umständen geboren wurden, prüfte man sehr aufmerksam, um festzustellen, ob sie sich durch irgendwelche Zeichen als der reinkarnierte Lama zu erkennen gaben. In der Regel wurde in solchen Fällen weder den Eltern noch dem Kind selbst mitgeteilt, worum es ging, weil man jeden Betrug ausschließen wollte. Hatte man schließlich ein Kind als wahrscheinlichsten Kandidaten ausgewählt, dann zeigte man ihm verschiedene Dinge aus dem Besitz des verstorbenen Lama, die man mit anderen ähnlichen Gegenständen vermischte. Anscheinend waren die Kinder in vielen Fällen nicht nur fähig, die Dinge aus dem Besitz des Lama herauszufinden, sondern sie erkannten auch frühere Freunde und Mitarbeiter und hatten manchmal deutliche Erinnerungen an ihre früheren Leben. Nach seiner Anerkennung als Inkarnation wurde ein solches Kind dazu ausgebildet, die Arbeit aus seinem vorigen Leben weiterzuführen. Natürlich wurde dieses Verfahren gelegentlich mißbraucht, um aus der Anerkennung Macht und Prestige für die Familie des Kindes zu gewinnen, und es kam sicherlich vor, daß die Auswahl in naiver und abergläubischer Weise vonstatten ging. Deshalb ist es unwahrscheinlich, daß alle oder auch nur die meisten, die man als Inkarnationen verstorbener Lehrer ansah, dies auch tatsächlich waren. Nichtsdestotrotz waren manche dieser «Tulkus» oder wiederverkörperten Lamas sehr bedeutende Menschen, deren Auswahl nach Verfahrensregeln vor sich ging, die einer streng wissenschaftlichen Kontrolle in nichts nachstehen.

Wir können zusätzliche Anhaltspunkte in gewissen Fällen

von Hypnose und Betäubung finden. Einige Hypnotherapeuten konnten ihre Patienten bis zu ihrer Geburt zurückführen sowie zu Erlebnissen, die sich ihnen als frühere Leben darstellten. Manchmal kamen Einzelheiten aus der Vergangenheit zum Vorschein, die auf unabhängige Weise bestätigt wurden und von denen der Patient mit großer Wahrscheinlichkeit in seinem gegenwärtigen Leben nichts wissen konnte. Nach Narkosen berichteten viele Menschen, wie sie aus einiger Entfernung auf ihren eigenen Körper herabgeblickt hätten, ein Phänomen, welches darauf hindeutet, daß Bewußtsein auch unabhängig vom Körper existieren kann. Weiterhin gibt es die Fälle jener Menschen, die klinisch tot waren, aber wieder ins Leben zurückkehrten. Ihr Herzschlag hatte ausgesetzt, und ihre Atmung war während einer Operation erloschen. Auch sie berichteten, sie hätten sich außerhalb ihres Körpers befunden, aber sie teilten noch merkwürdigere Erlebnisse mit, die große Ähnlichkeit mit den Berichten jener Menschen aufweisen, die vorgeben, sich an die Ereignisse nach ihrem Tod in einem früheren Leben zu erinnern.

Die Annahme, daß wir viele Male geboren werden, kann uns außerdem helfen, manch eine schwierige Frage zu klären. Verschiedene spiritistische Phänomene scheinen glaubwürdig zu sein und werden mit Hilfe dieser Annahme verständlich. Wenn man annimmt, daß Kinder nicht nur von ihren Erbanlagen und ihrer sozialen Umwelt bestimmt sind, sondern auch vom Bewegungsmoment des Bewußtseins, das sie aus einem früheren Leben mitbringen, dann wird das Auftreten von Wunderkindern verständlich. Die musikalische Genialität eines Mozart, Beethoven oder Händel wurde schon in der Kindheit offenkundig, und auch auf anderen Gebieten gibt es zahlreiche Beispiele von Wissen und Begabung, die sich schon im Kindesalter zeigten. Nach buddhistischer Auffassung wurden diese Talente in einem früheren Leben erworben und ausgebildet.

Für Buddhisten beruht die Wahrheit der Wiedergeburtslehre jedoch nicht auf ihrer wissenschaftlichen Überprüfbarkeit. Wohl ist eine derartige Beweisführung als solche durchaus interessant und mag manche Menschen dazu anregen, dem Dharma eine wohlwollendere Beachtung zu schenken; letzten

Endes aber findet man die Wahrheit der Lehre in der eigenen Erfahrung. Entscheidend ist die Aussage, es sei möglich, sich an frühere Leben zu erinnern, wobei die Fähigkeit hierzu anzeige, daß man höhere Entwicklungsstufen erreicht habe. Einige Meditationsübungen zielen darauf ab, dieses Vermögen zu entwickeln – sie werden allerdings vermutlich nur selten angewandt. Zunächst bringt man sich dabei in eine Verfassung großer Stille und Sammlung. Danach geht man in seiner Erinnerung systematisch vom Augenblick des Meditationsbeginns rückwärts und vergegenwärtigt sich jedes Ereignis, bis man sich über den Zeitpunkt der Geburt hinaus an das vorige Leben erinnert. Die Fähigkeit des Buddha, sich an frühere Leben zu erinnern, ist allerdings nicht auf die gewaltige Kraft seiner meditativen Sammlung zurückzuführen, sondern einfach eine natürliche Begleiterscheinung seines erleuchteten Geistes. Er hat eine Bewußtheit jenseits von Dualität und historischer Zeit verwirklicht und besitzt deshalb Zugang zu jedem beliebigen Punkt in der Zeit: Er erinnert sich nicht an frühere Existenzen, sondern ist ihrer von einem Punkt außerhalb der Zeit her inne.

Die Wahrheit der Wiedergeburtslehre erkennt man ebenfalls auf höheren Stufen der Meditation. Man erfährt das Bewußtsein dort in einer viel reineren Form, die das körperliche Dasein transzendiert. Dann wird es klar, daß der Körper vom Bewußtsein abhängt und nicht umgekehrt. Man erkennt, daß Bewußtsein unzerstörbar ist, ein machtvoller Energiestrom, der sich nicht auf ein einziges Leben beschränkt.

Viele Buddhisten sind weder fähig, sich an ihre früheren Leben zu erinnern, noch haben sie jene höheren Zustände erlebt, in denen man sieht, daß Bewußtsein die Körperlichkeit übersteigt. Ihr Glaube an Wiedergeburt beruht daher nicht auf ihrer eigenen unmittelbaren Erfahrung, sondern zunächst einmal auf ihrer Wertschätzung für andere Menschen. Sie glauben an den Buddha, an die buddhistische Überlieferung und an ihre spirituellen Lehrer und Freunde. Wie wir an die Existenz von Ländern glauben, die wir selbst nie besucht haben, weil uns die Berichte derer überzeugen, die wir früher schon als glaubwürdig erlebt haben, so schenken wir auch denen ein begründetes Vertrauen, die wir in spiritueller Hinsicht als glaubwürdig erleben. Dabei handelt es sich unter keinen Umständen um ein blindes, abergläubisch fragloses Vertrauen, sondern wir fassen unseren Glauben nur vorläufig, bis er durch weitere Erfahrung widerlegt oder bekräftigt wird.

Obwohl einige moderne, rationalistische Buddhisten sich bemüht haben, die Wiedergeburtslehre des Buddha wegzuerklären, um dadurch den Dharma neuzeitlichen, «wissenschaftlichen» Ansichten anzupassen, ist sie doch ein wesentlicher Teil des Buddhismus. Man kann nicht wirklich Buddhist sein, wenn man nicht an sie glaubt. Das heißt nun nicht, daß Menschen, die sich außerstande sehen, ihr Glauben zu schenken, sich nicht als Individuen entwickeln oder keinen Nutzen aus buddhistischen Lehren und Übungen ziehen könnten. Soweit jedoch ihre Sicht nur jenen Ausschnitt zwischen einer einzelnen Geburt und dem nächstfolgenden Tod umfaßt und insoweit sie damit eine im Kern materialistische Auffasssung vom Bewußtsein teilen, wird ihre Entwicklung in buddhistischer Sicht begrenzt bleiben. Immerhin ist eine solche begrenzte Entwicklung besser als gar keine. Solange ein Mensch aufgeschlossen bleibt, wird seine Erfahrung eines höheren Bewußtseins ihn am Ende wahrscheinlich davon überzeugen, daß das Bewußtsein den organischen Körper transzendiert und deshalb auch wiedergeboren werden kann. Skepsis, die sich als ehrliche Nachdenklichkeit äußert, ist sicherlich kein Entwicklungshindernis.

Nur starrer Dogmatismus und Engstirnigkeit können auf Dauer die Wahrheit verstellen.

Das Prinzip der Wiedergeburt wirkt auch außerhalb des Kreislaufes von Geburt und Tod. Entstehen und Vergehen ist das Los aller bedingten Dinge. Das Verschwinden eines Phänomens bedingt das Erscheinen eines neuen. Das gilt für die psychologische Ordnung genauso wie für die körperlich-organische. So wie Blumen, Bäume und unsere Körper sterben, um in neuen Stoffen und Organismen wiedergeboren zu werden, so entstehen und vergehen auch unsere Gefühle und Gedanken in endloser Folge. So betrachtet, werden wir in jedem Augenblick wiedergeboren oder von unserer eigenen Vergangenheit neu erschaffen. Wer die Wiedergeburtslehre in ihrer Geltung für das menschliche Leben auch nicht versuchsweise annehmen mag, wird sie gleichwohl als ein Symbol dieses in allen Erscheinungen wirkenden Prinzips betrachten können. Wie mein Lehrer gegenüber Zweiflern betonte, sollten jene, die sich als Buddhisten ansehen, ohne an eine Wiedergeburt zu glauben, sicherstellen, daß sie in diesem Leben Erleuchtung erlangen!

Unermeßlicher Raum und unbegrenzte Zeit bilden den Hintergrund der buddhistischen Sicht des menschlichen Daseins. Selbstbewußtsein fließt in einem gewaltigen Strom des Wollens und erschafft sich Körper und Welten, die seiner Natur am besten entsprechen. Ist es von unheilsamer Art, so führt es zu einem Leben des Leidens und der Enttäuschungen. Ist es heilsam, dann ersteigt es die Sprossen der höheren Evolution. Es mag durch ungezählte Äonen diesen Pfad gehen, langsam, Leben um Leben immer höher gelangend, oder dank außergewöhnlicher Begabung und gewaltiger Bemühungen in einer einzigen Lebensspanne vom Selbstbewußtsein zum transzendenten Bewußtsein übergehen.

Vor diesem weiten Horizont müssen wir nun die buddhistische Ethik betrachten, denn aufgrund des Karmagesetzes werden unsere zukünftigen Leben davon bestimmt, ob wir geschickt oder ungeschickt handeln. Als Teil des Bewußtseins unserer selbst, das allmählich Gestalt annimmt, erwächst uns auch ein Sinn oder Gefühl für das, was wir tun und unterlassen sollten. Dieses Gefühl entsteht im Zusammenhang mit unserer Erkenntnis, daß Handeln Folgen hat – für uns und für andere. Wir beginnen, die vom Karmagesetz bedingte Rückwirkung unseres Tuns auf uns selbst zu erkennen, wenn wir spüren, daß unsere eigenen unheilsamen Geistesregungen uns nur weiteres Unbehagen einbringen. Geben wir uns negativen Haltungen hin, dann fühlen wir uns anschließend noch schlechter und scheinen immer weitere Schwierigkeiten und Ärgernisse auf uns zu ziehen. Handeln wir dagegen aus positiven, heilsamen Motiven, dann fühlen wir uns erleichtert und glücklicher, und unser Leben verläuft sanfter und glatt. Je gesünder unsere Geisteshaltung ist, desto glücklicher werden wir.

Zunächst einmal ist uns die Lage jedoch selten schon klar,

denn es mag sein, daß karmische Prozesse aus ferner Vergangenheit noch ihr Spiel in unserem Leben treiben, so daß wir uns der Gleichung zwischen unserem Handeln und seinen Rückwirkungen auf uns nicht ohne weiteres bewußt sind. Für viele Menschen werden die ersten Schritte ihres spirituellen Lebens vor allem Versuche der Läuterung von Gewohnheiten und geistigen Neigungen aus ihrer Vergangenheit sein, die sie noch immer beeinflussen, obwohl sie sich nicht mehr ausschließlich in ihren alten Geleisen bewegen. Ihr neues, heilsamer motiviertes Verhalten dient dann vor allem dazu, solchen alten Neigungen entgegenzuarbeiten, und es mag eine Weile dauern, bevor ein direkter Nutzen reift. Es kann sogar geschehen, daß frühere, besonders gewichtige Absichten es nicht zulassen, daß unser gegenwärtiges Tun in diesem Leben Früchte trägt, weil der Läuterungsprozeß noch nicht weit genug gediehen ist. Die buddhistische Überlieferung sagt, daß geschicktes Verhalten «verdienstvoll» sei. Es sammle für uns einen Vorrat guten karmischen Potentials an, das wir in der Zukunft erleben würden – auch in einer zukünftigen Wiedergeburt. Wer Verdienst anlege, schaffe damit für sich selbst Voraussetzungen, die sein späteres Wachstum begünstigen: Gesundheit, Wohlergehen und Glück.

Anfangs wird unsere Beschäftigung mit ethischen Fragen vermutlich eigennütziger Natur sein, doch letztlich geht es in der buddhistischen Ethik um weit mehr als nur um intelligente Selbstsucht. Wenn wir uns entwickeln, wird eine natürliche Empfänglichkeit für andere unser Tun zu leiten beginnen. Der reife Mensch ist fähig, sich in das Ich der anderen einzufühlen; er empfindet Mettā und Teilnahme für sie. Wenn sie leiden, antwortet er mit Erbarmen und nutzt alle Möglichkeiten, um ihre Leiden zu lindern. Sind sie glücklich, freut er sich mit ihnen. Er ist über das Eigeninteresse von Familien, Nationen oder sozialen Gruppen hinausgewachsen und fühlt uneigennützig mit jedem Lebewesen. Sein Handeln ist von Mettā und Großzügigkeit motiviert. Er kann nichts tun, was andere verletzten würde, und, so gut er nur kann, versucht er zu helfen. Das ethische Leben gründet deshalb im Liebesmodus.

Wohl mag unser ethisches Leben als ein gezielter Versuch

beginnen, uns selbst in bessere Geisteszustände zu bringen, doch sollte es schließlich, aufgrund unseres Mitgefühls mit anderen, einen natürlichen Sinn für Geschicktes und Ungeschicktes wecken. Dieser natürliche ethische Sinn ist das, was man auch «Gewissen» nennen mag. So verstanden, ist er kein Über-Ich, keine verinnerlichte Autorität, die uns befiehlt, was wir tun und unterlassen sollen, sondern das spontane Wirken von Gewahrsein und Mettā, den beiden Kräften, die uns in Resonanz mit allem Lebendigen bringen.

Die buddhistische Morallehre ist keineswegs autoritär. Kein Gott gebietet auf Steintafeln, was man tun soll und was nicht. Sittlichkeit kann man nicht in Gesetzen festschreiben. Wahre Moral paßt nicht in ein System von Regeln, weil nicht die Handlung selbst ihren ethischen Wert bestimmt, sondern die Absicht, von der sie geleitet ist. Wie wir gesehen haben, werden Taten auf der Grundlage unheilsamen Wollens wie Gier, Haß und Verblendung «ungeschickt» genannt, während jene Taten als «geschickt» gelten, die in den heilsamen Haltungen der Großzügigkeit, Liebe und Geistesklarheit wurzeln. Daß man eine Tat als geschickt einstuft, zeigt an, daß sie mit Sorgfalt und Klugheit ausgeführt wurde, mit einer Art praktischen ethischen Könnens, das der wohlgeübten, kunstfertigen Geschicklichkeit eines Handwerkers gleichkommt. Um geschickt zu handeln, genügt es nicht, blindlings eine Regelsammlung anzuwenden. Man muß in seiner Sensibilität und in seinem Mitgefühl für andere gereift sein, und man muß klar sehen, welche Folgen irgendein Handeln haben könnte. Erst dann ist man fähig, geschickt zu handeln – zum eigenen wie zu fremdem Wohl.

Solange man noch lernt, geschickt zu handeln, wird es einem schwerfallen, genügende Achtsamkeit in dem Sinne zu wahren, daß man jederzeit die Folgen jeder Tat übersieht und auch die Gefühle und Bedürfnisse der anderen einbezieht. Man benötigt einen Maßstab zur Einschätzung des eigenen Verhaltens. Als solcher Maßstab dienen die Gebote. Sie umreißen, was ein Mensch, der einen natürlich-spontanen ethischen Sinn entwickelt hat, nicht tut – und auch nicht zu tun erwägt –, weil kein Hauch von Feindseligkeit oder Egoismus sein vollkommenes Mitgefühl mit allem Lebendigen trübt. Nur die Buddhas handeln vollkommen geschickt in diesem Sinne, denn alle Spuren des Rades sind aus ihrem Geist gelöscht. Die Gebote umreißen, was die Buddhas nicht tun, und sie geben uns eine Richtschnur oder ein Ideal, an dem wir unser eigenes Tun messen können. Wir mögen noch zu ungeschicktem Handeln neigen, doch beabsichtigen wir, Geschicklichkeit zu entwickeln. Die Gebote dienen als Prüfstein unseres Tuns und als Erinnerung an das, was Geschicklichkeit wirklich ist. Wir nehmen die Gebote an als Methode ethischer Schulung:

Ich nehme den Schulungsgrundsatz an, die Verletzung von Lebewesen zu unterlassen.
Ich nehme den Schulungsgrundsatz an, das Nehmen von Nicht-Gegebenem zu unterlassen.
Ich nehme den Schulungsgrundsatz an, sexuelles Fehlverhalten zu unterlassen.
Ich nehme den Schulungsgrundsatz an, unwahre Rede zu unterlassen.
Ich nehme den Schulungsgrundsatz an, die Einnahme von Getränken und Drogen zu unterlassen, die den Geist trüben.

Da die Formulierung dieser fünf Gebote negierender Art ist, wird gelegentlich eine weitere Fünfergruppe von Geboten oder Vorsätzen in positiver Formulierung genannt, damit man Sittlichkeit nicht bloß als eine Angelegenheit der Vermeidung von Missetaten auffaßt. Jedes der positiven Gebote entspricht einem der Gebote der ersten Gruppe:

Mit Taten der Güte läutere ich meinen Körper.
Mit hingebender Großzügigkeit läutere ich meinen Körper.
Mit Stille, Schlichtheit und Genügsamkeit läutere ich meinen Körper.
Mit ehrlicher und wahrhaftiger Sprache läutere ich meine Rede.
Mit Achtsamkeit, klar und strahlend, läutere ich meinen Geist.

Das erste Paar von Geboten untersagt die Verletzung von Lebewesen und empfiehlt Mettā. Dies ist die Voraussetzung aller übrigen Gebote, denn sittlich ist ein Leben erst dann, wenn es im Liebesmodus des Verhaltens gründet. Die darin einbegriffenen Folgerungen reichen sehr weit: sie schließen jede Form von Gewalt, Zwang, Manipulation oder Ausbeutung aus. Ernsthafte Buddhisten halten meistens dafür, daß vegetarische Ernährung dazugehöre, und sicherlich sind Berufe, die eine Tötung oder Mißhandlung von Tieren und selbstverständlich auch Menschen einschließen, hiermit geächtet. Nimmt man diesen Vorsatz in seiner ganzen Tiefe an, dann bedeutet er die völlige Beseitigung des Machtmodus aus dem Verhalten und die Entwurzelung von Gier, Haß und Verblendung. Er bedeutet ein Leben in Harmonie mit allem Lebendigen. Letzten Endes bedeutet er die Bemühung, ganz und gar über sich selbst hinauszuwachsen.

Die übrigen Vorsätze verdeutlichen die Einzelheiten eines Lebens im Liebesmodus. Von anderen zu nehmen, was sie nicht geben, sie sexuell auszubeuten oder sie zu belügen heißt, ihre Individualität zu leugnen und Gewalt gegen sie zu üben. Das letzte Gebot ist von besonderer Art und warnt vor einem Verlust der Achtsamkeit durch Berauschung: Bei Trunkenheit zum Beispiel fällt man auf eine niedere Bewußtseinsstufe zurück und wird kaum noch klar wahrnehmen können, was man tut. Dadurch kann man aus dem Liebesmodus fallen.

Die Vorsätze sind eine Hilfe zur Kultivierung eines natürlichen Moralgefühls. Das wirksamste Mittel zur Entwicklung geschickten Verhaltens besteht darin, uns Menschen anzuschließen, deren Lebensweise und Taten schon geschickt sind. In der Gemeinschaft mit ihnen atmen wir Sittlichkeit. Wer solche Menschen achtet und ehrliche Freundschaft für sie empfindet, wird in ihnen seine Führer zum geschickten Handeln finden, bis sein eigenes Gewissen gereift ist. Er wird sie nicht durch verwerfliches Handeln enttäuschen wollen – nicht, weil er Bestrafung von ihnen fürchtet, sondern aus Hochachtung für sie. Er möchte sich vor ihren Augen nicht niedrig verhalten. Sie sind gewissermaßen zu Beschützern seines entstehenden Gewissens und seiner Ideale geworden, und auch seine Selbstachtung verbietet ihm, unwürdig zu handeln.

Somit zeigt uns der zweite Ring des Lebensrades, wie nach dem Karmagesetz unsere zukünftige Erfahrung von unserer Moral bedingt wird. Die wesentlichen Grundsätze des Dharma werden hier in der Sprache der Ethik ausgedrückt. In gewissem Sinne genügt es, wenn wir dies erkennen: Wir müssen heilsame Geisteshaltungen entwickeln, damit wir auf der Spirale der höheren Evolution weiter und weiter steigen.

6 KREISLAUF OHNE ENDE

Aus undurchdringlich dichter Finsternis tappt eine Gestalt unsicher schwankend auf uns zu, ein alter Mann, gebeugt von der Last seiner Jahre – und doch von Weisheit gänzlich unberührt. Mit dem leeren Blick völliger Erblindung tastet er sich voran, und doch spiegelt sich in seiner Miene eine Art törichter Hoffnung. Er glaubt, diesen Weg sei er schon früher einmal gegangen; deutlich malt ihm seine Einbildung die umgebende Landschaft aus, und ungeduldig strebt er weiter. Aber ach! Nie zuvor war er schon hier, und die Gegend seiner Vorstellung liegt weitab von der Wirklichkeit. Ein ums andere Mal stolpert er und fällt. Doch stets rappelt er sich mit erneuerter Hoffnung wieder auf. Dieses Mal, so spricht er sich zu, werde ich nicht vom Weg abkommen. Da strauchelt er von neuem und strauchelt wieder und wieder.

Wir beobachten einen Töpfer dabei, wie er Tonklumpen auf seine Drehscheibe wirft und mit geschickten Händen Vasen und Schalen, Teller und Töpfe formt. Wenn wir genau hinschauen, bemerken wir die vielen verschiedenen Stimmungen, die über sein Antlitz huschen: Traurigkeit, Ärger, Freude, Reue, Selbstgefälligkeit folgen einander im steten Wechsel. Jede dieser Stimmungen führt seine Hände. Jetzt ist er gerade zornentflammt, und es entsteht ein grober, unförmiger Topf; nun lächelt er in lüsterner Begierde, und sein Werk spiegelt seinen Sinn.

In einem Baum turnt ein junger Affe; er springt von Ast zu Ast, ohne länger als einen Augenblick zu rasten. Aus der Baumkrone lacht ihn der Glanz reifer Früchte an, und auf geht's: Mit allen vieren Stamm und Äste umklammernd, hangelt und schwingt er sich hinauf; vor Aufregung wedelt der lange, eingerollte Schwanz. Er greift die Frucht, pflückt sie, beißt tief hinein. Kaum beginnt er zu kauen, da fesselt ein anderer Reiz seinen Blick, eine Frucht in den untersten Zweigen. Achtlos läßt er das eben angebissene Stück fallen, würgt die Reste in seinem Mund hinunter und flitzt dem neuen Schmaus entgegen. Am Fuß des Baumes wächst ein Haufen angebissener Früchte.

Vier Männer in einem Ruderboot: einer führt die Ruder, ein anderer steuert, der dritte hält Ausschau. Von Zeit zu Zeit schildert er mit aufgeregt sich überstürzenden Worten die vagen Umrisse, die er am Horizont ausmachen kann. Mit einem pausenlosen Kommentar begleitet der vierte ihre Reise: Er weist den Weg, rät den anderen, wie sie ihre Aufgaben erfüllen sollen, stellt klar, wo er selbst am liebsten ankommen würde. Gelegentlich geraten die vier in Streit und beschuldigen einander des Versagens bei ihrer Arbeit. Keiner von ihnen weiß wirklich, wohin die Reise geht, und so folgen sie ihren kurzlebigen Eingebungen und wenden sich mal hierhin, mal dorthin. Sie sehen nicht, daß sie von schrecklichen Gefahren umgeben sind: von Felsen, Seeungeheuern und Stürmen. Auch wissen sie nicht, daß ihr Boot leckt und dringend ausgebessert werden muß.

Ein Mann sitzt in einem Haus mit fünf Fenstern und einer Tür. Jetzt hier, dann dort hinausblickend, beobachtet er aufmerksam das Treiben vor dem Haus. An der Tür drängen sich viele Menschen. Die einen wollen hinein, andere streben hinaus. Jeder ist anders gekleidet; sie tragen Einkaufstaschen oder Mittagsbrote, manche auch Arbeitsgeräte oder Sportausrüstungen. Einige scheinen glücklich und lächeln, andere schmieden böse Pläne. Sie alle beobachtet der Mann im Haus sehr genau.

Leidenschaftlich blicken eine Frau und ein Mann einander an. Endlich sind sie allein und ungestört. Sanft berühren sich ihre Hände; sie rücken zusammen, umarmen einander. Eng umschlungen küssen sie sich und drücken einander so fest, als wollten sie ihre Körper verschmelzen.

Ein Schmerzensschrei durchbricht die Stille, und ein Mann fällt nieder auf die Knie. Er stöhnt, preßt seine Hände ins schmerzverzerrte Gesicht. Im rechten Auge steckt, tief eingedrungen, ein Pfeil.

Der Tag war heiß und staubig gewesen, und dem Mann war seine Feldarbeit zur mühseligen Plackerei geworden. Nun sitzt er und wartet. Müde ist er und staubverklebt; ausgebrannt ist seine Kehle – wie lange mag es wohl her sein, daß man ihm zuletzt ein Getränk brachte? Dieser Durst! Sein Mund ist ausgedörrt, die Zunge geschwollen und schwer. Gemächlich und mit anmutigen Schritten kommt eine Frau heran, um ihm ein Glas kühlen Wassers zu reichen. Ärgerlich, mit zorniger Ungeduld, treibt der Mann sie zur Eile.

Eine Frau wandert übers Land. Stundenlang hat sie nichts gegessen; ihr Magen knurrt vor Hunger. In einem Garten erblickt sie einen Baum mit reifen Äpfeln, und unverzüglich eilt sie darauf zu. Auf die Zehen gestreckt, langt sie hinauf, ergreift eine Frucht und pflückt sie.

Weltvergessen in ihrem brennenden Verlangen verschmelzen die Partner im Liebesspiel. Verzückt taumeln sie ihrer Befriedigung entgegen und ahnen nicht, daß im Schoß der Frau ein neues Leben beginnt.

Schweißperlen rollen über das Antlitz der Frau, die nur noch ihren heftigen Schmerz spürt. Zwischen den weitgespreizten Beinen helfen die Hände eines Arztes fürsorglich dem neugeborenen Kind in die Welt.

Sechs Männer haben einen großen Holzsarg geschultert. Langsam senken sie ihn auf die Rampe, die zu dem Feuer führt, das dem Sarg mit dem toten Körper bestimmt ist.

Diese zwölf Szenen präsentieren sich uns wie ein Tableau auf einer Drehbühne – in endlosem Kreislauf folgen sie einander. Bei jeder neuen Umdrehung des Rades sehen wir die Gestalten in etwas anderer Haltung, anders gekleidet und mit anderen Zügen. Grundsätzlich aber bleiben die zwölf Szenen sich immer gleich und werden es so lange bleiben, bis wir das Rad verlassen und die Spirale betreten.

Worte allein können nie den ganzen Reichtum des Lebens einfangen. Sie können uns nur Andeutungen und Wegweiser sein, aufgrund derer unsere Imagination uns in jene Wirklichkeit zu tragen vermag, welche die Worte anzudeuten versuchen. Oft verheddern wir uns in der eigenen Sprache, deren Wörter uns in allzu einfache Auffassungen verstricken, die wir als solche nicht durchschauen, weil sie tief im alltäglichen Sprachgebrauch wurzeln. So halten wir die Objekte unserer Welt, weil wir sie mit Hauptwörtern bezeichnen, auch für beständige Dinge – für voneinander getrennte Einheiten, die nur innerhalb eines Systems mechanischer Beeinflussung aufeinander wirken. Sogar uns selbst verstehen wir nach diesem Muster. Forschen wir nach den Ursprüngen bestimmter Ereignisse, dann neigen wir dazu, einzelne Gründe zu suchen, als ob die Wirklichkeit eine riesenhafte, aus Hebeln und Zügen bestehende Maschine wäre. Auch für feinste, kaum merkliche Ereignisse suchen wir nach Ursachen von der Grobheit jener gespannten Federn, die Uhrwerke in Gang halten. Für unsere gewöhnlichen praktischen Absichten ist eine derart vereinfachende Sichtweise durchaus zweckmäßig. Allerdings entgeht ihr die unaussprechlich vielschichtige Vernetzung aller Elemente unseres Universums. Dinge sind keine undurchlässigen, für sich existierenden Einheiten, sondern Prozesse, die sich mit allen anderen Prozessen verweben, aus denen die Wirklichkeit gebildet ist. Wir können sogar sagen, jedes einzelne Geschehen sei das Werk des gesamten Kosmos.

Nicht nur in Raum und Zeit sind diese Prozesse ineinander verwoben, sondern sie sind überdies, wie wir schon früher sahen, in hierarchischer Stufung geordnet. Dabei sind jeder Stufe besondere Wirkungsgesetze zueigen, und höhere und niedere Stufen beeinflussen einander. Dieser wirbelnde Tanz von Kräften ist es, den unsere matten Worte beschreiben sollen. Versuchen müssen wir das allerdings, denn einerseits helfen uns Worte, die kosmische Vielfalt auf eine einfache Struktur zurückzuführen, die für unsere Alltagszwecke taugt; andererseits können sie uns auch über sich selbst hinausführen zum Erlebnis der unsagbaren Fülle des Daseins. Nur dann kann uns diese transzendente Verwirklichung gelingen, wenn wir Sprache nicht als mathematisches Zeichensystem benutzen, sondern als Poesie, die uns auf neue Stufen eines direkten Erkennens zu heben vermag. So verwandte der Buddha die Sprache, um das von ihm unmittelbar geschaute Wesen der Wirklichkeit zu vermitteln.

In seiner berühmten Formel vom «bedingten Entstehen» zeigte der Buddha, daß jedes Ding, jedes Lebewesen und jedes Ereignis aus einem Geflecht von Bedingungen entsteht, ohne die es wieder vergeht; es entsteht in Abhängigkeit von diesen Bedingungen. Jedes einzelne Ereignis tritt in Abhängigkeit von einem weiten Netzwerk von Bedingungen auf, das letztlich das gesamte Universum umspannt. Nicht jede Bedingung hat allerdings dieselbe Einflußkraft oder gleiche Bedeutung als Bedingungsfaktor. Buddhistische Philosophen haben mehrere Arten bedingter Beziehungen unterschieden: Einige Bedingungen entsprechen den «wirkenden Ursachen» im westlichen Denken, andere schaffen günstige, unterstützende Voraussetzungen, damit ein Ereignis auftreten kann; einige sind Katalysatoren, während wieder andere gleichzeitig mit dem Objekt erscheinen, das sie bedingen. Um die Einzelheiten dieser und anderer Arten von Bedingungen müssen wir uns hier nicht kümmern. Wir wollen nur festhalten, daß der Buddha die Welt nicht nach einem mechanischen Muster betrachtete, als ob A die Ursache von B sei, so wie eine Billardkugel eine andere anstößt. Er gab seiner Einsicht in Form eines sehr komplexen Gefüges von Abhängigkeitsbeziehungen zwischen stets sich wandelnden Prozessen Ausdruck. Eine solche Auffassung ist eher ökologischer als mechanischer Art. Sie wird der gesamten Komplexität des Geschehens weitaus besser gerecht, und der Schritt von Worten zur direkten Erfahrung wird kleiner.

Alle Erscheinungen unterliegen dem Gesetz der Konditionalität. Ob es um einen Felsen oder um schlechte Laune geht – man kann sie gleichermaßen als Glieder einer gewaltigen Kette von Bedingungen darstellen. Am Beispiel von Geburt und Tod werden wir nun die Anwendung des Konditionalitätsgesetzes untersuchen. Damit wenden wir uns den Bildern am Rand des Lebensrades zu, denn die Darlegung wird anschaulicher, wenn wir auf den äußeren Ring eingehen, ehe wir uns den sechs

Bereichen zuwenden. Zwölf Szenen sind entlang der Felge zu sehen, und jede von ihnen veranschaulicht ein «Glied» in der «Kette» der Bedingtheit, die das menschliche Leben ist.

Den ältesten Berichten zufolge deckte der Buddha, noch im Schatten des Baumes der Erleuchtung sitzend, mit seiner neuerlangten Einsicht systematisch die Schichten der Bedingungsfaktoren des menschlichen Daseins auf. Dabei suchte er nicht nach einem Urgrund im metaphysischen Sinne. Nach der buddhistischen Lehre gibt es keinen erkennbaren Beginn des bedingten Geschehens und deshalb auch keinen Schöpfungsakt, von dem aus alles seinen Anfang genommen hätte. Mit welchem Umstand wir uns auch befassen mögen – immer können wir die Bedingungen aufsuchen, in deren Abhängigkeit er auftrat. Das Karussell der Bedingungen kreist ohne Unterlaß, und es kreiste schon immer. Der Buddha machte sichtbar, daß die Bedingungskette, die das menschliche Leben bildet, sich zu einem Kreis ohne Anfang und Ende schließt. Diese Kette besteht aus zwölf Gliedern, deren Anzahl jedoch in gewisser Hinsicht willkürlich ist, so daß man den Gesamtprozeß in mehr oder weniger Faktoren zerlegen könnte. Jedes Kettenglied kann man als Anfangspunkt wählen, aus dem dann alle übrigen folgen.

Der Buddha gelangte bei seiner Ergründung des bedingten Entstehens zu zwölf Bedingungsebenen, die sich als die zwölf Kettenglieder über drei Leben erstrecken. Die Komplexität dieser Lehre erhöht sich dadurch, daß nicht jede Bedingung notwendigerweise von der gleichen Art wie die ihr vorangehende ist. Deshalb kehren einzelne Faktoren mehrmals wieder. Die Kette ist keinesfalls bloß eine Folge von Ursachen; als solche müßte sie zu einem unendlichen Regreß führen. Trotz ihrer unübersehbaren Schwierigkeiten sollte der Sinn der Lehre vom bedingten Entstehen im Kern deutlich werden, wenn wir jeden der zwölf Abschnitte genau untersuchen. Üblicherweise wählt man *Verblendung* oder *Nicht-Wissen* als erstes Kettenglied, denn Verblendung ist jene Bedingung, die allen anderen zugrunde liegt. Doch auch Verblendung entsteht in Abhängigkeit von Bedingungen, und selbst der Tod bedingt weitere Ereignisse. An irgendeiner Stelle aber müssen wir in diesen Teufelskreis eindringen – in methodischer Hinsicht ist Verblendung dazu der bestgeeignete Ort.

Verblendung

Dieses Kettenglied wird anschaulich im Bild des vorwärts tappenden Alten, der in seiner Blindheit die Richtung des Weges nicht zu erkennen vermag. Verblendung ist Blindheit, Nicht-Sehen. Sie ist Mangel an Einsicht in das wirkliche Geschehen, Mangel an schöpferischer Einbildung, letztlich also Mangel an Erleuchtung. Verblendung zeigt sich jedoch nicht allein darin, daß wir nicht sehen, sondern auch darin, daß wir dennoch zu sehen glauben: Wir sind der wirklichen Natur des Daseins nicht gewahr, glauben aber fest, sie zu kennen. Alle unsere Taten und Gedanken gründen, wenn auch unbewußt und unsystematisch, auf Mutmaßungen über unseren Lebenszweck und Lebenssinn.

Schonungslose Selbstbefragung offenbart unsere Verblendung sehr schnell. Wenn wir unsere Gedanken untersuchen und überprüfen, wie wir zu den Auffassungen kamen, die wir als unser Wissen ansehen, und wenn wir unsere eigenen Grundannahmen hinterfragen, werden wir erkennen, daß es kaum etwas gibt, das wir wirklich, im strengen Sinn des Wortes, wissen. Was wir als «unser Wissen» ausgeben, stammt zumeist aus fremden Quellen. In einer Art Osmose saugen wir die Anschauungen unserer Umgebung ein – wir wünschen Geborgenheit, wollen einer größeren Gruppe angehören und übernehmen deshalb die in ihr vorherrschenden Meinungen. Was die Gruppe für Wissen hält, das wissen wir eben. Die Behauptungen oder Ansichten der Gruppe mögen vielleicht zutreffen, doch ist nicht unsere eigenständige, individuelle Erwägung die Grundlage unserer Zustimmung, sondern nur unsere primitive Sehnsucht nach Zugehörigkeit. In diesem Sinne sind wir wahrscheinlich von unserer Nation, Familie und sozialen Schicht, von unserer Erziehung und den Medien, auf die wir hören, in einem Ausmaß gegängelt, von dem wir kaum etwas ahnen.

Wie wir schon im Anfangskapitel sahen, prägt nicht nur die Gruppe unsere Meinungen, sondern auch unsere Wünsche bestimmen, was wir glauben. Unsere Sehnsucht, dazuzugehören und hineinzupassen, läßt uns die Ansichten von Verwandten und Freunden übernehmen. Weithin glauben wir, was wir glauben wollen, und sehen, was wir sehen wollen. Deshalb ist unser «Wissen» vor allem Rationalisierung oder der intellektuelle Überbau unserer Grundeinstellungen. Wir sehen die Welt durch den Filter unserer subjektiven Reaktionen.

Selbst wenn wir zaghaft beginnen, selbst zu denken und die seichten Meinungen des Hörensagens hinter uns zu lassen, sind wir nur allzu bereit, vorschnell letzte Urteile über Dinge zu fällen, von denen wir wenig oder auch gar nichts wissen. Um ein Beispiel aus meiner Erfahrung zu geben: Es ist erstaunlich, mit welcher Unbefangenheit auch intelligente und angesehene Menschen bereit sind, den Buddhismus als kalt und nihilistisch abzutun. Vielleicht wurden sie von schlechten Übersetzungen buddhistischer Texte irregeleitet, sofern sie solche überhaupt gelesen haben. Man dürfte wohl erwarten, daß sie als verständige Menschen die Herkunft der Aussagen überprüft hätten, die sie als glaubwürdig annahmen. Immer wieder und auf zahlreichen Wissensgebieten behaupten wir voreilig, uns auszukennen. Wir denken, wir verstünden die Motive anderer Menschen. Wir halten für selbstverständlich, daß wir die verzwickten Schachzüge der internationalen Politik begreifen. Selbstgewiß sagen wir voraus, wohin bestimmte Ereignisse in unserem Leben führen werden. Und wenn wir noch so wenig Erfahrung mit den betreffenden Phänomenen haben, das hält uns nicht davon ab, unsere Schlüsse zu ziehen. Und hätten wir selbst Informationen aus Quellen, die wir für absolut zuverlässig halten, gelangten wir dennoch bloß zu Rückschlüssen und unsere Ergebnisse blieben ungesichert. Wir haben keine Gewißheit. Fast unser gesamtes sogenanntes Wissen ist von solcher Art. Natürlich müssen wir alle Anhaltspunkte nutzen und induktive Schlüsse ziehen, um zu Voraussagen und Verallgemeinerungen in Bereichen zu gelangen, über die wir nur wenig wissen. Doch sollten wir den Geltungsbereich unserer Anschauung richtig bewerten; unsere Schlußfolgerungen sollten stichhaltig begründet sein, und wir dürfen nicht vergessen, daß unsere Urteile auf Verallgemeinerungen statt auf sicherem Wissen beruhen. Die Tatsache, daß wir diesen Weg so selten gehen, verdeutlicht erneut, wie tief unser Denken im Sumpf unserer Wünsche versunken ist.

In Verblendung befangen, formulieren wir also Ansichten, die auf nichts als dürftigen Zeugnissen und unseren Wünschen beruhen. Ansichten bedrängen uns von allen Seiten; die gesamte Kultur, in der wir heranwachsen und leben, prasselt mit ihren Meinungen auf uns ein. Sind wir nicht außerordentlich willensstark und achtsam, dann ist es nahezu ausgeschlossen, ihrem Einfluß nicht zu erliegen. Wir sind in solchem Ausmaß von Meinungen umzingelt, daß wir die heilsamen nicht von den leidbringenden unterscheiden können. Ansichten, die im buddhistischen Sinne falsch sind, wuchern wie geistige Viren im kraftlosen Zellhaufen unseres unreifen Geistes. Dort gibt es Meinungen über alles, von den nebensächlichsten bis zu ganz grundsätzlichen Einstellungen. Um nur zwei Beispiele zu nennen: Viele Menschen hängen einer undurchdachten Gleichheits-Überzeugung an, während andere gänzlich materialistisch eingestellt sind. Die Verfechter des Egalitätsdenkens leugnen nicht nur das Bestehen sozialer Unterschiede aufgrund persönlicher Herkunft, sondern ebenso die Vorstellung, daß manche Menschen höher entwickelt sein könnten als andere. Eine solche Auffassung halten sie für «elitär» oder «undemokratisch». Ihre Grundeinstellung lautet: «Ich bin genauso gut wie jedermann, und niemand ist besser als ich.» Solche Menschen finden es sehr schwierig, irgend etwas Bedeutungsvolles von anderen zu lernen, und zu ihnen gar aufzusehen, halten sie zweifellos für ein Zeichen von Schwäche. Trübe Gleichheitsideologien dieser Art sind heutzutage im Westen sehr beliebt und führen zu Perspektiven, denen die vertikale Dimension fehlt. Alles erscheint flach, eingeebnet und mittelmäßig, und jede hervorragende Qualität wird geleugnet. Man muß soziale Hierarchien, die auf Geburtsvorrechten oder Standesdünkel statt auf persönlichen Vorzügen beruhen, klar von einer spirituellen Hierarchie unterscheiden, deren Grundlage die persönliche Erfahrung höherer Bewußtseinsebenen ist. Solange man eine solche spirituelle Hierarchie nicht anerkennt, wird man sich auch nicht durch ihre verschiedenen Stufen höher entwickeln können. Weil man keine Hochachtung für jene Menschen empfindet, die weiter fortgeschritten sind als man selbst, wird man auch nicht bereit sein, von ihnen zu lernen. Eine solche Hierarchie bedarf keiner formellen Gliederung in Grade und Rangstufen – denn wenn wir nur aufrichtig sind, wird die eigene Erfahrung uns lehren, wer besondere Achtung verdient –, aber unser Blickfeld muß die vertikale Dimension enthalten, wenn wir überhaupt wachsen wollen.

Stutzen wirre Gleichheitsideologien alles auf das Mittelmaß des «Durchschnittsmenschen» zurecht, so beschränkt die materialistische Auffassung das Menschenleben auf die Erfüllung materieller Bedürfnisse. Wenn wir alle Erscheinungen einschließlich unserer selbst nur für Anhäufungen von Materie halten und glauben, unser Bewußtsein werde durch den Tod vernichtet, dann werden wir kaum auf eine Höherentwicklung unseres Geistes Wert legen. Philosophie, ästhetisches Erleben und Genießen, Kultur im allgemeinen sind dann kaum mehr als erholsame Lustbarkeiten auf unserem Weg zum Grab. Moral ist dann – sofern sie überdauert – bestenfalls ein Mittel, das Leben so zu gestalten, daß wir einander nicht allzusehr stören. Eine solche Auffassung ist kaum in der Lage, Ideale oder geistige Werte zu stützen. Sie breitet eine sinnlose und dumpfe Welt vor uns aus, in der, sofern wir Glück haben, ein paar Jahre sinnlicher Vergnügen unser harren. Viele Menschen vertrauen dieser Ansicht und glauben, sie sei «wissenschaftlich erwiesen». Doch selbst wenn wir von eher philosophischen Fragen einmal absehen, könnte der materialistische Standpunkt wohl erst dann als wissenschaftlich erwiesen gelten, wenn alle geistigen Phänomene anhand physikalischer Gesetze erklärt wären.

Deshalb ist auch der Materialismus nichts als ein Glaube, dessen Jünger ihm aus anderen als rationalen Gründen anhängen. Die materialistische Sichtweise kann nur zu schaler, selbstsüchtiger Vergnügungssucht führen und stellt letztlich eine erdrückend trostlose Lebensperspektive dar.

In der Gesellschaft sind zahlreiche andere Anschauungen weit verbreitet und stecken jene an, die sich nicht durch Geistesklarheit vor ihnen schützen. In der Tat wird man bei einer ehrlichen Überprüfung nur allzu wahrscheinlich herausfinden, daß ein Großteil des eigenen Denkens von dieser Art ist. Darin finden sich Auffassungen, die unsere Erfahrung in allen Lebensbereichen umwölken und verwirren. Die buddhistische Lehre führt alle falschen Ansichten letztlich auf eine von zwei Grundhaltungen zurück: auf Eternalismus und Nihilismus. Kurz gesagt, glauben Eternalisten, daß alle Erscheinungen auf einen ewigen Gott oder ein absolutes Wesen zurückgehen. Deshalb betrachtet ein Eternalist das Leben als die Aufgabe, das Höchste in uns, die Seele, aus ihrer Versklavung durch die Sinne zu erlösen, um sie mit dem Absoluten zu vereinigen. Eine strenge, autoritäre Moral und eine zwanghafte Askese gehören häufig zu den Begleiterscheinungen dieser Betrachtungsweise. Ein Eternalist lebt weltabgewandt und betrachtet die Erfahrungen, die das Leben mit sich bringt, als bloße Illusion und als Ablenkung von dem Gott, der hinter allem steht. Nihilismus ist dagegen der Glaube, der Tod sei der endgültige Abschluß des Lebens und es gebe keine Wirklichkeit jenseits dessen, was uns sinnlich gegeben ist. Die einzige lohnende Unternehmung, bevor uns die Finsternis wieder verschlingt, liegt dann darin, Sinnesfreuden zu genießen, und zwar möglichst erlesene. Auf die eine oder andere Weise folgt unser Leben einer dieser beiden Grundanschauungen, sofern wir nicht haltlos zwischen ihnen hin und her pendeln.

Beide Anschauungen gründen auf der Trennung des Subjektes vom Objekt. Der Eternalismus glaubt an ein höchstes Subjekt, welches ohne irgendein Objekt existiert, während für einen Nihilisten nur das Objekt wirklich ist. In der Spaltung unseres Bewußtseins gefangen, können wir uns eine letzte Wahrheit nur vorstellen, indem wir die eine Hälfte der Spaltung beseitigen und die andere absolut setzen. Wir betonen entweder unser subjektives Leben zu sehr auf Kosten der uns umgebenden Welt, oder wir entwerten unser Bewußtsein, indem wir die materielle Welt überhöhen. Diese Unterscheidungen sind von mehr als bloß philosophischem Interesse, denn sie zeitigen psychische und ethische Nebenwirkungen für jedermann. Eternalisten ziehen sich vom Leben zurück, verdrängen die Anstürme ihrer inneren Triebe und schwelgen in ihren subjektiven Erfahrungen. Nihilisten klammern sich an Sinnesfreuden und legen keinen Wert auf die Verfeinerung ihrer höheren Vermögen, es sei denn als Mittel zu raffinierteren Sinnesgenüssen.

Eternalismus und Nihilismus führen zu einem Verhalten, das so verroht und brutal wie überzüchtet und gekünstelt sein kann. Die meisten Weltreligionen sind eternalistisch, obwohl sie Anhänger von hoher Intelligenz und feinsinnigem Wahrnehmungsvermögen haben. Letzten Endes sind beide Haltungen falsche Ansichten, die zu Einschränkungen und Verzerrungen führen, denn sie zementieren jene Bewußtseinsspaltung, die nach buddhistischer Auffassung bloß eine Stufe im Fortgang der Evolution ist. Wenn das Selbstbewußtsein beginnt, sich aus der unterschiedslosen Masse des einfachen Sinnesempfindens zu lösen, schält es einen Aspekt als das Subjekt der Erfahrung heraus und betrachtet den Rest als Objekt. Allmählich wird die Starrheit und Strenge seiner polaren Spannung gelockert, und die Pole beginnen – mit zunehmender Bewußtheit –, sich zu mischen und miteinander zu verschmelzen. Schließlich hebt sich auch die letzte Schranke zwischen Subjekt und Objekt, und jenseits aller Dualität erfährt man eine Geisteshöhe, in der die Wirklichkeit als das endlose Spiel der Kräfte eines unaussprechlich schöpferischen Gestaltungsreichtums erkannt wird. Dort gibt es keinen Eternalismus, weil das Spiel der Möglichkeiten nichts von Dauer und Bestand und kein absolutes Wesen in sich birgt. Und es gibt keinen Nihilismus, weil auch das Individuum selbst bloß ein Fluß von Ereignissen ist, die in Abhängigkeit und Folge von anderen auftreten, so daß auch der Tod nur ein Übergangspunkt zwischen zwei Abschnitten ist.

Solange auch nur ein haarfeiner Spalt Subjekt und Objekt voneinander trennt, sind wir verblendet und sehen die Dinge nicht so, wie sie wirklich sind: als Ausschnitte eines gewaltigen Netzwerks von Prozessen, die in Wechselwirkung miteinander verbunden sind und abhängig von Bedingungen entstehen und vergehen. Dies zu sehen, gilt im Buddhismus als Erkenntnis. Erst wenn man die Wirklichkeit direkt als das Entstehen und

Vergehen bedingter Vorgänge erfährt, hat man Gewißheit. Erkenntnis dieser Art ist zugleich Erbarmen, denn man liebt jedes Teilchen der Wirklichkeit, als wäre man es selbst; weil man nun keinen Unterschied mehr zwischen Selbst und Anderem zieht, ließe sich sogar sagen, man sei eins und identisch mit der gesamten Wirklichkeit.

Verblendung ist unsere grundlegende Bedingung, der wir ins Auge sehen sollten. Wir dürfen zugeben, daß selbst unsere weltlichen Kenntnisse bloß intelligente Mutmaßungen sind. Gegenwärtig können wir nur wissen, daß wir bestimmte Erfahrungen gemacht haben, deren wahre Natur uns bisher entgeht. Alles übrige ist Vermutung und Meinung. Genau dies betonte Sokrates, nachdem ihn das delphische Orakel als den weisesten Mann Griechenlands bezeichnet hatte: Er sei nur insoweit der Weiseste, als einzig er wisse, daß er nichts wisse, während andere doch zu wissen vorgäben. Erkennen wir erst einmal unsere Verblendung, dann können wir beginnen, systematisch Weisheit zu kultivieren.

Solange Verblendung noch nicht in Weisheit verwandelt ist, benötigen wir Leitlinien intellektueller Art. Es genügt nicht, unsere falschen Ansichten auszuroden, wir müssen auch die rechten pflanzen. Rechte Ansichten sind intellektuelle Anschauungen, die uns helfen zu wachsen. Sie düngen den Boden, auf dem wir zu Einsicht und Weisheit heranwachsen können. Im wesentlichen besteht rechte Anschauung darin, zu sehen, daß zwischen Eternalismus und Nihilismus ein «mittlerer Weg» führt, nämlich die Wahrnehmung, daß Ereignisse in Abhängigkeit von Bedingungen auftreten. Rechte Ansicht ist genau jenes Grundgesetz des bedingten Entstehens, das wir zur Zeit untersuchen. Sie öffnet vor uns einen Pfad, dem wir folgen können, um schließlich unser Bemühen mit Weisheit zu krönen.

Solange wir aber verblendet sind, werden wir zwangsläufig auch blind handeln. Und so entstehen in Abhängigkeit von Verblendung die *Tatabsichten*.

Wenn wir im Uhrzeigersinn der Felge des Lebensrades folgen,
sehen wir auf dem zweiten Bild einen Töpfer bei der Arbeit an
seiner Drehscheibe. Es liegt in seiner Hand, wie ihm die Gefäße
geraten. Seine Entscheidung über ihren Verwendungszweck,
seine Geschicklichkeit und Übung, sein Geschmack und auch
seine wechselnden Launen während der Arbeit – dies alles bestimmt darüber, welche Gestalt er dem unbearbeiteten Tonklumpen geben wird. Die Tatabsichten sind, wie das Beispiel
des Töpfers veranschaulicht, formbildende Kräfte, durch die
wir unsere eigene Zukunft gestalten. Sie sind die Gesamtsumme all unseres Wollens und umfassen ebenso die Absichten, die
wir handelnd und sprechend offen ausdrücken, wie auch jene,
die wir als heimliche Wünsche im Herzen verschließen. Obwohl einzelne Willensregungen so machtvoll sein können, daß
sie den entscheidenden Einfluß ausüben, ist es doch die Gesamtkraft aller unserer Wünsche, die den Lauf unseres Lebens
lenkt. So wie ein Seil aus zahllosen feinen Fasern geflochten ist,
deren jede nur einen Bruchteil der gesamten Seillänge erreicht,
so werden Richtung und Verlauf unseres Daseins von den unzähligen Willensakten eines jeden Tages geprägt.

Unsere Willensregungen sind gestaltbildende Kräfte. Sie formen nicht nur unsere Worte und Taten durch die Aktivität
unseres Gehirns und des Nervensystems, sondern sie prägen
sich auch direkt unserer Umwelt auf. Gedanken, Wünsche und
Bewußtsein sind im gleichen Sinne Energien wie Strahlung
oder Elektrizität innerhalb des physikalischen Bereiches. Ein
Gedanke hat eine Richtung, eine eigene Stoßkraft, die sich auf
die Welt überträgt. Jedes geistige Bild, jedes Sehnen, jede Idee
strahlt ein sehr feines, aber hochwirksames Kraftfeld aus, das
auf unsere Umgebung einwirkt. Wenn unser Denken konzen-
triert und stark genug ist, kann sein Einfluß sogar meßbar sein.
Parapsychologische Phänomene wie Telepathie und Psycho-
kinese, Hellsehen oder Hellhören weisen auf direkte Wirkungen
des Geistes in der Außenwelt hin, und einige von ihnen
konnten auch experimentell nachgewiesen werden. Die überlieferte buddhistische Auffassung sagt, man könne entspre-

chende Fähigkeiten entweder systematisch ausbilden – was jedoch eher als Seitenweg der spirituellen Entwicklung gilt –, oder sie entstünden als spontane Begleiterscheinungen der Bewußtheitssteigerung. Mit der inneren Einheit und Kraftfülle des Bewußtseins wächst auch die Macht seines Einflußfeldes. Gelegentlich treten solche Kräfte als «Begabung» bei Menschen auf, die keinerlei spirituelles Streben erkennen lassen. Derartige Phänomene werden meist als Folge des Handelns in früheren Leben erklärt.

Die Tatabsichten sind eine Art Kraftfeld oder Bauplan auf der Stufe der karmischen Ordnung. Sie modellieren die niedrigeren – psychischen, biologischen und physikalischen – Stufen und bringen durch sie ihren eigenen Charakter zum Ausdruck. Impulse, die uns bewegen, verkörpern sich in konkreten Gestaltungen, in Taten, in unserem Körper und in der Welt, die wir bewohnen. Unser Leben selber ist in seinem Wesen nichts anderes als die Verkörperung unseres Wollens in einer Welt der Erfahrung.

Der Bauplan ist äußerst kompliziert. Er enthält die gesamte Begierde, den Haß und die Verblendung, durch die wir eine scheinbare Sicherheit für unser zerbrechliches Ego zu schaffen versuchen, aber er enthält auch die Grundzüge weitaus tieferer und schöpferischer Bestrebungen. Der Entwicklungsdrang, der Zug zur Buddhaschaft, ist auch in der selbstsüchtigsten und entstelltesten Persönlichkeit gegenwärtig. Auf jeder Entwicklungsstufe wirkt im Bewußtsein ein innerer Drang, zu höheren Stufen aufzusteigen. So wie der Samen schon die Blume enthält und sie unter allen Umständen hervorzubringen versucht, birgt das rudimentäre Sinnesbewußtsein schon die volle Blüte des transzendenten Bewußtseins und wächst ihm entgegen. Im primitiven Bewußtsein ist das vollkommene Bewußtsein bereits angelegt, und es hat eine verborgene Tendenz, sich dorthin zu entfalten. Dieser Drang des Bewußtseins, sich zu entfalten, treibt das ganze Evolutionsgeschehen voran. Seiner wachsenden Komplexität entsprechend bildet das Bewußtsein für sich die geeigneten Organismen, die seiner jeweiligen Stufe entsprechen. Den gleichen Prozeß kann man aus der Gegenrichtung in biologischer Hinsicht betrachten; dann erscheint die Evolution als Entwicklung zunehmend komplexer Organismen, die eine Ausprägung immer höherer Bewußtseinsgrade ermöglichen.

Dieser spiegelbildliche Prozeß setzt sich fort bis zum Auftreten von Selbstbewußtsein. An diesem Punkt schneidet sich die Vertikalbewegung der Evolution mit den Strömen des individuellen Bewußtseins, die durch die Kreisläufe von Geburt und Tod wandern. Unser Selbstbewußtsein gibt uns die Macht, den Fluß der Evolution zu stauen, indem wir versuchen, unsere Individualität durch Gier, Haß und Verblendung abzusichern. Aber wir können die Evolution auch vorantreiben, indem wir uns auf die Kraft unseres sich entfaltenden Bewußtseins einlassen und aktiv mitwirken. Die Gesamtheit unserer Tatabsichten umfaßt nicht nur Impulse, die dem Entwicklungsdrang entspringen, sondern auch solche der Verblendung, und wo sie sich entladen, gestalten sie Materie. Wir selbst sind diese einander widerstrebenden Neigungen, und unser Leben zeigt das in aller Deutlichkeit. Welche Neigung vorherrscht, haben wir selbst zu entscheiden.

Das formative Kraftfeld der Tatabsichten, das sich aus dem vorigen Leben herleitet und das neue bildet, formt Materie zu einem lebendigen Körper. Die alten Überlieferungen und das wenige, was an modernen Forschungsergebnissen vorliegt, deuten darauf hin, daß zwischen zwei aufeinanderfolgenden Leben eine Zeitspanne, der sogenannte «Zwischenzustand», liegt. Nach dem *Bardo Thödol,* das im Westen als *Das Tibetische Buch der Toten* bekannt ist und die Erfahrungen von Tod und Wiedergeburt in Einzelheiten beschreibt, dauert dieser Zwischenzustand neunundvierzig Tage lang – eine offenbar symbolisch gemeinte Zeitspanne. Vermutlich schwankt die Länge des Zeitraums in Abhängigkeit von den Tatabsichten der verstorbenen Person.

Das Totenbuch zeigt, wie das Bewußtsein beim Nahen des Todes sich allmählich vom physischen Körper löst. Dies wird als Auflösung eines Elementes in ein anderes beschrieben: Erde löst sich in Wasser, Wasser in Feuer und so weiter. So wie sich beim Einschlafen unser Halt an der Welt allmählich abschwächt, weicht im Tode die körperliche Welt langsam von uns zurück. Die Sinne werden immer matter, bis wir schließlich in einer Verfassung reiner Bewußtheit ohne jeden gegenständlichen Rückhalt zurückbleiben. Nichts gibt es mehr, wodurch wir uns selbst identifizieren könnten; statt dessen erleben wir, wie unsere Ich-Persönlichkeit sich in die undifferenzierte Grenzenlosigkeit reinen Bewußtseins auflöst. Ohne die Grundfesten, an deren stützenden Halt wir gewöhnt sind, sehen wir uns nun der Wirklichkeit direkt gegenüber. Die unserem Selbstbewußtsein eingeborene reine und nicht-dualistische Bewußtheit wird nun durch nichts mehr geblendet oder behindert und ist somit befreit.

Noch im gleichen Augenblick, da wir das «klare Licht der Wirklichkeit» erblicken, schrecken wir vor ihm zurück und greifen angstvoll nach dem sicheren Halt unserer Ego-Identität. Das Bewußtsein bleibt, wenn auch immer lockerer, sogar nach dem Herzstillstand noch mit dem Körper verbunden. Vor der überwältigenden Weite des reinen Gewahrseins schaudern wir zurück und finden uns wieder im Geschehen an unserem Sterbeort. Doch können wir uns nun mit unseren Angehörigen nicht mehr verständigen. Das Bewußtsein ist nicht mehr im physischen Körper, und wir wohnen als ein «geistgeschaffener» Körper unserer eigenen Totenfeier bei. Obwohl dieser Geistkörper uns selbst wie ein physischer Körper erscheint, steht er nur insoweit im Austausch mit unserer alten Welt, als wir sehr klar und lebhaft wahrnehmen können, was dort geschieht. Als eine Art Emanation unserer Tatabsichten ist unser Körper nun genauso beweglich wie unser Denken. Sobald uns ein bestimmter Ort einfällt, befinden wir uns schon dort; kaum erinnern wir uns eines guten Freundes, da stehen wir schon vor ihm.

Dadurch erkennen wir, daß wir keine Verbindungen mehr mit unserem alten Leben eingehen können und daß die Menschen in unserer Gegenwart nicht einmal wissen, daß wir noch unter ihnen weilen. Unfähig, uns im alten Leben zu halten, schwanken wir zwischen der in unserem Geiste latenten Wirklichkeitserfahrung und dem Drang zu erneuter Ichbildung hin und her. Die gleißende Strahlung des reinen Bewußtseins ist uns unerträglich, und doch bietet uns der Zwischenzustand nichts Festes, worauf wir eine Identität bauen könnten. Verloren treiben wir in einem Sturm von Visionen, den Vorspiegelungen unserer eigenen Willensregungen, umher. Mal entfalten diese Visionen die tiefsten Möglichkeiten in uns, mal halten sie uns unsere Gier, unseren Haß und unsere Verblendung vor Augen. In diesem Zwischenzustand leben wir alle unsere inneren Neigungen aus. Langsam glätten sich die Wogen, und die bestimmende Neigung unseres Charakters behauptet sich. Uns verlangt es danach, von neuem einen Körper zu besitzen, der unsere Identität stützt, und es zieht uns zu einer Welt, die auf den Anlageplan unserer Tatabsichten paßt.

Nach der tibetischen Überlieferung bietet der Tod eine ausgezeichnete Gelegenheit, völlige Befreiung oder wenigstens eine tiefere Einsicht zu gewinnen. Weil dem Bewußtsein alles Sichere und Gewohnte entzogen ist, stehen wir der Wirklichkeit unmittelbar gegenüber. Auch wenn wir diesem Erlebnis nicht vollauf gewachsen sein mögen, können wir doch unsere eigenen Motive und Verhaltensmuster klarer sehen, da sie sich nicht länger in der Bequemlichkeit des Altvertrauten verstecken können. Wir haben die Chance, größere Wandlungen in unserem Bewußtsein zu bewirken, denn die starre, eingefahrene Routine unserer Welt ist dahin. Der Tod ist wohl die längste Übergangsphase solcher Art, doch nicht die einzige. Er wirft uns sehr drastisch aus der Bahn unseres bisherigen Lebens, doch gibt es auch die «kleinen Tode» zu Lebzeiten wie zum Beispiel Mißerfolge und Erfahrungen des Verlustes geliebter Menschen oder die starken Einschnitte durch Kriege und Katastrophen. Solche Ereignisse «ziehen uns den Boden unter den Füßen weg», und wir «hängen im Nichts». Angst und Hoffnung sind in solchen Zeiten oft eigenartig vermischt. Der Schmerz des Verlustes und der Unsicherheit wird aufgewogen, weil sich neue Möglichkeiten vor uns öffnen und Freiheit von alten, eingefahrenen Gewohnheiten versprechen. Meistens allerdings zieht es uns wieder in die alten Geleise zurück, doch gelegentlich führen solche Erfahrungen auch zu einem wirklichen Aufbruch. Auch Meditation ist ein solcher Zwischenzustand, denn wir ziehen uns dabei absichtlich vom sicheren Boden der Sinneswahrnehmung zurück. Träume – und übrigens auch das Leben als solches – werden als Zwischenzustände angesehen, weil wir angesichts der Vergänglichkeit aller Erscheinungen in nichts bedingt Enstandenem eine verläßliche Stütze unserer Sicherheit finden können.

Das Totenbuch stellt klar, daß eine Verbindung mit der verstorbenen Person bis zum Zeitpunkt ihrer Wiedergeburt aufrechterhalten werden kann. Wenigstens sie kann uns hören, obwohl wir sie nicht hören. Es heißt, wir könnten den Verstorbenen sehr wesentlich helfen, indem wir ihnen positive Gefühle zuwenden und, sofern sie Buddhisten sind, aus dem Totenbuch vorlesen, denn dieses führt sie durch die verschiedenen Erlebnisse zwischen Tod und Wiedergeburt und belehrt sie, wie sie sich am besten verhalten sollen. Die Übung der Kunst, den Menschen zu einem so positiven Tod zu verhelfen, daß sie klaren und zuversichtlichen Geistes in den Zwischenzustand eintreten, wird in der tibetischen Tradition des Buddhismus sehr gepflegt. Unsere Einstellung und unser Verhalten können unsere verstorbenen Freunde stark beeinflussen und ihnen helfen, den verwirrenden Erfahrungen des Todes mutig und klaren Geistes zu begegnen. Dies wiederum wird sie zu einer Wiedergeburt in Umständen befähigen, die ihre zukünftige Entwicklung günstig beeinflussen.

Unsere Tatabsichten treiben uns durch den Zwischenzustand. Sie bestimmen die Folge und die Kraft unserer Visionen sowie die Welt, in die hinein wir wiedergeboren werden. Unter dem Gesetz der karmischen Ordnung, nach dem eine bestimmte Bewußtseinsverfassung die ihr gemäße Erfahrung anzieht, führt das Kraftfeld der Tatabsichten Aktivitäten das Bewußtsein in die ihm entsprechende Welt, in der die Wiedergeburt eintreten wird. Wir werden im folgenden Kapitel sehen, daß die Wiedergeburt nicht unbedingt in der menschlichen Welt erfolgen muß. In manchen Welten erfolgen Geburten wie bei den Menschen durch Entbindung, doch gibt es auch Daseinsbereiche, deren Bewohner sofort als vollentwickelte Wesen in Erscheinung treten.

Strebt man einer Wiedergeburt in der menschlichen Welt entgegen, dann wir man, nach einem Körper suchend, die Erde durchstreifen. Man fühlt sich zu einem Paar hingezogen, das den eigenen karmischen Neigungen entspricht. Es scheint, daß Wiedergeburt sehr oft in derselben Gegend erfolgt, die man schon vorher bewohnte und oftmals sogar in derselben Familie, denn man strebt nach dem anheimelnd Vertrauten. Die Bande starker Gefühle – ob gieriger oder haßerfüllter Art – ketten einen an wohlbekannte Orte und Gesichter. Man sieht das gewählte Paar in geschlechtlicher Vereinigung: Streben die eigenen karmischen Neigungen zu einer Wiedergeburt als Mann, dann wird man sich sehr stark zu der Frau hingezogen fühlen; vom Manne dagegen fühlt man sich angezogen, wenn die eigenen karmischen Tendenzen sich durch eine Wiedergeburt als Frau am besten verwirklichen können. Man versucht, den Platz des zukünftigen Elternteils gleichen Geschlechts einzunehmen, dem gegenüber man offenbar heftige Eifersucht empfindet. Im Augenblick des Zusammentreffens von Sperma und Eizelle im Schoß richtet sich die geballte Macht aller eigenen Willenskräfte auf diesen Punkt der Befruchtung, und eine lebendige Zelle tritt ins Dasein. Die Anstrengung, allen Willen auf diese winzige Zelle zu verdichten, ist so gewaltig, daß man bewußtlos wird. Nur besonders hochentwickelte Wesen sind fähig, auch beim Eintritt in den Mutterschoß bewußt zu bleiben; einige können ihn sogar in voller Geistesklarheit verlassen – für die meisten aber ist der Zeitpunkt der Vereinigung von Sperma, Eizelle und Tatabsichten auch der Moment ihres Eintauchens in Lethes Wasser des Vergessens, in dem jede Erinnerung an Vergangenes erlischt. Wir wir allerdings sahen, behalten manche Kinder Einzelheiten aus ihrem Vorleben im Gedächtnis, und – spontan oder durch systematische Übung – mag die Erinnerung an frühere Existenzen auch jenen kommen, die auf dem Pfad fortgeschritten sind.

Durch die Vereinigung des väterlichen Samens, der mütterlichen Eizelle und des nach Wiedergeburt strebenden Bewußtseins entsteht in Abhängigkeit von den Tatabsichten das *Empfindungsvermögen,* der erste schwache Funke von Bewußtsein im einzelligen Embryo.

Das dritte Kettenglied wird vom Sinnbild eines Affen dargestellt, der rastlos und mit begehrlich zu den Früchten schielen-
den Blicken durch die Äste eines Baumes turnt. Der Affe verdeutlicht den keimhaften Funken des Sinnesbewußtseins, der
den Beginn des psychischen Lebens eines Neugeborenen markiert.

Die überlieferten Erklärungen der zwölf Kettenglieder betonen eindringlich, daß es im Grunde nichts gibt, was wiedergeboren würde. Es gibt keine «Seele», die der Hülle des abge-
nutzten Körpers entfleucht, um einen neuen zu wählen, so wie
wir vielleicht einen Handschuh ausziehen mögen, um einen
anderen überzustreifen. Eine solche Auffassung wäre Eternalismus. Gleichwohl ist das neue Leben vom alten auch nicht völlig verschieden. Wäre das der Fall dann könnten wir nicht von
Wiedergeburt sprechen, und wir folgten einer nihilistischen
Auffassung. Darum heißt es, das neue Leben sei «weder dasselbe noch ein anderes als» das alte Leben. Dieser Satz ist bei
weitem nicht so geheimnisvoll, wie er zunächst erscheint. Die
zwei Leben sind zwei verschiedene Phasen eines kontinuierlichen Prozesses, der ein Strom von Bedingungen ist. Das alte
Leben schafft die Bedingungen, in deren Abhängigkeit das
neue Leben auftritt. Wenn eine Welle über das Meer rollt, wird
kein einziger Wassertropfen von ihrem Anfang bis zum Ende
mitwandern – die einzelnen Wasserpartikel bewegen sich nicht
vorwärts, sondern auf und ab. Dennoch sprechen wir von *einer*
Welle, denn eine Verursachungskette verbindet die Welle von
ihrem Ursprung bis zu jenem Punkt, da sie sich am Ufer bricht.
In gleicher Art ist jedes beliebige Bedingte ein Ablauf von
Ereignissen, die in Abhängigkeit voneinander auftreten. In diesem Sinne tritt das Empfindungsvermögen in Abhängigkeit
von den Tatabsichten auf, die aus dem vorigen Leben stammen.

Die Empfängnis ist der Schnittpunkt der biologischen Evolution mit einem Strom von Selbstbewußtsein. Der Samen des
Vaters und die Eizelle der Mutter steuern die materielle Grundlage bei, die aber nicht ausreicht, um Leben zu erzeugen. Hinzukommen muß ein in einem vergangenen Leben geschaffener

Bauplan des Wollens, der sich mittels der elterlichen genetischen Verbindung ausgestalten kann. Es ist also ein Grundmuster von Tatabsichten vonnöten, das gewissermaßen auf Samen und Ei paßt und sich in der embryonalen Entwicklung ausfalten kann. Fehlen die genetischen oder die karmischen Faktoren, dann kann keine Befruchtung erfolgen.

Das erste Aufblitzen des Empfindungsvermögens enthält, so undifferenziert es noch sein mag, in verdichteter Form das ganze Bewegungsmoment der vergangenen Existenz. Wie schon die Keimzelle des Embryos in ihrer DNS die genetische Information enthält, welche die Grundkonstitution auch des ausgewachsenen Körpers bestimmen wird, so trägt das aufdämmernde Bewußtsein schon den Keim der erwachsenen Persönlichkeit in sich. Der Bewußtseinskeim bezeichnet den Punkt, an dem die Tatabsichten beginnen, sich in einer neuen Identität zu verankern. Studien über die Wiedergeburt lassen manche körperlichen Merkmale und Verkrüppelungen als Folgen von Handlungen im vergangenen Leben erscheinen. Nach überlieferter Meinung bestimmt das Karma, ob man schön oder häßlich, stark oder schwach sein wird und dergleichen mehr. Allerdings ist die menschliche Motivation überaus vielschichtig, und es ist deshalb schwierig, die Wirkungen der karmischen Bedingtheit eindeutig zu orten. Wir sollten uns davor hüten, jede körperliche Behinderung früheren Taten anzulasten. Immerhin wird der Körperbau stark von dem Grundmuster beeinflußt, das dem Empfindungsvermögen aufgeprägt ist. Die latenten Energien früherer Tatabsichten beginnen zu wirken, indem sie die Gestalt des Körpers formen. Nachdem sie sich zuerst eine materielle Verbindung ausgesucht haben, deren organische Komplexität ihrer eigenen Differenziertheit gerecht wird, geben sie nun dieser Basis nach und nach eine Gestalt. In diesem Sinne wirkt die karmische Stufe der Konditionalität ordnend und formierend auf die physikalische, die biologische und die psychische Stufe ein, ohne jedoch deren Gesetze aufzuheben.

Obwohl das Band der Erinnerung zwischen einem Leben und dem nächsten zumeist zerschnitten ist, bleiben doch die allgemeinen Merkmale der Persönlichkeit erhalten – denn die

Persönlichkeit ist gleichsam die Gesamtgestalt unserer Willensregungen. Dieses keimhafte Bewußtsein birgt die Reaktionsmuster von Gier, Haß und Verblendung ebenso wie die schon entwickelte Liebe, Hingabe und Geistesklarheit. Der Embryo ist keine *tabula rasa,* kein leeres Blatt, das erst von seiner Umgebung beschrieben würde. Wir treten mit Bestrebungen und Neigungen ins Leben, die um so klarer hervortreten, je älter wir werden. Dies ist auch der Grund, weshalb häufig schon Kinder deutliche Vorlieben und Abneigungen zeigen, die sie allem Anschein nach nicht von ihren Eltern gelernt haben. In der Tat wurde vielfach darauf hingewiesen, wie frühzeitig im Kleinkind eine eigene Persönlichkeit hervortritt, nämlich weitaus eher, als sie durch Umwelteinflüsse geformt werden könnte. Auch überragende Begabung und Genialität, die im Kindesalter sichtbar werden, kann man als Weiterführung von Tendenzen erklären, die aus der Vergangenheit stammen. Unsere grundsätzlichen Einstellungen und Verhaltensmuster wurzeln sehr tief. Niemals können wir vollständig alle Fäden entwirren, die uns zu dem führten, was wir jetzt sind, weil manche von ihnen viele Leben zurückreichen. Ein gewisses Ausmaß von Selbstanalyse kann uns wohl helfen, unsere Gefühle klarer zu verstehen, doch können wir nicht immer erkennen, warum wir so fühlen. Wir bringen Reste von Haß und Gier, von Liebe und Großzügigkeit schon in unser Leben mit, und diese Reste werden unabhängig von unserer Erziehung im gegenwärtigen Leben wirksam. Weder auf die Eltern noch auf die Gesellschaft können wir darum mehr als nur einen kleinen Teil der Schuld an unserer Lage abwälzen. Den Großteil müssen wir uns selbst zuschreiben.

Leben beginnt, wenn Samen, Eizelle und Tatabsichten verschmelzen. Daraus folgt, daß jeder Abbruch einer Schwangerschaft Leben zerstört. Ein bewußter Abbruch ist daher eine Art Mord. Da das Selbstbewußtsein erst in den ersten Lebensjahren des Kleinkindes hervortritt – oder, genauer, wieder hervortritt –, ist es vielleicht nicht unmittelbar einsichtig, daß Abtreibung Mord ist. Nach buddhistischer Überzeugung jedoch ist die Verletzung jedes Lebewesens, auf welcher Evolutionsstufe es sich auch befinden mag, ungeschickt und sollte vermieden werden. Darüber hinaus ist im hier angesprochenen Fall das Ungeschickte des Handelns noch größer, weil das im Mutterleib wachsende Empfindungsvermögen bei normalem Entwicklungsverlauf zum vollen Selbstbewußtsein eines Menschen reifen würde. Im Hinblick auf die Wiedergeburtslehre muß man zudem das Entsetzen bedenken, in das man das Wesen stürzt, dessen Leben durch die Abtreibung verkürzt wird. Nachdem es eben noch das Trauma des Todes und der beängstigenden Unsicherheit des Zwischenstadiums erleben mußte, hatte es nun endlich wieder ein Ziel gefunden, auf das es seine Kräfte richten konnte. Wird nun das Bewußtsein erneut von seiner physischen Grundlage losgerissen, so können sich durchaus jene Gefühle von Furcht und Unsicherheit steigern, die eine ungünstige Wiedergeburt wahrscheinlicher machen. Wer eine Abtreibung in Erwägung zieht, sollte dies alles bedenken. Auch die Rückwirkung auf die schwangere Frau ist beträchtlich: Oft wird sie sich viele Jahre lang durch Schuldgefühle und Reue belastet fühlen, und es mögen durchaus weitere karmische Folgen hinzukommen. Wenn eine Frau in solcher Weise gegen ihre natürlichen, mütterlichen Instinkte handelt, wird sie unvermeidlich Rückwirkungen erleiden.

In diesem Licht wird es klar, daß man Abtreibungen vermeiden sollte. Die meisten Verhütungsmethoden unterbrechen dagegen keinen Lebensstrom, da der Bewußtseinskeim nicht entsteht, bevor Samen und Eizelle tatsächlich verschmelzen. Verhütung als solche ist deshalb nicht ungeschickt im ethischen Sinne.

Das Empfindungsvermögen ist der Keim, in dessen Abhängigkeit sich der gesamte *psychophysische Organismus* entfaltet.

Geistiges und Körperliches – der psychophysische Organismus

Dieses Kettenglied wird von vier Männern veranschaulicht, die in einem Boot sitzen, das einer von ihnen steuert. Das Bild steht für die verschiedenen körperlichen und psychischen Vorgänge, die sich im allmählichen Verlauf der Selbstverkörperung des Bewußtseins zum erwachsenen Menschen zusammenfügen. Die Überlieferung gliedert den psychophysischen Organismus in fünf «Ansammlungen» oder Kategorien, die von den vier Männern und dem Boot dargestellt werden. Jedes Element unseres Daseins kann der einen oder anderen dieser Ansammlungen zugeordnet werden. Sie sind: Form, Empfindungen, Erkennen, Motivation und Bewußtsein. Bei dieser Gruppierung handelt es sich weniger um eine philosophische Analyse der menschlichen Persönlichkeit als um eine Art Kontemplation aller Bestandteile unserer Erfahrung: Jeden Aspekt der Erfahrung können wir der einen oder anderen dieser Ansammlungen zuordnen. Wenn wir in diesem Sinne unsere innere und äußere Erfahrung in die sie bildenden Elemente zerlegen, können wir jeden einzelnen Faktor genauer untersuchen. Dabei werden wir herausfinden, daß jeder von ihnen vergänglich ist. Jeder Aspekt unserer selbst ist ein Prozeß, der in Abhängigkeit von Bedingungen entsteht, und wir sind die Gesamtsumme aller dieser Prozesse, die zu einem dynamischen und komplexen Ganzen miteinander verwoben sind. Wir erkennen dann, daß wir uns nicht starr mit dem Körper, der Persönlichkeit oder irgendeinem Seinszustand identifizieren sollten. Zugleich können wir durch diese Erkenntnis sehen, daß wir uns entwickeln können. Jeder der Prozesse kann so verwandelt werden, daß er auf höheren Stufen wirkt.

Wir beginnen unsere Analyse mit Körperlichkeit oder *Form,* einem schwierigen Begriff im buddhistischen Denken, der sich von der uns vertrauten Auffassung von Materie sehr unterscheidet. Der Buddhismus teilt nicht unkritisch die Allerweltsmeinung, Materie bestehe als etwas Festes «dort draußen», das unabhängig von unserer Wahrnehmung existiere. Wie in jedem Bereich fordert er von uns auch hier, auf unser tatsächliches Wissen zurückzugehen. Das einzige aber, was wir mit einigem Recht zu wissen behaupten können, ist, daß wir mancherlei Erfahrungen machen. Wir scheinen in einer Welt von Dingen zu leben, die wir, durch unsere Sinne vermittelt, wahrnehmen. Aber strenggenommen ist es nicht so, daß wir Dinge oder eine Welt erfahren, sondern bloß Sinneseindrücke. Daß wir aus diesen Sinneseindrücken eine «Welt» unserer Wahrnehmung aufbauen, geschieht zusätzlich zu unserer Ausgangserfahrung. Die

Untersuchung einer beliebigen Situation – zum Beispiel unseres Erlebens an einem offenen Feuer – kann diese Unterscheidung klarer begründen: Unsere Füße spüren Hitze, die Ohren hören Knistern und Prasseln, die Augen sehen Geflacker, und unsere Nase riecht etwas Stechendes. Alle diese Empfindungen stellen sich uns als die Gesamtwahrnehmung des Am-Feuer-Sitzens dar. Wenn wir dieses ganzheitliche Erleben absichtlich auflösen, können wir jeden einzelnen Eindruck für sich spüren und bemerken, wie er unabhängig von den anderen auf die ihm entsprechenden Sinnesorgane wirkt. Empfindungen dieser Art sind unsere eigentliche Erfahrung und zugleich das einzige, was uns gegeben ist. Alles weitere fügen wir hinzu.

Der Ansatz des Buddhismus ist hier streng empirisch. Er fordert uns auf, die Schichten unserer unbedachten Annahmen aufzublättern und unserer unmittelbaren Erfahrung gewahr zu werden, bevor wir von ihr auf eine Welt der Dinge schließen. Was uns dann bleibt, ist die Erfahrung verschiedener Arten von Eindrücken, so als träfen unsere Sinne auf Widerstände. Wenn wir etwas Hartes berühren, spüren wir Widerstand – unsere Bewegung wird gehemmt. Diese Empfindung von Widerstand ist eine Manifestation von Körperlichkeit oder Form. Man unterscheidet vier Arten solcher Hemmungen, die in der Überlieferung als «Erde, Wasser, Feuer und Luft» angesprochen werden. Damit sind hier keine physikalischen Elemente gemeint, sondern es handelt sich um eine symbolische Namensgebung. Erde ist alles, was in unseren Sinnen den Eindruck eines festen Hindernisses hervorruft; Wasser ist alles, was die Empfindung eines geschmeidigen Zusammenhalts bewirkt; Feuer ist die Erfahrung von Strahlung und Hitze; Luft meint alles flüchtig und frei Bewegliche, das unseren Sinnen kaum einen Widerstand bietet. Diese vier Zuständlichkeiten bilden die Grundlagen unserer gesamten Wahrnehmung, und aus diesen nackten Daten leiten wir die objektive Welt unserer Wahrnehmung her. «Form» und «Materie» sind deshalb keinesfalls gleichbedeutend. Im eigentlichen Sinnesempfinden gibt es keinerlei Hinweise auf ein äußeres Ding, und «Form» bezeichnet bloß die elementare Widerstandserfahrung, aus der wir die physische Welt wie auch unsere Körper erschließen. In jedem Augenblick durchziehen diese Erfahrungen unser Bewußtsein als ein endloser Strom von Sinnesempfindungen, die Sekunde um Sekunde, eine nach der anderen, entstehen und vergehen.

Form ist der gegenständliche Anteil unseres Erlebens, der durch *Bewußtsein* erhellt wird. Es mag zunächst verwirrend erscheinen, wenn man Bewußtsein als Teil des vierten Kettengliedes betrachtet, das doch in Abhängigkeit von jenem ersten Bewußtseinsfunken auftritt, der das dritte Glied bildet. Das vierte Glied beschreibt jedoch das voll entwickelte psychophysische System, welches aus dem ersten, grundlegenden Aufblitzen des Empfindens hervorwächst. In diesem Zusammenhang verweist «Bewußtsein» daher auf das Vermögen zu unterscheidender Wahrnehmung. Die sinnlichen Widerstandsempfindungen, die wir «Form» nennen, werden in einem Akt der Wahr-Nehmung unterschieden und bearbeitet. Nie ruht das Bewußtsein; ständig wandelt es sich mit dem Strom der kommenden und gehenden Reize. Wir dürfen uns von Wörtern nicht dazu verleiten lassen, das Bewußtsein als eine für sich bestehende, kernhafte Einheit zu mißdeuten. Wie alles Sein ist es ein Prozeß, dessen verschiedene Phasen in Abhängigkeit von Bedingungen auftreten und vergehen.

Die Sinnesempfindungen, die dem Bewußtsein gegenwärtig sind, werden mit früheren Sinneseindrücken verglichen und dem Wahrnehmungsraster eingepaßt, das unsere Welt ist. *Erkennen* ist der Vorgang, in dem wir Sinneseindrücke vergleichen und sie als besondere Dinge mit gewissen Eigenschaften und Beziehungen auffassen. Den Ablauf dieses Vorgangs kann man beispielsweise beobachten, wenn man in der Ferne etwas erblickt, das man noch nicht deutlich ausmachen kann. Es mag sich um eine unter Bäumen grasende Ziege handeln, vielleicht auch um einen liegenden Gesteinsbrocken oder um etwas ganz anderes. Während man aufmerksam hinschaut und versucht, es klar zu erkennen, wird es tatsächlich eine Zeitlang zur Ziege, dann wieder zum Felsvorsprung, je nachdem, wie man seine Sinneseindrücke jeweils deutet. Erkennen ist jene Phase des Wahrnehmungsprozesses, in der wir unsere Erfahrung in Subjekt und Objekt spalten, in eine innere, persönliche Welt des Geistes und eine äußere, objektive Welt der Dinge. Subjekt und

Objekt sind gleichermaßen Ergebnisse unserer Deutung; keines von ihnen ist schon in den unverarbeiteten Daten unserer Erfahrung mitgegeben. Unsere Wahrnehmung fügt sich aus einer steten Folge von Entscheidungen zusammen, die jeweils Deutungen unserer aktuellen Sinnesempfindungen im Lichte früherer Wahrnehmungen, Erfahrungen und Lebensansichten sind. Immer wieder überarbeiten wir unser Bild des Lebens, wenn wir versuchen, in unsere Grundanschauung über uns und die Welt neue Daten einzufügen.

Haben wir verschiedene Sinneseindrücke zu einem Gegenstand zusammengefügt und diesem einen Platz in unserer Welt der Dinge angewiesen, dann wird er in uns *Empfindungen* wecken. Dabei kann es sich um Freuden oder Schmerzen körperlicher Art handeln oder auch um Gefühle von eher geistiger Natur, die auf Erwartungen beziehungsweise Erinnerungen gründen. Natürlich gibt es manche Dinge, die unser Gefühl nur wenig anrühren und somit geringe oder keinerlei Lust oder Pein verursachen. Wann immer wir neue Erfahrungen sammeln, aber auch bei jeder Schwankung, jedem Wandel unserer Gemütslage nehmen wir gefühlsmäßige Bewertungen vor.

Motivation schließlich ist unsere aktive Antwort auf Erfahrungen. Aus der Bewertung unserer Deutung der von uns empfundenen Sinneseindrücke entstehen Willensregungen. Wir möchten jene Dinge besitzen, die uns angenehm dünken; was wir als schmerzhaft erleben, wollen wir vermeiden oder beseitigen. Motivation schließt das gesamte sehr komplexe Feld unserer Emotionen ein, die im gleichen Sinne Prozesse fortwährenden Wandels sind wie alle Bestandteile der übrigen Ansammlungen auch.

Wenn wir die verschiedenen Aspekte unseres Erlebens sorgfältig untersuchen, werden wir sie alle als bedingte Prozesse durchschauen. Die meisten Zellen des Körpers erneuern sich mindestens alle sieben Jahre, und unsere psychischen Zustände wechseln noch schneller. Es ist die Gesamtheit dieser körperlichen und psychischen Vorgänge, die in abhängiger Folge aus dem schöpferischen Keim des Ur-Bewußtseins hervorgeht. Die Struktur der fünf Ansammlungen von Form, Bewußtsein, Erkennen, Empfinden und Motivation, die im Empfindungsvermögen schon angelegt ist, entfaltet sich allmählich im Mutterleib. Die Energie des Wollens verschmilzt mit physischen und biologischen Vorgängen, um das menschliche Lebewesen zu formen.

In diesem Abschnitt der Kette wird der psychophysische Organismus als bloßes Potential betrachtet, aber er beginnt nun, von sich aus tätig zu werden und sich seiner Umwelt zu öffnen. In Abhängigkeit vom psychophysischen Organismus entstehen die *Sechs Sinne*.

Die Sechs Sinne

Dieses Kettenglied wird von einem Haus mit fünf Fenstern und einer Tür veranschaulicht. Die Sinne sind die «Pforten», durch die wir unsere Eindrücke von der Welt empfangen. Jeder der Sinne ist eine Ausformung unseres Verlangens, Dinge auf die dem Sinnesbereich entsprechende Art zu erleben. Wir empfangen also die Sinneseindrücke, die wir uns wünschen und die wir verdienen.

Die sechs Sinnesorgane umfassen die fünf Außenorgane Augen, Ohren, Nase, Zunge und Körper sowie den denkenden Geist. Genau wie das Auge Licht sieht und die Zunge Geschmack empfindet, so empfängt der Geist eigene Sinnesdaten. Erinnerungen, Vorwegnahmen, Phantasien und Gedanken sind Gegenstandsbereiche des als Sinnesorgan betrachteten Geistes. Dazu gehört die Imagination im Sinne der schlichten Fähigkeit zu innerer bildlicher Vorstellung wie auch als eine schöpferische Kraft, höhere Dimensionen von Wahrheit zu erfassen. Wie wir sehen werden, sind die Welten, die uns von den körperlichen Sinnen eröffnet werden, die niedrigsten. Durch das Tor des Geistes jedoch erhalten wir Zugang zu den höheren Welten, die nicht weniger wirklich sind als die Körperwelt. Durch Meditation bildet man das Vermögen aus, diese Welten wahrzunehmen. Wie jeder andere Sinn entwickelt es sich als Antwort auf die Willenskräfte, die wir ihm zuwenden. Unseren Wunsch, höhere «Welten» wahrzunehmen, können wir in dem Ausmaß erfüllen, in dem unsere Organe der mentalen Wahrnehmung schärfer werden.

Alle Abschnitte bis zu dieser Stufe im Kreislauf der Bedingtheit sind passive Ergebnisse unserer früheren Tatabsichten. Der Körper und die Sinne sind die zwangsläufige Folge unseres Handelns in der Vergangenheit. Dies bedeutet, daß sie für sich genommen nicht selbst wollender Natur sind und daß ihnen deshalb auch keine eigene Wertigkeit in ethischer Hinsicht zukommt. Der Körper und die Sinne sind unschuldig und weder als geschickt noch als ungeschickt einzustufen. Die Dinge – worum es sich auch immer handeln mag – einfach wahrzunehmen, kann nicht schlecht sein. Erst wenn wir mental auf das zu reagieren beginnen, was wir wahrnehmen, schaffen wir Probleme. Deshalb müssen wir sehr genau darüber wachen, was wir mit unseren Sinnen aufnehmen. Nach den überlieferten Worten müssen wir «die Pforten der Sinne hüten». Wir müssen zu verhindern trachten, unheilsame Absichten an die Eindrücke zu heften, die wir durch die Sinne in unser Bewußtsein hineinlassen. Vielleicht müssen wir uns von der Erfahrung jener Empfindungen fernhalten, die uns nur zu wahrscheinlich zu Reaktionen veranlassen werden, die wir nicht beherrschen können. Das wird zumindest so lange nötig sind, bis wir stark genug sind, Sinneseindrücke aufzunehmen, ohne sofort ungeschickte Absichten zu erzeugen.

Wir erfahren die Außenwelt durch die Pforten der Sinne. In Abhängigkeit von ihnen entsteht Berührung oder *Sinneseindruck*.

Sinneseindruck

Ein Paar in Umarmung veranschaulicht die Berührung der Sinnesorgane mit ihren Objekten. Mit diesem Kettenglied beginnt die Wechselwirkung des psychophysischen Organismus mit seiner Welt.

In unserer Untersuchung für fünf Ansammlungen, die im menschlichen Erleben zusammenkommen, sahen wir, daß Form nicht der Materie im gewöhnlichen Sinne enspricht.

Form ist die Empfindung von Widerstand, die mit den Symbolen von Erde, Wasser, Feuer und Luft angedeutet wird. Durch die Deutung solcher Empfindungen malen wir unser Bild der Welt. Was aber berühren wir eigentlich mit unseren Sinnesorganen? Wie bei allen Fragen ist auch hier Vorsicht angeraten angesichts der Verlockungen philosophischer Spekulationen. Statt dessen sollten wir uns an die Betonung der Erfahrung in der buddhistischen Überlieferung halten. Zunächst einmal können wir nur wissen, daß wir gewisse Eindrücke empfinden und daß ein Großteil unseres Weltbildes eigentlich auf Mutmaßungen fußt, die wir aus dem Rohmaterial unserer Empfindungen ableiten. Im großen und ganzen reicht die Genauigkeit unseres Weltbildes für praktische Zwecke aus. Es ermöglicht uns in der Regel, erfolgreich zu handeln – wenn wir auch ab und zu schlimme Fehler machen. Solange wir unser Weltbild als eine Art Arbeitsschema einstufen, das wir entsprechend unserer wachsenden Einsicht überholen und verbessern, sind Debakel vermeidbar. Vergessen wir jedoch die Rohdaten unserer Sinne und verlassen uns zu sehr auf unsere Denkgebäude, dann geraten wir in Schwierigkeiten. Dann nämlich werden wir die Welt sehr starr betrachten und unser inneres, geistiges Bild mit der Wirklichkeit selbst verwechseln. Dann verschließen wir uns vor anderen Erfahrungswelten und vor der Möglichkeit, die Dinge so zu sehen, wie sie wirklich sind.

Die Frage also, was es eigentlich sei, womit unsere Sinne Kontakt haben, können wir nicht beantworten – wir müssen agnostisch bleiben. Was wir als Verbindung unserer Sinne mit einem Objekt auffassen, ist bloß die Erfahrung von Widerstand. Der Begriff «Widerstand» unterstellt natürlich ebenfalls etwas, das widersteht und etwas, dem widerstanden wird. Es ist uns nicht möglich, diese Erfahrung sprachlich so auszudrücken, daß kein Verweis auf ein Subjekt und Objekt darin eingeschlossen ist. Die Sinnesdaten ihrerseits aber erlauben uns nur die Behauptung, daß wir Widerstand spüren. Einen Hinweis auf etwas, das widersteht oder etwas, dem widerstanden wird, geben sie nicht. Unsere Sprache und unser Bewußtseinsstand suggerieren uns jedoch geradezu, daß wir in unserer Wahrnehmung etwas berühren, das unabhängig von ihr existiert. Vielleicht könnte es hilfreich sein, sich die vier Elemente, die den Sinnen widerstehen, eher als Geister denn als Materie vorzustellen: Die Welt, der wir verbunden sind, besteht nicht aus toten atomaren Bausteinen, sondern aus lebendiger Energie, die jedes Objekt beseelt. Mit solchen Augen sahen unsere Ahnen die Welt, wenn sie Waldelfen und Flußgötter erblickten und in ihrer Vorstellung jede Nische der Natur mit Geistern bevölkerten. Die Unschuld eines solchen Erlebens können wir wohl nicht wiedergewinnen, doch können wir lernen, die Dinge als lebendig zu betrachten: als von Kräften durchatmet, die der Lebendigkeit unseres eigenen Bewußtseins gleich sind. Wir können uns von der sterilen materialistischen Anschauung lossagen und das Erlebnis des Zaubers und der Schöpferkraft der Natur wiedergewinnen.

Die besonderen Widerstandsempfindungen, die wir erleben, folgen aus unseren Tatabsichten. So wie unser psychophysischer Organismus, vermittelt durch das keimhafte Empfinden, auf unsere früheren Willensregungen zurückgeht, so werden unsere Sinneseindrücke von der Art unseres Körpers und unserer Sinne bestimmt. Unter diesem Gesichtspunkt kann man sagen, daß wir nicht nur uns selbst, sondern auch unsere Welt erschaffen.

Wir empfinden Eindrücke, die wir deuten und in unsere gesamte Weltsicht einordnen. Dies veranlaßt uns, unsere Eindrücke zu bewerten; somit entsteht in Abhängigkeit vom Sinneseindruck das Empfinden oder *Fühlen*.

Fühlen

Als Veranschaulichung dieses Kettengliedes sehen wir einen Mann, dem ein Pfeil tief ins Auge gedrungen ist. Der Pfeil betont die heftige Wirkung des Sinneseindrucks auf das Sinnesorgan, in diesem Fall das Auge. Auf drastische Weise sehen wir, welch starke Gefühle unser sinnliches Erleben hervorruft. Obwohl das Bild nur Schmerzgefühle nahelegt, sind doch leidvolle und freudige Gefühle in gleicher Weise gemeint. Wir tasten nicht als unbeteiligte Filmkamera die Umgebung ab, sondern unsere Wahrnehmungen wirken auf uns ein und rufen sehr starke Gefühle hervor.

Gefühle sind entweder angenehm, schmerzhaft oder aber von so schwacher Färbung, daß sie neutral erscheinen. Freude und Leid werden auf verschiedenen Stufen erlebt, die von eindeutig körperlichen Empfindungen bis zur höchsten Wonne der Befreiung vom Lebensrad reichen. Nach Auffassung der buddhistischen Psychologie ist die Erfahrung direkten Schmerzes auf eine recht enge Spanne unseres gesamten Spektrums bewußter Erfahrung beschränkt. Gerade in diesem Bereich halten wir uns jedoch für gewöhnlich auf! |

Auf der untersten Stufe ist das Fühlen eine Reaktion auf die Eindrücke der fünf Körpersinne. In seiner gröbsten Form wird die Entladung aufgestauter instinktiver Spannung als Lust erlebt, die Blockierung körperlicher Energien und die Verletzung des Körpers dagegen als Schmerz. Eine verfeinerte Art sinnlich vermittelten Fühlens liegt in unserem Genuß von Schönheit und unserem Widerwillen gegenüber Häßlichem. Unsere gefühlsmäßigen Bewertungen sind oftmals nicht bloß von sinnlicher, sondern auch von psychologischer Art: Sie schließen Gefühle von Unsicherheit und Gewißheit, Erfolg und Scheitern sowie jene Gefühle ein, die aus der Erwartung zukünftigen Leidens oder Wohlergehens beziehungsweise aus der Erinnerung an frühere Erlebnisse stammen. Gefühl schließt auch allgemeinere Grundstimmungen ein wie Lebensfreude und Zuversicht, Trübsinn und Hoffnungslosigkeit oder andere allgemeine Reaktionen auf unsere gesamte Erfahrung. Unsere spontane Zuneigung oder Ablehnung gegenüber anderen Menschen sind ebenfalls Aspekte des Fühlens.

Alle bisher genannten Arten des Fühlens sind mit Empfindungen der Körpersinne verbunden. Sie treten direkt durch die fünf Sinne auf oder aber vermittelt durch unsere geistige Verarbeitung der Sinneseindrücke. Demnach gehören sie alle zur Sphäre des sinnlichen Begehrens, zur untersten der drei weltlichen Daseinsstufen. Auf den höheren Stufen gibt es keinerlei sinnliches oder psychisches Leiden. Schmerzen gehören ausschließlich zur Sphäre der Sinne. Im Bereich der archetypischen

Form ist das Erleben subtiler und nicht durch die fünf Körpersinne vermittelt. Hier wird das Imaginationsvermögen Zeuge seiner Visionen und verschmilzt mit seinen Archetypen. Da ist große Schönheit, doch ist es eine Schönheit, die nicht länger von den Unzulänglichkeiten körperlicher Gestaltung begrenzt wird. Es handelt sich um ideale Schönheit, die gleichwohl nie zu einem bloß abstrakten Schönen verflacht, denn sie ist uns sehr lebhaft gegenwärtig und weckt Gefühle höchsten Entzükkens, die jeden sinnlichen Genuß weit übersteigen. In der Sphäre der Nicht-Form geht man darüber noch hinaus, um nicht mehr nur die äußere Form von Schönheit zu erfahren, so erhaben sie auch sein mag, sondern die Schönheit selbst. Diese Sphäre ist eine Welt reiner Qualitäten, deren Wesen sich der geläuterten Imagination unmittelbar erschließt. Die Glückseligkeit ist auf dieser Stufe noch größer und geht weit über die Verzückung der visionären Dimension hinaus.

Auf dem ganzen Weg vom gröbsten Körpergefühl bis zur höchsten Seligkeit in der formlosen Sphäre gibt es jedoch immer noch eine grundlegende, unterschwellige Spannung – die Spaltung zwischen Subjekt und Objekt. Wenn wir Schranke um Schranke durchbrechen, wird diese Spannung wohl geringer, und wir spüren die wachsende Harmonie von Ich und anderem am Wachsen unserer Freude. Doch so fein sie auch werden mag – die Spannung bleibt. Es gibt also ein tiefstes Leiden und eine höchste Freude: das Leiden an der Bewußtseinsspaltung und die Wonne, die aus der vollkommenen und endgültigen Überwindung der Subjekt-Objekt-Spaltung und aus der Erfahrung der nicht-dualen Bewußtheit der Erleuchtung entsteht. Diese Wonne können wir «absolute Lust» nennen, und sie ist die immerwährende Erfahrung der Buddhas.

Es sollte klar geworden sein, daß der Buddhismus die Lust nicht verdammt. Der Weg der Höheren Evolution ist auch ein Weg der unablässigen Steigerung von Glück und Freude. Überdies scheint ein gewisses Maß an lustvollem Erleben unerläßlich für die Gesundheit des Menschen zu sein; fehlt es, dann verliert auch der Stärkste seine Zuversicht und seine Lebenskräfte versiegen. Dauernder Schmerz kann die gesamte Geisteshaltung des leidenden Menschen färben und ihn in eine

Grundstimmung von Beklemmung und Verzagtheit versetzen, sofern er nicht eine tiefere Schicht von Sinn und Bedeutung zu spüren vermag. Lust in Maßen regt uns an und stützt eine Haltung gesunden Vertrauens, das eine unabdingbare Grundlage unseres weiteren Wachstums ist. In dieser Hinsicht machen wir uns wohl nur ungenügend klar, wie sehr unsere Umgebung uns beeinflußt. Jeder Sinneseindruck hinterläßt in uns eine Spur von Schmerz oder Lust, es sei denn, wir lebten mit der Gleichgültigkeit der Gelangweilten, der Verschlossenen oder der Übersättigten. Die Scheußlichkeit, der Schmutz und Lärm vieler unserer Großstädte müssen ihre Bewohner erheblich beeinträchtigen. Als verzweifelten Ersatz für die schlichten Freuden einer natürlichen Umgebung sucht der moderne Mensch die reizstarken Sinneseindrücke ohrenbetäubender Musik, greller Farben, überwürzter Speisen und berauschender Drogen. Es scheint, als könne er nur noch mit ihrer Hilfe seine ermatteten Gefühle empfinden – Gefühle, die durch Häßliches verhöhnt und durch Überreizung stumpf geworden sind. Eine schöne und harmonische Umgebung kann als solche schon heilend und erfrischend auf einen erschöpften Geist wirken.

Lust und Schmerz werden erst dann zum Problem, wenn wir mit ihnen in neurotischer Weise umgehen und Lustgewinn oder Schmerzvermeidung zur einzigen Richtschnur unseres Lebens machen. Lust und Schmerz entstehen in Abhängigkeit von unseren Sinnesorganen und ihrer Verbindung mit der Welt. Sie sind gewissermaßen Nebenwirkungen unserer Lebendigkeit. Man kann Lustgewinn nicht auf eine gesunde Weise als Selbstzweck anstreben; wer es versucht, wird sich nur aufs Neue mit dem Rad des Lebens drehen. Empfinden wir in unserem Leben Vergnügen und Lust, dann mögen wir sie annehmen, sie freudig genießen und sie ohne Bedauern loslassen, wenn sie vergehen. Soweit es uns möglich ist, sollten wir uns für den Genuß der höheren Freuden öffnen, die unsere Bewußtheit steigern werden. Schmerzen zeigen uns, daß unser Körper oder unsere Einstellung zum Leben ungesund sind. Wir sollten jede Möglichkeit ausschöpfen, um die Ursache des Schmerzes zu beseitigen. Können wir ihn aber nicht lindern, dann müssen wir ihn standhaft und gelassen ertragen. Weder

Lust noch Schmerz dürfen uns so sehr überschwemmen, daß wir unserer Geistesklarheit beraubt und in einen neuen Kreislauf der Reaktion gestoßen werden.

Dieses Glied des Fühlens stellt einen kritischen Punkt in der Kette der Bedingtheit dar. In einem späteren Kapitel dieses Buches werden wir auf diesen Punkt zurückkommen, denn als Folge des Fühlens tritt das Wollen erneut in die Kette der Bedingungen ein. Die im vergangenen Leben wirksam gewordenen Tatabsichten gestalten allmählich die Empfindungsfähigkeit, den psychophysischen Organismus, die Sechs Sinne, die Sinneseindrücke und das Fühlen. Diese alle sind nicht willensmäßiger Natur. Der Körper, die Sinne, die Objekte unserer Wahrnehmung und die Gefühle, die sie hervorrufen, sind die passiven Ergebnisse unserer früheren Absichten. Nun aber beginnt eine neue Phase des Wollens im gegenwärtigen Leben. Diese neuen Tatabsichten mögen von geschickter oder ungeschickter Art sein. Aus diesem Grunde ist der Übergang vom Fühlen zum folgenden Kettenglied der Punkt, an dem wir entweder den Kreislauf des Rades erneuern oder aber zum stetigen Aufstieg auf der Spirale ansetzen können. In unserer Erörterung allerdings bleiben wir vorerst noch mit dem Rad beschäftigt und müssen uns seinen restlichen Abschnitten zuwenden. Später werden wir zurückkehren und den Aufstieg des Pfades vollenden.

Wenn wir auf Gefühle re-agieren, werden wir die Fortdauer angenehmer Erfahrungen wünschen und schmerzhafte Erlebnisse vermeiden wollen. Ohne Gedanken an die Gesamtentwicklung unseres Lebens und nur um unsere sofortige Befriedigung besorgt, begehren oder hassen wir. So entsteht in Abhängigkeit vom Fühlen die *Begierde*.

Begierde

Das Bild dieses Kettengliedes zeigt einen sitzenden Mann, dem eine stehende Frau ein Getränk reicht. Genaugenommen bedeutet das hier als Begierde übersetzte Wort «Durst». Natürlich ist Durst zunächst einmal nur die körperliche Empfindung des natürlichen Flüssigkeitsbedarfs und als solche kein neurotisches Begehren, sondern ein gesundes Bedürfnis. Das Bild starken Durstes ist dennoch passend, weil es die lechzende Dringlichkeit eines neurotischen Verlangens andeutet. Die Tatsache, daß hier eine Frau dem Mann ein Getränk reicht, soll überdies vielleicht die Kraft sexueller Begierde andeuten.

Wir haben schon gesehen, daß Begierde der Wunsch ist, Dinge, Ereignisse oder Menschen zu besitzen; weil man glaubt, mit ihrer Hilfe sein Ego stützen zu können. Wir verlangen insbesondere nach jenen Dingen, von denen wir Genuß und in seiner Folge eine Bestätigung und Erhöhung unseres Selbstwertgefühls erwarten, und wir wollen unbelastet von Dingen sein, die wir als schmerzhaft, hinderlich oder bedrückend ansehen. Somit begehren und hassen wir in Abhängigkeit von unseren Gefühlen.

Drei Grundformen der Begierde werden unterschieden: Zunächst ist da ganz einfach die *Begierde nach Sinnesobjekten*. Jeder Sinnesbereich – die fünf Körpersinne ebenso wie der Geist – kann uns geeignete Objekte für die Befriedigung unseres neurotischen Begehrens verschaffen. *Begierde nach Dasein* ist der tief wurzelnde Drang, in einem dauerhaften Seinszustand zu existieren, insbesondere in einer der Welten himmlischen Entzückens. Sie ist mit der falschen eternalistischen Ansicht verbunden, es gebe in uns eine ewige Seele und außer uns ein absolutes Wesen oder einen Gott. Diese Begierde ist der Wunsch, die Ichidentität zu wahren, und sie ist die hauptsächliche Triebkraft, welche die meisten von uns am Leben erhält – unser Lebenswille. *Begierde nach Nicht-Sein* ist mit der falschen Ansicht verbunden, es gebe nach dem Tod kein Bewußtsein mehr. Wen es nach Nicht-Sein verlangt, der wünscht in jene völlige Vergessenheit einzutauchen, die er für die Zeit nach dem Tod erwartet. In seiner Extremform geht dieser Wunsch vielleicht auf Bedürfnisse zurück, die so vollkommen unbefriedigt blieben, daß man jeden Glauben an die Möglichkeit ihrer Befriedigung verloren hat. Die Hoffnung des Menschen ist nicht unbesiegbar; von einem gewissen Punkt an will man nicht mehr leben – und zwar weder in diesem noch in einem zukünftigen Leben –, denn man glaubt nicht mehr daran, sein Begehren jemals stillen zu können. Obwohl man der Begierde nach Nicht-Sein nur selten in ihrer extremen Form begegnet, finden sich ihre Spuren doch im Gebaren vieler Menschen: in ihrer Untätigkeit aus Verzweiflung, im Wunsch nach einem Stillstand der Zeit, in ihrer Flucht in Betäubung und Stumpfheit. Vielleicht haben auch manche Arten des Drogenmißbrauchs hier ihren Ursprung. Begierde nach Nicht-Sein ist der Unwille, Verantwortung für sich selbst als Individuum zu tragen, und der Versuch, im Schoß der Gruppe, in Bewußtlosigkeit oder in einem Zustand ohne persönliche Herausforderungen Zuflucht zu finden. Alle diese Begierden – nach Sinneserfahrungen, nach Sein und nach Nicht-Sein – entstehen aus unserem Fühlen und wirken in ihrer jeweiligen Mischung als die Grundkraft, die uns in immer neue Umdrehungen des Lebensrades treibt. An dieser Stelle wird Haß nicht eigens erwähnt, weil man die Begierde als ursprüngliche unheilsame Willensregung und den Haß als enttäuschte Begierde behandelt.

Das Begehren bleibt nicht auf der Stufe einer rein psychischen Erscheinung stehen. Vielmehr treibt es uns zum Handeln, zum Ergreifen der Objekte unserer Sehnsucht. Somit entsteht in Abhängigkeit von Begierde das Anhaften oder *Ergreifen*.

Ergreifen

Als Sinnbild dieses Gliedes sehen wir eine Frau Früchte von einem Baume pflücken. Die Begierde hat hiermit eine konkrete Handlung bewirkt. In erster Linie greifen wir nach sinnlichen Genüssen. Unser Verlangen nach ihnen verwandelt sich in Abhängigkeit, so daß sie schließlich zum Angelpunkt unseres Lebens werden. Doch klammern wir uns nicht bloß an Objekte des sinnlichen Erlebens, sondern auch an unsere Ansichten und Meinungen. Unsere Sicht der Welt, unsere Überzeugungen und Vorurteile sind Dinge, an denen wir hängen und die wir zu Teilen unserer selbst machen. Aus diesem Grunde fällt es den Menschen so schwer, sich freundlich über Themen zu unterhalten, die sie verschieden beurteilen. Die Ansichten eines anderen in Frage zu stellen oder gar zurückzuweisen, heißt dann, ihn anzuzweifeln oder abzulehnen. Religiöse und politische Dogmen sind besonders beliebte Objekte des Anhaftens und stiften als solche Verfolgungen und «Heilige Kriege» an. Alle falschen Ansichten sind Rationalisierungen unserer Grundhaltungen. Sie legen die Verblendung bloß, die den ganzen Kreislauf der Bedingungen antreibt. Wir steigern unsere Verblendung, indem wir nach immer neuer Verblendung greifen.

Das kognitive Element oder unsere Auffassung von der Wirklichkeit ist ein so wichtiger Bedingungsfaktor unseres Lebens, daß es auch bei den beiden übrigen Formen des Ergreifens um Ansichten geht. Die erste ist das Verhaftetsein an äußere Vorschriften und ethische Regeln als Selbstzwecke. Es liegt dann vor, wenn wir annehmen, es genüge, eine bestimmte Handlung ohne die ihr entsprechende Geisteshaltung durchzuführen, um den erwarteten oder gewünschten Nutzen daraus zu ziehen. So mögen wir vielleicht wissen, daß die regelmäßige Übung von Meditation uns den Zugang zu höheren Bewußtheitsstufen erleichtern wird. Allerdings können wir diesen Gewinn nicht erzielen, wenn wir uns bloß täglich eine Zeitlang in der korrekten Haltung niedersetzen. Wir müssen uns aktiv darum bemühen, unseren Geist zu sammeln und zu verfeinern. Den Geboten wie Befehlen zu «gehorchen», wird uns nicht helfen, jenen natürlichen ethischen Sinn zu entwickeln, der ein wirkliches Individuum auszeichnet. Wir neigen dazu, uns an Routinen und Gewohnheiten zu klammern, an kleine, persönliche Rituale, die uns lieb geworden sind und den Schein einer behaglichen Sicherheit spenden. Auch das, was wir für unsere geistige Übung und Entwicklung halten, wird nur allzu schnell zur sturen Gewohnheit, die wir mit unerbittlicher Regelmäßigkeit, aber ohne innere Beteiligung und sinnvolle Bemühung verrichten. Noch schlimmer wird dies, wenn wir glauben, spiritueller Fortschritt oder wenigstens materielles Wohlergehen würden uns auf gleichsam magische Weise zufallen, wenn wir uns nur an die Regeln halten, der Übungsanleitung blindlings folgen und die Rituale genau vollziehen. Damit verirren wir uns in die Welt von Aberglauben und Heuchelei, in der Religionen so häufig zu Hause sind. Trotz alledem ist es aber wichtig zu betonen, daß regelmäßige spirituelle Übung nach einem festgelegten, angemessenen Ablauf und die Beachtung der ethischen Gebote wesentliche Schritte auf dem Pfad sind. Sie werden nur dann zu Objekten unseres Anhaftens, wenn wir sie nicht als Mittel zur Verwandlung unserer Bewußtheit nutzen, sondern sie oberflächlich als Amulette behandeln, deren Besitz uns Glück und Segen verheißt.

Schließlich ist noch der Glaube an ein beständiges, unveränderliches Ich zu erwähnen, dem wir ebenfalls anhaften können. Das höchste Ziel des unreifen Ego ist seine eigene, für alle Zeiten gesicherte Unversehrtheit. Es glaubt, sie sei erreichbar, weil unter der Haut der immer bewegten, fließenden Lebensumstände ein Kern liege, der von allem Wandel unberührt bleibt. Unsere Fixierung an diese Idee eines «absoluten Ich» hindert uns zunächst daran, unser Bewußtsein zu entwickeln, und schließlich auch daran, das Ego ganz hinter uns zu lassen.

Indem wir uns an sinnliche Genüsse, an Meinungen, Regeln und Gewohnheiten sowie an unsere Ich-Identität klammern, verurteilen wir uns selbst zu einer neuen Umdrehung mit dem Rad des Lebens und des Todes. Auf diese Weise entsteht in Abhängigkeit vom Ergreifen das *Werden*.

Werden

Als Bild des Werdens sehen wir einen Mann und eine Frau in geschlechtlicher Vereinigung – sie zeugen neues Leben. Dieses Kettenglied faßt das ganze Lebensrad zusammen, das ja nichts anderes ist als ein steter Prozeß des Werdens. Das Wort, welches wir hier als «Werden» übersetzen, ist das gleiche Wort in Pali und Sanskrit, das im «Rad des Lebens» als «Leben» übersetzt wird.

Werden hat zwei Aspekte, einen aktiven, willensmäßigen und einen passiven, der als Ergebnis der aktiven Phase auftritt: Die Drehung des Rades beruht auf der Bewegung vom Wollen zu seinen Folgen, einer Bewegung also, in der sich die Gestaltungskraft des Wollens in Zuständen des Seins und in konkreten Erfahrungen erfüllt. Dieses Kettenglied zeigt uns darum die allgemeinste Sicht des bedingten Geschehens. Durch unser Festhalten und Greifen im gegenwärtigen Leben bringen wir Bestrebungen hervor, die sich in unserer Wiedergeburt in einem neuen Leben erfüllen werden, dessen Daseinsstufe unseren eigenen Willensregungen entspricht. Somit kommt es in Abhängigkeit vom Werden zur *Geburt*.

Geburt

Das unmißverständliche Bild einer gebärenden Frau stellt dieses Kettenglied dar. Erneut mündet damit das Bewegungsmoment unseres Wollens in einem neuen Leben, und zwar in genau derjenigen der vielen Lebenswelten, die dem Muster unserer Absichten entspricht. Dieses neue Leben wirkt seinerseits als die Bedingung, in deren Abhängigkeit *Tod und Verfall* auftreten.

Tod und Verfall

Als letztes Kettenglied sehen wir das Bild einer Leiche, die zum Verbrennungsplatz getragen wird. Was immer geboren wird, muß zwangsläufig die Angriffe von Krankheit und Altersschwäche, den Schmerz durch Trennung und Verlust und schließlich den Tod erleiden. Mit der Geburt begann ein Prozeß, der mit dem Tod enden muß, denn Geburt und Tod sind die zwei Seiten des Werdens-Prozesses. Der Verfall, der allen bedingten Dingen innewohnt, führt nach den Worten der Schriften zu «Sorge, Klage, Schmerz, Kummer und Verzweiflung, kurz: zu dieser gewaltigen Masse des Leidens», die das Los aller ist, die sich selbst aufs Rad binden. Wir werden geboren, weil wir uns anklammern, doch das, woran wir uns klammern, wird uns auch wieder entrissen.

Die zwölf Kettenglieder der zyklischen Bedingtheit zeigen, wie die tief in unserem Herzen hausende Verblendung all unser Tun steuert. Sie zeigen, wie das Gesamtmuster unseres Wollens in einem neuen Leben für uns einen Geist und einen Körper schafft, die mit einer ihnen gemäßen Welt verbunden sind, und wie aus dieser Verbindung Lust und Schmerz, Vorliebe und Abneigung entstehen. Wir erkennen, daß wir an diesem Punkt die Wahl haben, ob wir weiterhin mit dem Rad rollen oder aber beginnen wollen, die Spirale zu ersteigen. Wenn wir nur Lustvolles begehren und Schmerzendes hassen, dann schaffen wir für uns selbst jenes Bewegungsmoment des Wollens, das uns zu einer neuen Geburt trägt, und damit auch zu neuem Leiden und einem neuen Tod. Dies ist in der Tat ein endloser Teufelskreis. Was wir auch an Schmerzen erleiden mögen, wie enttäuschend und unvollkommen uns das Leben auch erscheinen mag – eine gründliche Analyse wird immer zeigen, daß es unsere eigenen Wünsche sind, die dies alles geschaffen haben.

Die Botschaft der Kette ist leicht verständlich; ihre Darlegung ist dagegen heikel und vielschichtig. Die ganze Kette erstreckt sich über drei Leben: Verblendung und Tatabsichten gehören zum vergangenen Leben; das Empfindungsvermögen, der psychophysische Organismus, die Sechs Sinne, Sinneseindruck, Fühlen, Begierde, Ergreifen und Werden gehören zum gegenwärtigen Leben; Geburt, sowie Tod und Verfall gehören zum zukünftigen Leben. Überdies können wir unter den zwölf Kettengliedern diejenigen bestimmen, die als aktive Willenskräfte formativ wirken, und solche Glieder, die als passive, den Tatabsichten zwangsläufig folgende Ergebnisse auftreten. In diesem Sinne gliedern sich alle bedingten Prozesse in eine Verursachungsphase, in der Bedingungen erzeugt werden, und eine Ergebnisphase, in der die Wirkungen jener Bedingungen heranreifen. Im Bereich der karmischen Gesetzmäßigkeit sind es die Willensregungen, die verursachend wirken. Somit sind Verblendung und Tatabsichten die Verursachungsphase im vergangenen Leben; Empfindungsvermögen, der psychophysische Organismus, die Sechs Sinne, Sinneseindruck und Fühlen sind die Ergebnisphase im gegenwärtigen Leben; Begierde, Ergreifen und Werden sind die Verursachungsphase im derzeitigen Leben; und Geburt sowie Tod und Verfall sind die Ergebnisphase im zukünftigen Leben. Abbildung 4 zeigt alle diese Unterscheidungen.

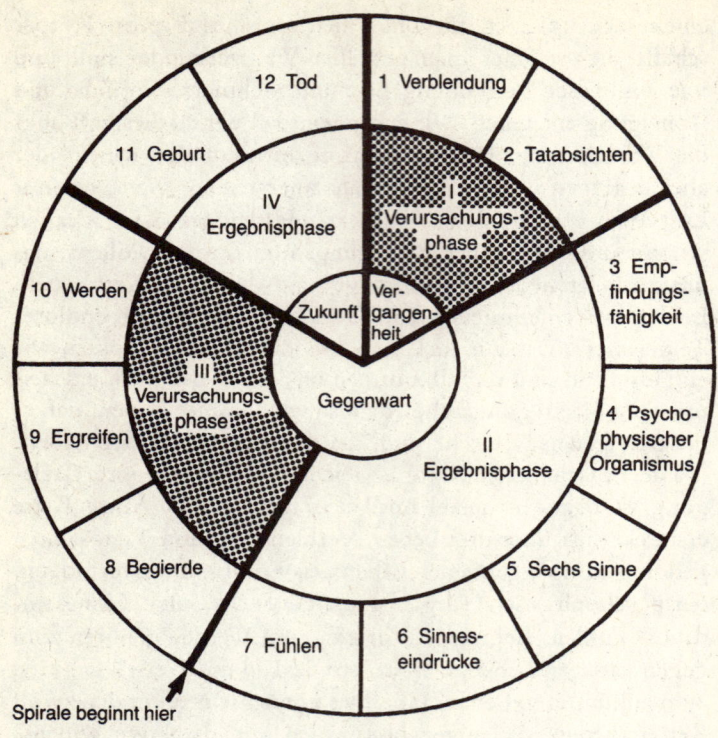

Abb. 4 Die zwölf Kettenglieder

Man wird bemerken, daß die Verursachungsphasen im vergangenen und im gegenwärtigen Leben denselben Prozeß aus etwas unterschiedlichen Blickrichtungen betrachten. In bezug auf das vergangene Leben wird er sehr allgemein betrachtet: als formative Kraft. Die Bilder des gegenwärtigen Lebens zeigen mehr im Detail, wie dieses Muster der Willensenergie entsteht. In gleicher Weise entspricht die Ergebnisphase des gegenwärtigen Lebens derjenigen des zukünftigen, wird aber eingehender untersucht. Diese Aufeinanderfolge von Ergebnis- und Verursachungsphasen findet sich in jedem Leben. Weil es zudem ein Ausschnitt aus einer endlosen Kette ist, kann man jedes Leben gleichermaßen als vergangenes, gegenwärtiges oder zukünftiges Leben betrachten. Somit enthält ein jedes Leben sowohl die Verursachungsphasen der Vergangenheit und Gegenwart als auch die Ergebnisphasen der Gegenwart und Zukunft. Deshalb kann man es als sechsunddreißig Kettenglieder umfassend betrachten. Weiterhin kann man die Glieder auch so verstehen, daß jedes von ihnen in jedem Augenblick unseres Lebens wirkt und wir immer neu unsere eigene Zukunft durch unsere Willensakte schaffen. In diesem Fall betrachtet man jedes Kettenglied als gleichzeitig mit allen übrigen wirksam. Die Kette beschreibt ein sehr feingliedriges, dynamisches Geschehen und keine starre, leblose Routine.

Es ist leicht, sich in der Vielschichtigkeit der Kette zu verlieren – hüten wir uns also davor und bemühen wir uns, die in den Gliedern wirkenden Kräfte zu spüren und zu sehen! Es sind die Kräfte unserer verblendeten Wünsche, die uns immer neue Welten erschaffen, die unausweichlich verfallen werden und unser Bewußtsein hemmen und einschränken. Re-agieren wir auf diese Welten, dann dreht sich die Kette von neuem. Dies ist der Prozeß, der jenes Leben hervorbrachte, das wir in diesem Augenblick leben.

Vielleicht noch gefährlicher, als uns in dieser vielschichtigen Verflochtenheit der Kette zu verfangen, ist der voreilige Gedanke, wir hätten sie verstanden. Eine Geschichte von Ānanda, einem der bedeutendsten Schüler des Buddha, wird häufig erwähnt: Ānanda sprach den Buddha auf die Direktheit und Klarheit dieser Lehre an und betonte, wie leicht verständlich sie doch sei. Der Buddha aber wies ihn zurecht und sprach:

Sprich nicht so, Ānanda! Sprich nicht so! Wahrhaft tief gründend ist dieses Gesetz von der Verursachung, und tief gründend erscheint es auch. Es ist durch Nichtwissen, durch Nichtverstehen, durch Nichtergründen dieser Lehre, daß diese Welt der Menschen verworren ist wie ein Knäuel Garn, daß sie von Mehltau befallen ist, daß sie dem Munjagras und Binsen gleich wurde und unfähig ist, hinauszugelangen über das Verhängnis der Öde, den Weg des Jammers, den Fall und den endlosen Kreislauf (der Wiedergeburt).*

Letztlich verweist die Lehre auf eine Erfahrung jenseits eines bloß intellektuellen Begreifens. Sie möchte uns von unserer Begierde weg und hin zum Sprialen-Pfad führen. Sie möchte uns dazu führen, die Wirklichkeit als Netzwerk von Bedingungen zu erschauen, als ein gewaltiges Geflecht einander durchdringender Kräfte mit unendlich schöpferischem Vermögen.

* *Samyutta Nikāya*, XII, 6,60.

7 WELTEN DES ELENDS

Der dritte Ring des Lebensrades, der zwischen dem Bereich des Karma und dem Kreis der zwölf Kettenglieder liegt, zeigt die sechs Welten des bedingten Daseins. Die fünf niederen Bereiche von Höllenwesen, hungrigen Geistern, Tieren, Titanen und Menschen gehören zur Sphäre des sinnlichen Begehrens. Die Götterwelt, die sechste Region, gliedert sich in viele Schichten, die vom Gipfel der Sinnensphäre durch die Sphäre archetypischer Form bis in die Sphäre der Nicht-Form aufragen. Zu jeder dieser drei Sphären gehören mehrere Teilbereiche. Somit umgreift das Sein in seiner Gesamtheit viele verschiedene Existenzbereiche, die in den Grundtypen der sechs Daseinswelten zusammengefaßt sind. Die Anordnung dieser Welten ist nicht räumlicher Natur, obwohl es außer unserem eigenen Weltsystem zahlreiche weitere in allen Raumrichtungen geben soll. (Ein Weltsystem ist eine Art «Inseluniversum», das alle Ebenen und Untergliederungen von den Höllen bis zum höchsten Himmel in sich faßt.) Die anderen Schichten unseres Weltsystems können wir nicht mit Raumschiffen erreichen, so ausgeklügelt deren Technik auch sein mag, denn die Welten im Sinne der Schichten eines Weltsystems liegen in verschiedenen Dimensionen. Nur eine Wandlung des Bewußtseins kann den Zugang zu ihnen öffnen.

Eine Welt ist die gegenständliche Entsprechung des Ich. Indem wir unsere Individualität aus dem undifferenzierten Feld des Sinnesbewußtseins herauslösen, spalten wir unsere Erfahrung in das Ich und das andere. Das andere ist die Welt. Die Welt wird erfahren, das Ich erfährt. Welt ist alles «dort draußen», Ich ist alles «hier drinnen». Die Art des wahrnehmenden Subjekts bestimmt die Art des wahrgenommenen Objekts. Unsere tatsächliche Wahrnehmung von der spürbaren Welt ist in erster Linie eine Deutung der rohen Daten unserer Sinneseindrücke. Unsere Empfindungen von Farbe und Kontur fügen wir zu sichtbaren Gegenständen zusammen, wobei wir uns auf frühere Erfahrungen ähnlicher Art stützen und auf das, was die Kultur, in der wir aufwuchsen, uns vermittelte. Vorlieben und Vorurteile, Interessen und Standpunkte ändern unsere Deutungen und damit die Welt, die wir tatsächlich wahrnehmen. Nicht allein unsere Deutung der Sinnesdaten wird von unserem Bewußtsein bestimmt, sondern schon die Sinneseindrücke selbst. Unsere Tatabsichten der Vergangenheit prägen den Typ unseres künftigen Erfahrungsfeldes. Unser karmisches Grundmuster zieht entsprechende Eindrücke an. Unser Charakter führt uns zur Wiedergeburt in einer Welt, die ihm entspricht.

Diese Vorstellung von einer Wirklichkeit mit vielen Dimensionen, die nur den entsprechenden Bewußtseinsstufen zugänglich sind, mag ungewohnt sein; gleichwohl ist es eine Binsenweisheit, daß die Menschen die Welt sehr unterschiedlich wahrnehmen. Klima und Landschaft, politische und soziale Verhältnisse, Geschichte, Sprache, Kultur und sogar Erbfaktoren können die Sichtweisen verschiedener Menschen so sehr prägen, daß sie in der Tat verschiedene Welten bewohnen. Selbst innerhalb eines einzelnen Landes sprechen· wir von «Welten» wie der Unterwelt, der Theaterwelt, der Finanzwelt. Manchmal können die Angehörigen dieser getrennten Welten einander kaum verstehen. Hinzu kommen die vielfältigen Temperamente und Neigungen der Menschen, durch die sie ihre Umgebung mit anderen Augen sehen. In diesem Sinne sind wir alle einzigartig, haben eigene Erfahrungen, eine eigene Geschichte und eigene Standpunkte. Man kann auch sagen, jeder von uns lebe in seiner eigenen Welt – wenn auch die Überlappung unserer getrennten Welten manchmal beträchtlich sein mag.

Auch im Leben eines einzelnen können die bewußten Erfahrungen so verschiedenartig sein, daß er glauben mag, mehrere

Welten zu bewohnen. Stimmungsschwankungen können die Erscheinung der Dinge erheblich verändern, doch zieht sich dann meistens noch ein Faden deutlich genug durch sie hindurch, so daß wir sie nicht für verschiedene Welten halten. Sind wir jedoch einmal tief ergriffen – vielleicht von einer dichterischen Eingebung, von Kunst oder Natur, oder bewegt von einer Begegnung mit anderen Menschen –, dann sind wir «hingerissen», «beflügelt» und «außer uns» und wir sehen eine verwandelte und erneuerte Welt. Manchmal ist der Abstand solcher Erfahrungen zum normalen Erleben so gewaltig, daß Menschen davon sprechen, sie hätten in einer anderen Welt, vielleicht «im siebten Himmel», gelebt. Am anderen Ende der Skala können die Augenblicke von Bedrücktheit und Verzweiflung sicherlich ähnlich bewegend sein, doch ist es dann die Hölle, in die man gerät. Manchen Menschen eignet eine größere Beweglichkeit des Bewußtseins als anderen, und sie besitzen die Gabe (oder sind dazu verflucht), visionäre oder prophetische Welten zu betreten. Ungeachtet ihrer Gefährlichkeit weisen auch Drogenerfahrungen darauf hin, daß dem Bewußtsein grundverschiedene Wege der Wahrnehmung offenstehen. Alle diese Erlebnisweisen – ob ekstatische, seherische oder psychedelische – sind nicht ungewöhnlich. Viele Menschen können aufgrund eigener Erfahrung oder vom Hörensagen bestätigen, daß die Bandbreite möglicher Geisteszustände weit über das hinausgeht, was wir üblicherweise gelten lassen.

Vermutlich sind die meisten Menschen mit höheren Bewußtseinszuständen nicht allzu vertraut. Es gibt aber einen Zustand, in dem jeder von uns sich häufig befindet und der uns in andere Welten entführt: der Traum. Obwohl Träume oft, wenn nicht immer, Ereignisse aus dem Wachleben aufgreifen, folgt die Traumwelt doch ihrer eigenen Logik. Die einen tun Träume als belanglos ab, als eine Art psychisches Sortierverfahren, das man in seinem Ablauf am besten nicht stören sollte; die anderen sehen Träume als Lieferanten wichtiger Botschaften über unsere unbewußten Regungen, deren Verständnis unserem Alltagsleben nützen wird. Wir identifizieren uns nahezu ausschließlich mit dem Wachzustand und nehmen ihn als Maßstab für unsere Bewertung der Träume. Sicherlich trifft es zu, daß Träume helfen, unsere Alltagserfahrung zu sichten, zu sortieren und uns besser zu verstehen, doch unterschätzen wir sie gewaltig, wenn wir nur das in ihnen sehen. Die Traumwelt ist ebenso eine Wirklichkeit wie die Wachwelt. Die Welten, in die der Schlaf uns trägt, sind ebensosehr «dort draußen» wie die Welt, die uns jetzt gerade umgibt – obwohl sie sich in Sekundenschnelle wandeln oder zwei unvereinbare Dinge zugleich sein mögen. Selbst dann noch, wenn wir im Traum bemerken, daß wir träumen, bleiben alle unsere Empfindungen ebenso überzeugend wie Wacheindrücke. Vom Standpunkt unserer Erfahrung in jeder dieser Welten können wir nicht behaupten, die eine sei wirklicher als die andere. Solange wir träumen, sind wir gewöhnlich von der Traumwelt völlig überzeugt; erst später, auf dem voreingenommenen Standpunkt des Wachseins, stufen wir Träume zu psychischen Randerscheinungen herab.

Der Buddhismus behauptet nun, daß Veränderungen in unserem Bewußtsein den Zugang zu so vielen verschiedenen Welten öffnen können, wie es Bewußtseinsmöglichkeiten gibt. Einige von diesen Möglichkeiten weichen sehr viel grundsätzlicher vom üblichen menschlichen Bewußtsein ab als etwa die Welten der Inspiration, der Depression oder der Träume. Dessen ungeachtet sind sie alle im gleichen Sinne gegenständliche Wirklichkeiten, die als «dort draußen» erfahren werden, denn «Welt» ist, was immer wir erfahren. Obwohl jede Welt ihren Bewohnern in gleicher Weise als wirklich gilt, sind alle Welten in einer hierarchischen Folge gestuft, die dem Feinheitsgrad des Bewußtseins entspricht, das sie widerspiegeln. Je höher der Bewußtseinsstand, desto makelloser und schöner die erfahrene Welt. Insoweit die höheren Welten schwächere Ausprägungen der Subjekt-Objekt-Spaltung verkörpern, sind sie dem wahren Wesen der Dinge näher.

Diese vielen Welten werden von Wesen bewohnt, deren Willensstruktur ihnen entspricht. Menschen können in tiefer Meditation auch die höheren, göttlichen Bereiche der Sphäre archetypischer Form und der Formlosigkeit aufsuchen, weil die Bewußtseinsstufen, die man in der Meditation erreicht, diesen Welten entsprechen. Bis zu seinem körperlichen Tod wird der Meditierende allerdings immer wieder zur menschlichen Verfassung zurückkehren. Besonders begabte Personen wie der schon erwähnte Maudgalyāyana haben Zugang zu allen verschiedenen Daseinssphären und können jede Welt nach eigenem Ermessen aufsuchen.

Nicht alle Welten gehorchen den gleichen Gesetzen. Die Welt unserer Träume ist beispielsweise äußerst formbar: Die Umgebung und die Ereignisfolge können sich unvermittelt wandeln. Auf ähnliche Art wechseln die Erfahrungen, denen man in seinem geistgeschaffenen Körper zwischen Tod und Wiedergeburt ausgesetzt ist, mit der Schnelligkeit des Denkens. Welten wie die unsrige bieten eine größere Beständigkeit des Wahrgenommenen, und trotz unserer eigenen geistigen Unstetigkeit überdauert ein Kern des Erlebens. Somit können wir sagen, daß einige Welten einen stabileren objektiven Gehalt haben, während andere direkt von subjektiven Schwankungen abzuhängen scheinen. Dementsprechend erfolgen Geburten in manchen Welten durch Schwangerschaft und Entbindung, während die Wesen anderer Welten plötzlich und voll erwachsen in einer sogenannten «Erscheinungsgeburt» auftreten, die unserem eigenen Auftauchen in Träumen ähnelt. Ob die Welten aber nun aus eher festgefügten, beständigen Prozessen bestehen mögen oder aus solchen, die den Schwankungen subjektiver Launen und Sichtweisen folgen – Welten sind sie allemal.

Eine Welt ist das Erfahrungsfeld eines Subjekts. In der Regel wird sie auch von anderen Wesen bevölkert, die ihrerseits erlebende Subjekte sind. Es gibt Welten gemeinsamer Erfahrungen, deren Bewohner gleichartige Grundmuster des Wollens teilen. Die persönlichen Welten einzelner sind niemals identisch (Identität des Objekts bedingt Identität des Subjekts), aber sie decken einander in wechselndem Ausmaß. Vielleicht können wir aus dieser Tatsache die nützlichste Bedeutung des Wortes «Welt» gewinnen: Eine Welt ist der Bereich der Übereinstimmung in der Erfahrung von zwei oder mehr wahrnehmenden Subjekten. In dem Ausmaß, in dem wir mit anderen eine Welt gleichartiger Erfahrungen teilen, können wir uns mit ihnen verständigen. Die Tatsache, daß es in unserer Welt weitere Wesen gibt, mit denen ein Austausch möglich ist, verstärkt die

Festigkeit unserer Welt. Unsere Kommunikation mit den anderen erzieht uns dazu, die Dinge «so und nicht anders» zu sehen.

Die Körper der Bewohner einer jeden Welt sind Manifestationen ihres Bewußtseins. In manchen Welten sind die Körper fest und schwer und so dauerhaft wie die Dinge der Umgebung. Anderswo bestehen die Körper nicht aus fester Materie, sondern aus einer leuchtenden, feinstofflichen Substanz. Obwohl die Körper der Höllenwesen fortgesetzt zerstückelt und zermalmt werden, sind sie doch so lange unzerstörbar, bis die volle Kraft der sie bedingenden karmischen Wirkungen erschöpft ist.

Die buddhistische Sicht eines vielschichtigen Universums verträgt sich nicht gut mit modernen Ansichten. Allerdings sprechen die Überlieferungen vieler Kulturen von nichtmenschlichen Wesen, die häufig nach komplizierten Systemen klassifiziert werden. Folgt man den beiden Prämissen, daß das Bewußtsein den Tod überdauert und die Welt das Gegenstück des Bewußtseins ist, so kann man leicht einsehen, daß es angesichts des Ausmaßes, in dem die Geisteshaltungen der Menschen voneinander abweichen, zahlreiche Welten geben muß. Über das Zeugnis jener hinaus, die behaupten, die Wirklichkeit in allen Höhen und Tiefen ausgelotet zu haben, können wir jedoch kaum überzeugende Beweise für die Existenz dieser Welten beibringen. Für jene, die ihren Zweifel nicht aufgeben und daher die Reichweite der buddhistischen Sicht nicht ganz nachvollziehen können, sei noch ein grundsätzliches Prinzip dieser Lehre betont, das für alle Welten – also auch für die menschliche Welt unserer Alltagserfahrung – gilt: Verschiedene Menschen leben in verschiedenen Geistesverfassungen; was sie sehen, ist großenteils Projektion ihres eigenen Geistes und nichts, was den Sinnesobjekten innewohnt. Auch in dieser engeren Bedeutung können wir von verschiedenen Welten reden, die den verschiedenen psychischen Zuständen entsprechen. Die sechs Bereiche, die wir nun untersuchen werden, können wir darum entweder als objektive Erfahrungsdimensionen auffassen, in die hinein wir buchstäblich wiedergeboren werden, oder als Symbole für die psychischen Verfassungen, in die Menschen geraten können.

Der Begriff der «Projektion» kann uns helfen, die sechs Bereiche besser zu verstehen. Projektion ist der psychische Mechanismus, mit dem wir unsere eigenen Gedanken und Gefühle unserer Umgebung oder anderen Menschen zuschreiben. Wir legen in die Welt hinein, was eigentlich in uns selbst ist. In extremen Fällen geistiger Verwirrung wird die Welt so sehr mit projizierten subjektiven Inhalten bedeckt, daß sie zu einer völlig anderen Welt als der gewöhnlichen wird. Dann kann sich die harmloseste Szene mit üblen Dämonen bevölkern; überall drohen furchtbare Gefahren, und hinter freundlichen Begrüßungen lauern tückische Hinterhalte. Aber Projektion ist eine übliche Erscheinung im Leben der meisten Menschen. Sie sehen nicht nur, was die Sinne ihnen zeigen, sondern auch projizierte Aspekte ihrer selbst. Nirgends wird das so deutlich wie in unserem Umgang mit anderen Menschen. Wir unterstellen ihnen unsere eigenen Absichten oder entdecken in ihnen hochgradig idealisierte Eigenschaften, die sie nicht tatsächlich besitzen. Da in unserer menschlichen Welt das objektive Element verhältnismäßig stabil und dauerhaft ist, können wir das Mißverhältnis zwischen Projektion und Wirklichkeit relativ leicht durchschauen, was wir jedoch keineswegs immer tun. Nach der buddhistischen Lehre gibt es aber auch weitere Welten, deren objektiver Gehalt direkter von der subjektiven Verfassung bedingt wird. Wir sind sozusagen fähig, uns einer Halluzination zu ergeben, in der wir mit anderen Wesen leben und kommunizieren, die genauso halluzinieren wie wir.

Auch die karmische Bedingtheit ist ein Projektionsvorgang, denn wir erschaffen uns fortwährend eine Welt, die die Projektion unseres eigenen Wollens ist. Betrachten wir den Projektionsvorgang jedoch auf der unserer Erfahrung gewiß näher liegenden psychologischen Ebene, so sind zwei Grundtypen zu unterscheiden. Der erste besteht darin, daß wir unsere Sinneseindrücke nach Maßgabe unserer Bewußtseinszustände interpretieren – hierbei mißlingt es uns, Subjekt und Objekt präzise zu unterscheiden. Eine furchtsame Person sieht im harmlosen Fremden einen hinterhältigen Angreifer. Schwindler wittern überall Betrug. Eine Sonderart dieser Form der Projektion sehen wir bei Menschen, die starke Gefühle empfinden, sich diese aber aus irgendeinem Grund nicht einzugestehen wagen. Da ihre Gefühle jedoch Energien sind, die irgendwie Ausdruck finden müssen, werden sie durch Projektion auf andere Menschen übertragen, die nunmehr unerbittlich für «ihre Gefühle» verurteilt werden. Die Persönlichkeit der meisten Menschen enthält einen Dunkelbereich, der aus mißbilligten und beängstigenden Regungen besteht. Dieser «Schatten», wie er von Carl Gustav Jung genannt wurde, wird auf andere Menschen übertragen.

Der zweite Grundtyp der Projektion ist nicht die Übertragung unserer eigenen – tatsächlichen oder vermeintlichen – negativen Eigenschaften, sondern unserer unverwirklichten Entwicklungsmöglichkeiten. Wenn sich das Selbstbewußtsein aus seiner Umgebung herauszudifferenzieren beginnt, geschieht das zunächst auf recht grobschlächtige Weise. Das entstehende Ego ist beschränkt und einseitig, denn es besitzt nur wenige Züge von Individualität. Was wir zu sein glauben, ist nur ein kleiner Teil der potentiellen Gesamtenergie der Persönlichkeit. Jene Aspekte einer reiferen Individualität, die noch nicht ins klare Licht des Bewußtseins getreten sind, werden in idealisierter Form auf andere übertragen. Dann sehen wir, sofern wir ängstlich und unsicher sind, zu anderen als Quellen unserer Bestätigung und Sicherheit auf. Haben wir unseren Verstand auf Kosten der Gefühle entwickelt, dann erblicken wir in anderen die Wärme und Spontaneität, die wir in uns vermissen. Auch unsere «Verliebtheit» in sexuellen Beziehungen gehört meistens zu diesem Typ der Projektion. Weiterhin begegnen wir ihm im Starkult, der die Objekte der Projektion – ob Spitzensportler, Leinwandhelden oder Politiker – mit nahezu göttlichen Fähigkeiten versieht. Eigentlich handelt es sich bei alldem um verborgene Qualitäten, die die Projizierenden auch in sich selbst entwickeln könnten, wenn sie nur ihrer selbst ganz gewahr würden. Dieser Typ der Übertragung entsteht aus einer Entfremdung vom vollen Kraftpotential der Persönlichkeit. Die Entwicklung eines reifen Ich ist deshalb der erste Schritt zur höheren Evolution: Wir müssen die Entfremdung durch *horizontale Integration* überwinden, durch die Vereinigung aller Kräfte der reifen Persönlichkeit im Bewußtsein. Erst wenn wir alle Projektionen zurückgenommen und in unser Bewußtsein integriert haben, können wir uns ganz und wahrhaft «menschlich» nennen.

Die Projektion von inneren Möglichkeiten geht über die Horizontale hinaus, denn das bruchstückhafte Selbstbewußtsein ist nicht bloß von den Merkmalen einer ausgereiften Individualität entfremdet, sondern auch vom gesamten Bewußtseinsspektrum bis hin zum transzendenten Bewußtsein. Selbstbewußtsein enthält das Transzendente schon in Form des evolutionären Antriebs, höhere Stufen zu erreichen. Auch latente spirituelle und transzendente Qualitäten werden in Projektionen – hier jedoch von einer vertikalen Art – manifest. Wir könnten den spirituellen Pfad zur Buddhaschaft in seiner Gesamtheit als die *vertikale Integration* unseres projizierten Potentials betrachten.

Oft haben Projektionen sehr unerfreuliche Folgen, aber wir können sie auch als ein Hilfsmittel anwenden, um uns jener ungelebten inneren Eigenschaften bewußt zu werden und sie uns zu eigen zu machen. Solange sie unbewußt bleiben, ahnen wir nichts von ihnen. Haben wir aber unsere Projektionen erst einmal als solche erkannt, dann sind wir ihrer zwar gewahr, aber weiterhin von ihnen getrennt. Doch können wir sie nun allmählich in uns zurücknehmen. In der Regel wird uns nicht klar, daß wir projizieren, und so bleibt die verheddert Beziehung zum jeweiligen Objekt bestehen. Handelt es sich dabei um eine Person, dann können wir uns ins Unglück stürzen, denn sie wird ihre eigenen Pläne und Ziele haben. Übertragen wir beispielsweise aus Schwäche und Mutlosigkeit unsere eigene unentfaltete Kraft auf eine Autoritätsperson, so kann sie unser Vertrauen leicht mißbrauchen.

Wenn wir Projektionen als Hilfsmittel benutzen wollen, um verdrängte Eigenschaften wieder für uns zurückzugewinnen, müssen wir uns davor hüten, sie in realen Situationen und Beziehungen auszuleben. Andernfalls kann es sein, daß wir unsere Projektionen zwar zurücknehmen, aber ihre Auswirkungen nicht so bald wieder loswerden. Oft bietet Kunst einen Freiraum, in dem man aller Leidenschaft ohne die Gefahr der Verstrickung ihren Lauf lassen kann. Der Künstler nutzt sein Medium, um innerlich erlebten geistigen Qualitäten ihren vollen Ausdruck zu geben. Erst durch ihre Gestaltung werden sie zum Teil seiner selbst. Die buddhistische Überlieferung bietet uns manche Hilfsmittel zur vertikalen Projektion innerer Eigenschaften. Dazu gehört nicht zuletzt die Verehrung des Buddhabildnisses, das unsere eigene transzendente Natur darstellt. Wenn nichts Derartiges stattfindet, gibt es nichts, worauf die ganze Kraft unserer Emotionen sich richten könnte und unsere Entwicklung bleibt ein abstraktes, lebloses Ideal.

Wir werden nun nacheinander die sechs Lebenswelten mit ihren Bewohnern beschreiben. In diesem Kapitel beginnen wir mit jenen unseligen Orten der Wiedergeburt, an denen das Leiden vorherrscht. Sie sind die Projektionen eines unreifen, von Gier, Haß und Verblendung besessenen Bewußtseins. Unter dem Gesichtspunkt der Evolution stellen sie Sackgassen dar, in die ein verirrter, krankhafter Geist geraten kann, indem er für sich selbst die konkrete Wirklichkeit erschafft, die zu seiner Verfassung paßt.

Der Höllenbereich

Höllenbilder aus der buddhistischen Überlieferung ähneln dem christlichen Inferno des Mittelalters und den qualvollen Unterwelten vieler anderer Kulturen. Die Hölle erscheint als Ort gräßlicher Leiden und Martern: Grausame Dämonen peinigen ihre Opfer mit schauderhaften Foltern. Dieses Reich steht in Flammen, und es herrsch eine sengende Hitze. In seinen tiefsten Klüften jedoch liegen Regionen bitterster Kälte; dies sind die Orte des schlimmsten Leidens. Es gibt verschiedene Zwischenebenen, Höllenkreise, in denen besondere Arten ungeschickten Tuns in die ihnen gemäßen Leiden münden. Sie alle werden im Volksbuddhismus nur zu oft in Einzelheiten beschrieben. So gibt es etwa die Hölle des Unrats, in der die Verführer der Unschuldigen sich in Schleim suhlen und dabei von ungeheuren Riesenmaden angefressen werden. Mörder und Folterknechte sind auf spitze Stangen gespießt, und Vögel schlagen ihnen Schnäbel aus Stahl in die Eingeweide. Vielleicht sollten wir der Detailfreude solcher Beschreibungen, die manchmal kaum mehr als einen plumpen Aberglauben ausdrücken, zurückhaltend begegnen. Obwohl sich der Buddhismus nie in Drohpredigten über die Höllenqualen ausließ, wurde das Bild der Hölle doch gelegentlich mit allzu plastischen Details gemalt. Auf manche Menschen mag eine solche Derbheit wohl heilsam wirken und sie anhalten, die Folgen ihres Tuns sorgfältiger zu bedenken; in anderen aber wird sie bloß Gefühle irrationaler Furcht und Schuld wecken. Obwohl im Buddhismus die Wirklichkeit höllischer Daseinszustände als unbestrittene Tatsache gilt, darf man sie nicht zur Manipulation benutzen. Wir dürfen durch Bilder der Hölle nicht jene Gefühle von Trübsal und Verzweiflung hervorrufen, an denen so viele Menschen leiden, die unter dem Einfluß von Kirchen aufwuchsen, in denen auch kleine Kinder schon mit den garstigen Einzelheiten der Hölle erschreckt werden. Ein echtes Moralgefühl erwächst wohl aus Selbstvertrauen und Reife, keinesfalls aber aus Entsetzen.

Wahrscheinlich sind die Höllenwelten in Wirklichkeit weniger ordentlich als in der buddhistischen Kunst, die jeder ungeschickten Tat ihre besondere Marter angedeihen läßt. Solche traditionellen Darstellungen müssen wir wohl nicht wörtlich nehmen. Die Hauptmerkmale der Hölle sind fortwährendes Leiden und grausame Schmerzen, die von rasenden, rachedurstigen Wesen zugefügt werden. Auch auf der Erde begegnet man dieser Art von Erfahrung, und es gibt Menschen, die sich daran gewöhnt haben, die Welt in den düstersten Farben zu sehen. In jedem, der ihnen begegnet, sehen sie einen finsteren Halunken, und sie fühlen sich ständig bedroht. Ihr wichtigstes Ziel ist es, die Bedrohung zu beseitigen oder ihr zu entkommen, und sie leben in offener oder verdeckter Feindschaft mit nahezu jedermann. Von ihrer Unsicherheit gelähmt, leiden sie an den Qualen der Demütigungen, Kränkungen und Beleidigungen, die sie sich einbilden. Sie sehen sich von Feinden bedrängt, gehetzt und gemartert. Dabei schaffen sie sich häufig erst durch ihr eigenes Verhalten wirklich die Feinde, die sie sich zunächst nur einbildeten. Die Geisteshaltung solcher Menschen wurzelt in Haß, und sie sehen die Welt durch den Nebel ihrer projizierten Gefühle. Sie leben in einer Hölle auf Erden und machen sich jede Situation zur Folter. Der Höllenbereich des Lebensrades ist eben jener Geisteszustand, wie er nach dem

Tode in allen qualvollen Details manifest wird. Gewiß, die Hölle ist modernisiert und einem eher intellektuellen Bewußtsein angepaßt worden, doch sie wird stets ein Ort der Folter sein – Konkretisierung eines haßerfüllten Geistes.

Haß ist, wie wir bereits sagten, der Versuch, die Ego-Identität durch Ausschluß all jener Dinge zu sichern, die als Bedrohung empfunden werden. Menschlicher Haß ist etwas ganz anderes als die Aggression der Tiere. Wenn ein Tier ein anderes Wesen verletzt, so geht es dabei um sein Überleben, und das kann man nicht Haß nennen. Haß dagegen wird von Einbildungen genährt; er ist der Wunsch, anderen Leid und Schmerz zuzufügen oder sie gar zu vernichten, weil wir unser Ichgefühl von ihnen bedroht sehen. Wir fühlen uns tief gekränkt, ob sie uns nun wirklich etwas getan haben oder wir uns das nur einbilden, und um unser Identitätsgefühl zu wahren, fällt uns nichts Besseres ein als Vergeltung. Wir mögen zunächst in bestimmten konkreten Situationen ärgerlich über jemanden sein, doch früher oder später wird sich ein beständiger Groll oder Haß bilden. Es geht uns nicht länger nur darum, uns in solchen Situationen durchzusetzen – das genügt jetzt nicht mehr. Was der andere auch tun oder sagen mag, wir möchten ihn gern leiden sehen und sind vielleicht sogar bereit, eigenhändig dafür zu sorgen.

Mitunter wird der Haß zu einer Art Grundhaltung, so als hätte der Betreffende einen Vorrat aufgestauten Grolls in sich, der nicht mehr mit bestimmten Personen oder Ereignissen verknüpft ist. Solcher Haß ist zu einem festen Charakterzug geworden, und man sucht ständig nach Möglichkeiten, ihn auszuleben. Grollen, sich beklagen, bissig reagieren und über andere hinter deren Rücken herziehen – so äußert sich solch ein Bodensatz von Negativität, falls es nicht noch viel schlimmer kommt. Unterschwellige Negativität dieser Art ist so weit verbreitet, daß dort, wo Gruppen entstehen, meist auch gleich Feindbilder zur Hand sind, an denen man die negativen Gefühle austoben kann. Alle Gruppenmitglieder sind einig in ihrer Ablehnung einer bestimmten Person oder Fremdgruppe. Familien und andere Kleingruppen mögen ein «schwarzes Schaf» zum Blitzableiter ihres Dauerhasses küren. In ähnlicher Weise finden manche Menschen überall jemanden, der sie zu befehden oder zu stören scheint. Kaum haben sie den Feind dieses Augenblicks beseitigt, da taucht schon der nächste auf, als ob sie stets jemanden bräuchten, den sie ungeachtet seiner persönlichen Eigenschaften ablehnen können.

Die Entfernung des Hasses aus unserem Geist ist keine leichte Aufgabe. Durch Achtsamkeit können wir seine Äußerung langsam mäßigen und gewohnheitsmäßige Zustände von Verdrossenheit stoppen. Ein Leben mit Freunden, deren bejahende Gefühle wir teilen, wird uns beglücken und erfüllen, Vertrauen und Zufriedenheit schenken, so daß wir für Haß weniger anfällig sind. Durch aktive Mettābhāvanā-Praxis werden wir allmählich und für immer längere Zeiten die Liebe hervorbringen, die den Haß vertreibt. Doch müssen wir darauf achten, daß wir mit dem Haß nicht auch unsere Lebenskraft vertreiben. Weil der Buddhismus eine gewaltfreie Lehre ist, glauben manche seiner Anhänger, jede nachdrückliche Aussage oder Handlung und jede Uneinigkeit sei unvereinbar mit dem Dharma. Im Gegenteil! Schwung und Tatkraft, sogar eine Art von Zorn sind für das menschliche Wachstum unerläßlich. Wir benötigen solche Kraft, um die vielen inneren und äußeren Schranken zu durchbrechen, an die wir im Laufe unseres Lebens stoßen werden. Niemals jedoch ist diese Art der Aggression auf die Verletzung anderer gerichtet, sondern einzig darauf, zu neuen Stufen von Klarheit und Wahrheit vorzustoßen. Darum müssen wir etwa in Freundschaften bereit sein, uns offen, deutlich – vielleicht sogar hitzig – zu äußern, wenn wir fühlen, daß der Freund Unrecht hat oder daß etwas zwischen uns steht. Dieser «positive Zorn» wächst aus der Hemmung gesunder Kräfte, die sich aufstauen und – gelegentlich stürmisch – hervorbrechen. Natürlich werden wir durch Übung und Reife lernen, diesem positiven Streben mit mehr Augenmaß Geltung zu verschaffen. Wir sollten aber klar sehen, daß das Prinzip der Haßlosigkeit keineswegs von uns verlangt, ein lammfrommes, immer sanftmütiges und daher blutloses Leben zu führen.

Das spirituelle Leben fordert unsere ganze Kraft und sogar eine Art Destruktivität. Wir müssen alles in uns beseitigen, was uns in niedere Bewußtseinsformen zurückwirft. Die Macht von Gier, Haß und Verblendung, den Sog der niederen Evolution, die Trägheit der Verblendung – sie alle müssen wir bekämpfen und überwinden. Diese Kräfte wirken nicht nur in uns, sondern auch in unserer Umwelt. Dort müssen wir gut achtgeben, weil sie sich in anderen Menschen verkörpern. Unser Krieg gegen die Mächte der Verblendung darf nicht zum Krieg gegen Menschen werden. So etwas stünde dem Geist des Dharma kraß entgegen. Kein Krieg wurde in der langen Geschichte des Buddhismus in seinem Namen geführt, und Verfolgung war ihm völlig unbekannt. Der Buddhismus lehrt die Bekämpfung des Bösen mit ausschließlich gewaltfreien Mitteln. In unserem Feldzug gegen alles, was die Menschen zurückhält, dürfen wir kritisieren, ermahnen, überzeugen und alle Methoden anwenden, die ethisch geschickt sind und niemanden verletzen.

Daß wir eine geeignete Speerspitze für unser spirituelles Leben benötigen, verschafft uns eine Gelegenheit, den Haß in uns zu verwandeln. Wir können ihn nutzen. Nach den Worten eines buddhistischen Weisen müssen wir Haß benutzen, um Haß zu zerstören. Obwohl die Wahrheit, die wir auszusprechen haben, manchen Leuten unangenehm sein mag, sollte es nie unser Ziel sein, sie zu verletzen. Wir sollten jede Handlung vermeiden, die andere Menschen wahrscheinlich direkt oder indirekt verletzen wird. Dennoch können wir leidenschaftlich und gezielt gegen alles vorgehen, was die Menschen einschränkt, knechtet und an niedere Geisteszustände kettet. In diesem Sinne, können wir, ethisch geschickt, die zerstörende Wucht unseres eigenen, noch immer latent vorhandenen Hasses steuern, sie zähmen und den Mächtigen der Finsternis in der Welt entgegenstellen.

Wenn wir nicht lernen, unseren Haß zu sublimieren, wird er weiterhin einen beherrschenden Einfluß auf unser Leben ausüben. Erlauben wir ihm, uns zu beherrschen, dann kann er unser Dasein zur Hölle machen – hier und jetzt wie auch über den Tod hinaus.

Die sengende Hitze der Höllen entspricht der leidenschaftlichen Glut des Hasses. Die Eishöllen sind jenen bestimmt, deren Haß die vulkanischen Ausbrüche der gewöhnlichen Leidenschaft überschritten hat und zu kalter Bosheit geronnen ist – zum Genuß daran, Qual und Pein zu bereiten ohne Rücksicht auf Schuld oder Unschuld des Opfers. Dies ist wahrscheinlich die ungeschickteste Geisteshaltung, der man verfallen kann. Darum sind die Eishöllen der tiefste Abgrund des gesamten Weltensystems.

So sehr die überlieferten buddhistischen Höllenbilder denen des Christentums auch ähneln, unterscheiden sich doch die Grundauffassungen über die Hölle in zwei wichtigen Punkten: In die buddhistische Hölle gerät man nicht durch Bestrafung, und man bleibt in ihr nicht für alle Ewigkeit. Jede Welt ist nur die Objektivierung der Bewußtseinslage eines Individuums im Einklang mit dem natürlichen Wirken des Karmagesetzes. Niemand richtet, niemand verdammt. Die Gestalt des Herrn des Todes in der buddhistischen Mythologie ist eine Personifizierung des Todes selbst, und sein Spiegel ist der Spiegel unseres eigenen Gewissens oder unserer Empfindungsfähigkeit für die Gefühle anderer, die in unserem Leben oft unterdrückt, im Tod aber offenbar wird. (Der Herr des Todes ist nach manchen Überlieferungen Avalokiteshvara, Verkörperung des Erbarmens, eines der beiden Hauptaspekte eines Buddha. Damit wird betont, daß, im rechten Licht betrachtet, selbst der Tod, den die meisten Menschen als schreckliche Katastrophe fürchten, die wahre Natur der Dinge offenbart. Wenn wir dem Tod nur ganz offen gegenüberträten, würden wir nicht die rotglühenden Augen eines grausigen Ungeheuers sehen, sondern das erbarmende Lächeln des Avalokiteshvara.) Viele Menschen, die dem Tod nahe waren, berichteten, ihr ganzes Leben sei noch einmal an ihnen vorbeigezogen. In ähnlicher Weise zeigt uns der Spiegel des Herrn des Todes nochmals die Taten unseres vergangenen Lebens.

Was man selbst in Bewegung gebracht hat, bestimmt, in was für einer Welt man wiedergeboren wird. Der Buddhismus teilt nicht den Glauben an einen Schöpfer oder göttlichen Richter – er bewertet diese Gestalten vielmehr als Projektionen unserer Hoffnungen und Ängste, als Ausdruck unserer Sehnsucht nach einem tröstenden Vater, der die Welt ordnet. Das Universum besteht aus Prozessen, die ihre eigenen Wirkungsgesetze selbst enthalten. Das Karmaprinzip ist das Gesetz, das dem individualisierten Bewußtsein innewohnt und die Rückwirkungen bestimmt, die es aufgrund seiner Willensregungen erfahren wird.

Jeder Vorgang ist vergänglich, und irgendein Zustand dauert nur so lange, wie die Bedingungen, die ihn hervorbrachten, noch wirken. In Haß wurzelnde Willensregungen führen die Erfahrung der Hölle herbei. Haben sie sich erschöpft oder wurden sie durch geschickte Willensregungen ausgeglichen, dann wird man die Hölle verlassen und in einer neuen Umgebung erscheinen, die dem nunmehr umgestalteten Karmamuster gerecht wird. Man wird so lange im Zustand der Folter bleiben, wie es unverbrauchte karmische Kräfte gibt, die einen dort halten. Die Überlieferung sagt, ein Leben in der Hölle könne viele Zeitalter währen – vielleicht ist dies ein Hinweis auf die wohlbekannte Erfahrung, daß die Zeit schleicht, wenn wir leiden.

Der Bereich der Hungrigen Geister

Trostlose Öde, so weit das Auge reicht, eine tote Wüste von Felsgestein und Sand. Ein paar vertrocknete Bäume sind der einzige Schutz vor dem schneidenden Wind, und eine winzige, fahle Sonne spendet notdürftige Wärme. Träge fließt ein breiter Strom brackigen Wassers durch die weite Ebene.

Ungelenke Kreaturen kauern zwischen den Baumgerippen in Gruppen zusammen, eng aneinandergedrängt, um sich zu wärmen. Aufgebläht sind ihre Körper und rauchfarben; sie wirken unstofflich, als bestünden sie aus Nebeldunst. Arme und Beine sind spindeldürr und schwach; der Kopf sitzt hoch oben auf einem langen, dünnen Hals; ihre Bäuche aber sind aufgeblasene, schwankende Kugeln, viel zu schwer für die klapprigen Beine. Spitz geschürzt sind die Münder, mit Öffnungen nicht größer als ein Nadelkopf. Runde Augen starren darüber mit sehnsüchtig-schmerzlichen Blicken hervor.

Diese erbärmlichen Kreaturen werden von unstillbarem Durst und Hunger geplagt. Auf ihren schwachen Beinen stelzen sie ans Ufer, doch kaum nähert sich ihr Mund dem Wasser, da weicht es zurück. Und stehen sie selbst mittendrin, können sie ihren Mund doch nicht benetzen. Sie leiden Tantalusqualen. Bitter und elend ist der Lohn jener wenigen, denen es gelingt, einen Schluck zu trinken, denn das Wasser brennt im Magen wir flüssiges Feuer. Ein, zwei verschrumpelte Früchte hängen an den Bäumen. Auch sie weichen vor den ausgestreckten Händen der Wesen zurück, die, wahnsinnig vor Hunger, ihre massigen Körper auf die Äste hieven. Gepflückt und gegessen, wird die Ernte zu Schwertern und Dolchen, die von innen den Magen löchern und schlitzen.

Von übermächtigem Hunger und Durst getrieben, kennen die Hungrigen Geister nur Essen und Trinken als ihren Lebenszweck. Ihre schwachen Körper und der winzige Mund machen es ihnen fast unmöglich, sich zu erhalten. Und was immer sie erhaschen, quält sie noch mehr als die Begierde, die sie antrieb. So schmachten sie dahin, bis die Raffsucht und Gefräßigkeit erschöpft sind, die sie in diese Welt brachten.

Auch die Welt der Hungrigen Geister ist eine Art Hölle, die jedoch weniger von körperlichen Torturen geprägt wird – obwohl es auch solche dort gibt – als von den Qualen unerfüllter Begierde. Ist die Hölle eine Vergegenständlichung des Hasses, dann spiegelt dieses Reich einen gierbesessenen Geist. Auch in der menschlichen Welt gibt es Leute, die so sehr von Gier und Verlangen getrieben sind, daß die Anhäufung von Dingen zu ihrem einzigen Lebenszweck wird. Wenn sie erhalten, was sie heiß ersehnt haben, finden sie allerdings wenig Freude daran. So viel sie auch besitzen mögen, immer glauben sie, daß ihnen noch etwas fehlt. Diese Geistesart ist der Baumeister der Welt der Hungrigen Geister.

Gier ist das Verlangen, Dinge zu besitzen, weil man glaubt, daß sie das Ego stützen werden. Ein Gefühl innerer Schalheit und Unechtheit liegt derBegierde zugrunde. Ein unreifes Ego ist schwach und unvollständig; weil es sich selbst nur oberflächlich spürt, leidet es am Gefühl einer unbehaglichen Leere und Armut. Um sich als wirklich und echt zu erleben, ersehnt das Ego bestimmte Erfahrungen, denn durch Erfahrung wird das Bewußtsein erfüllt, und sei es von einer Illusion inneren Reichtums, die nur vorübergehend vom inneren Mangel ablenken kann.

Die der Begierde zugrundeliegende Unfähigkeit, sich selbst ganz zu erfahren, gründet in einer psychischen Einseitigkeit, die mit dem Hervortreten des individualisierten Bewußtseins einhergeht: Auf die eine oder andere Weise werden dabei Emotionen gedrosselt oder aus der Selbstwahrnehmung ausgeschlossen. Das kann durch Verdrängung geschehen, wenn man sich etwa weigert, gewisse Gefühle ganz zu empfinden, die man als «schlecht» einzustufen gelernt hat. Gewisse Auswüchse christlicher Erziehung beispielsweise können dazu führen, daß unsere Körperlichkeit, insbesondere der sexuelle Aspekt, uns Schuldgefühle einflößt. Manche Menschen, die einer solchen Konditionierung ausgesetzt waren, weigern sich, ihre Gefühle zuzulassen. Sie verdrängen Emotionen aus der Wahrnehmung, und eine innere Öde bleibt zurück. Anderen Menschen mag soviel Unheil und Mißgeschick widerfahren sein, daß sie irgendwann für Emotionen taub und stumpf werden. Eine einseitig intellektuelle Entwicklung kann dasselbe bewirken. Der Mensch, der in all diesen Fällen zurückbleibt, ist gefühlsarm und sehnt sich nach starken Erlebnissen, in denen er endlich etwas fühlen kann. Den inneren Reichtum, der ihm fehlt, projiziert er auf seine Umwelt. Er bildet sich ein, durch Besitz, durch besondere Erlebnisse oder aus bestimmten Beziehungen die ersehnte Erfüllung schöpfen zu können. Dabei mögen angenehme Empfindungen, die die Beschaffung der gewünschten Güter begleiten, das Gefühl der Leere zeitweise überlagern; früher oder später aber kommt es zurück, und ein neuer Kreislauf des Begehrens beginnt.

Ein Hungriger Geist ist der Geizhals, der auf seinem Geld sitzt, oder der Sammler, der stets auf der Jagd nach einer neuen Kostbarkeit ist, oder der Süchtige. Vielleicht ist der Drogenabhängige der Archetypus des Hungrigen Geistes: Kaum offen für die Welt, lebt er nur der nächsten Dosis entgegen, deren Wirkung doch so rasch schwinden und ihn in neue Gier treiben wird. Hungrige Geister sind süchtig, denn Sucht ist eine Geisteshaltung, und alles, was eine Linderung jenes rastlosen inneren Sehnens verspricht, kann süchtig machen. Doch kein Suchtobjekt kann wirkliche Erfüllung spenden, denn was man letztlich ersehnt, ist nicht das Objekt, sondern eigene innere Fülle.

Kaum endet die kurze Erleichterung, die die «Droge» gewährte, da muß man auch schon zur nächsten greifen.

Sucht kann sich an viele Dinge heften und besonders häufig an andere Menschen. Die süchtige Person ist neurotisch abhängig von anderen und sucht bei ihnen die emotionale Nahrung, die sie nur in sich selbst finden könnte. Diese Abhängigkeit ist infantil und läuft stets in sich selbst zurück, denn sobald man die ersehnte Zuwendung erhält, verlangt man nach mehr. Bestätigung, Zustimmung, Aufmerksamkeit und Sicherheit mag man in neurotischen Beziehungen suchen. Unnatürlich enge Bindungen zwischen Eltern und erwachsenen Kindern, die auf einer Stufe verlängerter Kindheit gehalten werden, sind keine ungewöhnlichen Beispiele für derartige neurotische Abhängigkeiten. Besonders häufig kann man sie in sexuellen Beziehungen finden. Süchtige Partner sind einander nicht durch gegenseitige Achtung oder durch ihren gemeinsamen Beitrag zum Familienleben verbunden, sondern durch neurotische Bedürfnisse, denn sie verlangen voneinander die Auffüllung der eigenen inneren Leere. Können sie das Ersehnte nicht finden, dann begreifen sie immer noch nicht, sondern häufen Groll auf Gier, indem sie einander beschuldigen, nicht geben zu wollen. Manche Psychologen behaupten, Sucht-Beziehungen dieser Art träten immer häufiger auf. Sie deuten sie als Symptome der «Ich-Generation», also jener Nachkriegskinder, deren Appetit durch Überfluß gesteigert wurde und die aufgrund des rapiden sozialen Wandels haltlos und verunsichert sind. Unreif und ichbezogen streben diese Menschen nach einer Fortsetzung ihrer kindlichen Mutterbindung mit dem Liebespartner. Eine unselige und häßliche Erscheinung: zwei schwache, schattenhafte Menschen, die voneinander zu bekommen trachten, was ihnen beiden doch fehlt.

Vielleicht fördern die Umstände des modernen Lebens die Haltung der neurotischen Begierde, da das Gefühlsleben in vieler Hinsicht unterbewertet wird. Unserer hohen Mobilität und der Leichtigkeit und Schnelligkeit der Kommunikation stehen auf der anderen Seite schwindende Stabilität und Kontinuität gegenüber. Es gibt nicht viele Gelegenheiten, tiefe Beziehungen zu Menschen und Orten der Umgebung zu knüpfen, und auch deshalb fehlt vielen jene befriedigende Gefühlstiefe, die ein verläßlicher Rahmen stiften kann. Außerdem bietet das moderne Leben eine Flut von Reizen und Ablenkungen, die den einzelnen geradezu herausfordern, seine emotionalen Kräfte zu verzetteln. Das Ergebnis ist jene Schalheit des Fühlens, die zur neurotischen Suche nach «starken» Erfahrungen führt.

Neurotisches Verlangen muß von gesunden Bedürfnissen klar unterschieden werden. Die Bedürfnisse des Körpers sind an sich keine Gier neurotischer Art. Hunger und Durst sind Körperbedürfnisse, die aus einem Mangel an Nahrung und Flüssigkeit entstehen und befriedigt werden, indem man ißt oder trinkt. Wer einmal gefastet hat, wird wissen, daß man trotz des Nahrungsentzugs und der Hungergefühle völlig zufrieden sein kann. Im Fall der Sexualität ist die Sachlage verwickelter, weil sich hier die verschiedensten Elemente mischen. Der eigentliche, biologische Sexualtrieb ähnelt Hunger und Durst insoweit, als er ebenfalls ein Ausdruck unserer physiologischen Konstitution ist. Soweit wir solchen Verlangen auf offene und anderen nicht schadende Weise nachgehen, sind sie nicht neurotisch. Leider jedoch werden Nahrung und Sex sehr häufig mißbraucht und dadurch zu Objekten neurotischer Gier. Dann handelt es sich um neurotische Versuche, einen inneren Mangel durch den Mißbrauch eines an sich keineswegs ungesunden Verlangens zu beheben.

Gesunde Bedürfnisse gibt es auch jenseits der physiologischen Ebene. Wir haben soziale Bedürfnisse nicht-neurotischer Art; zum Beispiel brauchen wir Bestätigung oder das Wissen, von anderen gesehen und anerkannt zu werden. Es ist sehr aufreibend, in Verbindung mit Menschen zu leben, die nie erkennen lassen, daß sie uns als eigenständige Individuen wahrnehmen. Das Bedürfnis nach einer Bestätigung unserer Individualität durch andere ist sehr verschieden von dem neurotischen Streben nach Aufmerksamkeit. Letzteres ist unersättlich: Je größer die Zuwendung, desto begieriger wird sie verschlungen, ohne daß die Gier gelindert würde. Wie ein Blutegel oder Vampir saugt der Neurotiker die Energien derer aus, die ihm erlauben, sich an sie zu klammern. Wer jedoch die echte menschliche Bestätigung erhält, die er benötigt, wird rasch lebensfroh und glücklicher werden.

So sehr der Neurotiker auch in sinnlichen Vergnügungen schwelgen mag, wirkliche Freude bescheren sie ihm kaum. Seine emotionale Armut hindert ihn, denn das Vermögen zu genießen erwächst aus innerem Reichtum. Freudiger Genuß ist der Kontakt zwischen dem Objekt und den eigenen gesunden Emotionen. Je zufriedener man ist, desto mehr wird man das sinnlich Schöne genießen können. Dann befriedigen uns auch sehr schlichte Vergnügungen, und wir stopfen uns nicht bis zu jener sinnlichen Übersättigung voll, die von Neurosen oft erzwungen wird. Spirituelle Entwicklung ist ein Wachstum innerer Fülle, und die Fähigkeit zu freudigem, entspanntem Genießen ist ein Kennzeichen dieser Fülle.

Es gibt noch eine letzte Form gesunden Verlangens, die von den neurotischen Formen abzuheben ist: das Hingezogensein zu spirituellen Idealen und zu den Menschen, die sie verkörpern. Dieses Verlangen, uns zu entwickeln und über unseren derzeitigen Bewußtseinstand hinauszugreifen, müssen wir anregen und steigern. Gelegentlich sieht man Menschen mit einer neurotisch besitzergreifenden Einstellung gegenüber dem, was sie für die höhere Evolution halten. Sie betrachten das spirituelle Leben als Mittel des Machtgewinns oder als Flucht vor sich selbst und ihrer persönlichen Verantwortung. Aber der Drang zur Entwicklung ist nicht engherzig und persönlich, sondern selbstlos und expansiv. Dieses Verlangen schlummert in jedermann, wenn auch mehr oder weniger unter Gier, Haß und Verblendung begraben. Nur wenn wir ihm ganz folgen, werden wir uns den inneren Reichtum erschließen, der aller neurotischen Begierde ein Ende macht.

Der Bereich der Tiere

Im Bereich der Tiere ist Leben das Leben des Körpers. Jede Tätigkeit zielt auf die Befriedigung von Körperbedürfnissen und auf Selbsterhaltung. Die Tierwelt ist die Objektivierung der verblendeten Weigerung, über die Bedürfnisse des Körpers hinauszusehen. Tiere in der freien Natur sind nicht in diesem Sinne verblendet, denn sie sind, weil sie ihrer selbst nicht gewahr werden, für die Grenzen ihrer Erkenntnis nicht verantwortlich. Ihre Unwissenheit ist die Unwissenheit der Natur und nicht die Verblendung von Individuen. Das menschliche Tier jedoch verengt bewußt seinen Horizont und weigert sich, Sinn und Zweck des Lebens zur Kenntnis zu nehmen.

Ein tier-ähnlicher Mensch ist nicht neurotisch wie der Hungrige Geist, denn ihn treibt kein unersättlicher Hunger. Sein Körperverlangen nach Nahrung, Schlaf und Sexualität ist gesund; er findet darin Erfüllung und Genuß. Allerdings wird genau diese Befriedigung auch sein einziges Ziel. Das menschliche Leben hat für ihn keinen weiteren Sinn. Obwohl er verblendet ist, weil er eine höhere menschliche Bestimmung nicht zu sehen vermag, muß er in praktischen Belangen keineswegs dumm sein. Vielleicht führt er ein durchaus stilvolles Leben, leistet eine anspruchsvolle Arbeit und geht mit fortgeschrittener Technologie um. Seine praktische Intelligenz mag hoch entwickelt sein, doch lebt er ohne Ideale oder etwas, das über ihn selbst und seine Gruppe hinauswiese.

Das Tier lebt ohne eine Vision und ohne Kultur: keine Interessen, keine Unternehmungen, die der Bildung seines Geistes dienen könnten. Große Teile der modernen Gesellschaft sind von dieser Art. Obwohl es nie zuvor eine so hoch organisierte Zivilisation mit so fortgeschrittenen technischen Möglichkeiten gegeben hat wie heute, besitzen erstaunlich wenige Menschen eine breitere Lebensperspektive, und von einer gemeinsamen Vision kann schon gar keine Rede sein. In den meisten Kulturen der Vergangenheit waren sämtliche öffentlichen Belange in der Religion verankert, die jene Grundanschauungen vorgab, auf denen das Leben aufbaute. Das ist heute nicht mehr der Fall: Das Christentum im Westen wie auch manche religiösen Überlieferungen anderswo zerfallen unter dem Ansturm der Konsumideologie, die man auch die «Philosophie des Tieres» nennen könnte. In gewisser Hinsicht ist dieser Zerfall überlieferter Werte nichts Schlechtes, da mancher Moder und Aberwitz endlich beseitigt wird. Doch bleiben viele Menschen in einer Welt drastisch verengter Ausblicke zurück und können sich leicht im tier-ähnlichen Streben nach einer bloß körperlichen Befriedigung verlieren.

Ob Menschen tatsächlich als Katzen oder Pferde, sogar als Fliegen oder Fische wiedergeboren werden können, ist eine Streitfrage buddhistischer Kreise. Der Buddha scheint die Möglichkeit bejaht zu haben (obgleich er bei einer Begebenheit von der tierischen Wiedergeburt als Ergebnis ausdauernden tierhaften Verhaltens sprach). Auf den ersten Blick erscheint es unwahrscheinlich, daß ein Mensch sein Selbstbewußtsein so gründlich verfinstern kann, daß er als Tier wiedergeboren wird. Leugnet man allerdings hartnäckig alle eigenen schöpferischen Anlagen und mißachtet die höheren Möglichkeiten des Menschenlebens, dann kann das Bewußtsein so sehr verkümmern, daß man nur mehr ein Tier ist. Bekanntlich ist es möglich, dauerhaft von der Stufe des Erwachsenen zum Kinde zu regredieren; warum sollte es ausgeschlossen sein, auf eine noch frühere Stufe der Evolution zurückzufallen?

Ob Menschen als Tiere wiedergeboren werden können oder nicht – es gibt tier-ähnliche Menschen. Es gibt Regionen unseres Planeten von sehr niedriger Kulturstufe, wo das Verständnis des menschlichen Potentials nur gering ist. Weder Künste noch eine entfaltete Philosophie lenken hier den Blick über die trivialen Belange des alltäglichen Überlebens hinaus. Solche Regionen gibt es nicht allein bei den «Primitiven» am Rande der zivilisierten Welt, sondern sie sind inmitten vieler unserer Großstädte zu finden. Wiedergeburt in einer solchen Umgebung heißt, als Tier geboren zu werden.

Der Bereich der Titanen

Krieg ist ihr Leben. Tagsüber im schweren Harnisch, den sie nur nachts, aber in Reichweite, ablegen, sind die Titanen stets bereit zum Kampf. Diese «eifersüchtigen» Gottheiten bieten einen grimmigen Anblick: Massig und riesenhaft ist ihre Statur, kraftstrotzend sind die Glieder; die Haut schimmert gefährlich blaugrün. Abschreckend häßlich ist das Gesicht, eine wutverzerrte Grimasse mit vorquellenden Augen und fauchenden Lippen. Immer wieder preschen diese Giganten in geordneten Schlachtreihen vor gegen die Götter der Sinnensphäre und versuchen, ihnen ihr Glück und Entzücken zu entreißen. Sie wollen den Himmelsbaum erobern, der alle Wünsche erfüllt, und, blind in ihrem Neid, beginnen sie, ihn zu fällen. Doch die Götter siegen und treiben sie zurück in panischer Flucht. Gleich fallen sie übereinander her, denn jeder von ihnen strebt nach größerer Macht in der strengen Hierarchie ihrer Armeen.

Die Titaninnen sind einer der Hauptanlässe von Zwistigkeiten unter den Männern. Sie sind nicht weniger eifersüchtig und habgierig, doch gewinnen sie ihre Kriege nicht mit Waffengewalt, sondern durch Zauber. Sie sind lüstern und betörend, und sie verstehen es, ihre Opfer zu umgarnen und zu verzaubern. Wie die Sirenen, wie Loreley und Lamia, vernichten sie jeden, der ihnen verfällt.

Mythologisch gesehen, scheinen die Bewohner dieser Welt von einer Gruppe jener Götter abzustammen, die am Kampf um die himmlische Vorherrschaft teilnahmen, von dem die Sagen Griechenlands, Persiens und Indiens berichten. Deshalb habe ich sie mit ihrem griechischen Namen bezeichnet, doch sollten wir sie nicht mit Atlas, Prometheus, Hyperion oder ähnlichen Gestalten verwechseln. Gelegentlich werden sie auch «Gegengötter» oder «eifersüchtige» Gottheiten genannt. An Macht und Stärke sind sie wohl göttlich, doch Glück und Lust kennen sie nicht, denn sie sind vom Elend des Neides getrieben. Im Unterschied zu den Hungrigen Geistern stammt ihre Habsucht nicht aus gierig-unersättlichen Wünschen. Sie wollen besitzen, weil sie anderen mißgönnen, was immer diese an Besitz, Errungenschaften oder Eigenschaften haben mögen. Durch den Erfolg anderer fühlen sie sich selbst erniedrigt, denn ihr Ichgefühl beruht darauf, daß sie sich – wie ein Baby in der Wiege – für den Mittelpunkt der Welt halten. Was andere erringen, können sie selbst nicht haben, und das bringt sie in Rage. Ihr bohrendes, tiefes Unbehagen über das Glück anderer treibt sie in einen heftigen, ja gewalttätigen Kampf, um dieses Glück an sich zu reißen. Im Mythos streiten sie mit den niederen Göttern um den Besitz des wunscherfüllenden Baumes, der jedes Verlangen augenblicklich stillt. Die Götter haben diesen wunderwirkenden Baum durch ihre guten Taten in der Vergangenheit errungen. Die eifersüchtigen Gottheiten wollen ihn nun entwenden, ohne irgendeines der Verdienste vorweisen zu können, die Bedingung für seine Wohltaten sind. So versuchen sie, ihn zu fällen und wegzuschleppen, trennen die Früchte von den nährenden Wurzeln – schlachten die Gans, die das goldene Ei legt.

Der männliche Titan ist überaus wettbewerbsorientiert und bemüht sich, andere in jeder Hinsicht auszustechen, um so den für sein Ichgefühl so wichtigen Glauben zu stärken, er sei die Hauptperson in der Welt. Ständig versucht er, gescheiter als andere zu sein oder stärker, reicher, erfahrener und desgleichen mehr. Machen sie etwas gut, dann muß er es besser können. In den Welten von Politik und Wirtschaft, doch auch in manchen anderen, sind solche Leute keine Seltenheit. Obgleich sie stets auf den Beweis ihrer Überlegenheit bedacht sind, achten Titanen sehr genau auf Hierarchien und ziehen es vor, sich in klaren Machtstrukturen zu formieren. Sie können sich mit anderen nur auf der Grundlage von Herrschaft oder Unterordnung verständigen, nicht aber als Gleiche. Wo immer sie es dürfen, werden sie herrschen. Nur wenn sie spüren, daß Herrschaft nicht möglich ist, ordnen sie sich unter. Die Rangordnung, der sie sich eingliedern, ermöglicht ihnen eine höchst wirksame Zusammenarbeit gegen gemeinsame Konkurrenten. Wie in allen Militärdiktaturen wartet jedoch jeder auf Schwächen seiner Kumpane, um deren Macht an sich zu reißen. Die Hierarchie gründet nicht in Anerkennung und Achtung, sondern in Furcht und Ehrgeiz. Heimtücke und Verschwörung unterhöhlen fortwährend die Stabilität der gesellschaftlichen Ordnung, und immer wieder kämpfen sich neue Führer nach oben.

Die männlichen Titanen wetteifern miteinander durch Anwendung roher Gewalt oder Verschlagenheit. Ihre weiblichen Gegenstücke sind nicht weniger wettbewerbsorientiert, doch benutzen sie weibliche Verlockung, um ihre Ziele zu erreichen. Sie steuern ihre Opfer in gefühlsmäßige Verstrickungen und nutzen sexuelle Betörung als Köder ihrer Fangnetze. Der Titan trachtet danach, sich die Welt zu unterwerfen, um sie in eine maskuline Hierarchie zu verwandeln, auf deren Gipfel er als

Weltenkönig thront. Die Titanin versucht, eine riesige Familie um sich zu scharen, deren Mitglieder, ob sie männlich oder weiblich sind, alle in kindlicher Hilflosigkeit von ihr – der Großen Mutter – abhängen.

Die männlichen und weiblichen Titanen verkörpern die Extreme der sexuellen Polarisierung. Außer unter zwittrigen und parthenogenetischen Tieren ist die Sonderung in Geschlechter ein Merkmal aller Welten der Sinnensphäre. Die höheren Götter sind nicht geschlechtsspezifisch ausgeprägt, sondern androgyn. Die Spaltung in Männlichkeit und Weiblichkeit, die alle niederen Formen des Selbstbewußtseins beherrscht, ist ein wichtiger Faktor der Evolution, den wir nunmehr eingehender untersuchen müssen. Bei den Titanen tritt diese Polarität in stark übersteigerter Form als Folge einer erheblichen Verzerrung ihres Selbstbewußtseins auf.

Im heranwachsenden Kind ist das Bewußtsein sehr eng mit dem Körper verbunden, der die hervortretende Persönlichkeit konditioniert. Die Sexualität ist einer der stärksten körperlichen Bedingungsfaktoren. Nicht nur in den Geschlechtsorganen prägen sich die Sexualunterschiede aus, sondern auch in den Verschiedenheiten des Körperbaus, der Kraft und gewisser Eigenarten der Bewegung. Die geschlechtsspezifischen Unterschiede gehen weit über die Vermehrungsfunktionen hinaus und erstrecken sich etwa auf Verhaltensbereiche wie die Versorgung der Kinder und die Jagd. Dieses heikle Problem wird noch komplizierter durch die enorme Vielfalt menschlicher Typen und durch die Tatsache, daß eine Konditionierung sozialer Art der ursprünglichen, physiologischen aufgepropft ist. Darum ist es nahezu unmöglich anzugeben, wo die biologische Konditionierung endet und die soziale beginnt. Immerhin kann man mit vernünftigen Argumenten kaum bestreiten, daß die Sexualität, auch unabhängig von allen sozialen Bestimmungsgrößen, unser Bewußtsein maßgeblich beeinflußt. Soweit sie biologisch bedingt sind, zeigen die psychischen Strukturen von Männern und Frauen sehr unterschiedliche Merkmale. Bei Tieren, die sozial kaum oder gar nicht konditioniert sind, ist diese Tatsache überdeutlich. Ist sie beim Menschen verdeckt, dann nur deshalb, weil das menschliche Bewußtsein das Tierreich zu transzendieren beginnt.

Weitaus enger als der Mann ist die Frau mit der Fortpflanzung verbunden. Ihre monatlichen Perioden sind Teilphasen eines konstanten Zyklus der Vorbereitung auf die Befruchtung. Wird sie schwanger, dann muß sie das Kind neun Monate lang austragen. Körperlich ist sie zumeist kleiner und fülliger und der Aufgabe angepaßt, Kinder zu tragen und zu ernähren. Ihre wichtigsten Instinkte und psychischen Impulse entsprechen dieser Anpassung. Die unmittelbaren Fortpflanzungsfunktionen sind zwar auch für den Mann von großer Bedeutung, aber nur für vergleichsweise kurze Zeit. Seine direkte körperliche Beteiligung an der Fortpflanzung beschränkt sich auf den Geschlechtsakt. Dementsprechend stehen Säuglinge und Kindererziehung seinem Bewußtsein auch weniger nahe. Körperlich ist er stärker, schneller und besser für Aufgaben gerüstet, die Kraft und Beweglichkeit verlangen. Von der alle Kräfte beanspruchenden Schwangerschaft und Kinderpflege entbunden, hat er freie Hand für andere Unternehmungen und Initiativen.

Die maskulinen und femininen Eigenschaften psychischer Art, die sich aus der biologischen Männlichkeit und Weiblichkeit entwickeln, kann man verallgemeinernd Tatendrang und Fürsorge nennen. Selbstverständlich müssen dieser groben Unterscheidung angesichts der komplexen Natur der menschlichen Konditionierung allerlei mögliche Ausnahmen und Vorbehalte hinzugefügt werden. Als allgemeine Richtschnur ist sie jedoch treffend und nützlich. Die meisten Männer neigen zu größerer Unternehmungslust und Zielorientierung als die meisten Frauen; es verlangt sie danach, die Initiative zu ergreifen und neue Wege des Verstehens und Handelns zu erproben. Aus diesem Grunde waren bei weitem die meisten Künstler, Denker und Politiker männlichen Geschlechts. Die meisten Frauen sind auf Heim und Familie orientiert und finden ihre Erfüllung eher in der Versorgung der Kinder. Einige Männer erscheinen eher feminin, manche Frauen eher maskulin; manche Männer sind maskuliner als andere, manche Frauen femininer als andere. Nichtsdestotrotz gilt das Grundmuster der biologischen Bedingtheit der Persönlichkeit, wie es hier umrissen wurde.

Unter dem Gesichtspunkt der Wiedergeburtslehre sollte man beachten, daß die Körpergestalt vom Bewußtsein bestimmt wird. Wohl kann auch der physische Körper auf das Bewußtsein einwirken, das in diesem Leben in ihm verankert ist, doch ist dieser Körper selbst die Objektivierung eines Musters von Tatabsichten, das im Vorleben geschaffen wurde. Männer und Frauen werden gerade deshalb als Männer oder Frauen geboren, weil ihr Bewußtsein sich dadurch angemessen und konkret ausdrücken kann. Das biologische Geschlecht wird vom früheren Bewußtsein bedingt und hilft seinerseits, die neue Persönlichkeit zu formen. Männlichkeit und Weiblichkeit treten nicht zufällig oder beliebig auf. Sie stammen aus Wünschen und Interessen, die wir in der Vergangenheit gehegt haben. Wir können nicht nur in jeder der drei Sphären oder der sechs Daseinswelten wiedergeboren werden, sondern auch männlichen oder weiblichen Geschlechts, oder ungeschlechtlich (im Sinne der Asexualität) oder doppelgeschlechtlich (im Sinne der Androgynie). Wie die Welt, in die wir hineingeboren werden, durch unsere Tatabsichten bedingt ist, so verhält es sich auch mit unserem Geschlecht.

Die Titanen und Titaninnen wie auch ihre menschlichen Entsprechungen verkörpern die extremen Pole der Geschlechtlichkeit. Keines der beiden Extreme wird hier durch Eigenschaften seines Gegenpols gemildert; eher gelten feminine Eigenschaften bei einem Mann oder maskuline bei einer Frau als anstößig. Übertrieben vereinseitigt und den ergänzenden Charakterzügen entfremdet, brüsten sich die männlichen Titanen in muskelstrotzender Aggressivität und behaupten die Überlegenheit ihres Ego mit maskulinem Kraftgebaren und Initiative. Weibliche Emotionalität und sexuelle Anziehungskraft sind die Machtinstrumente, mit denen die Titaninnen – in einer Art pervetierten Mütterlichkeit – die Männer unter Kontrolle halten. Fast ausschließlich mit dem eigenen Geschlecht identifiziert, dessen Züge sie ausspielen, um ihr entstelltes Selbstverständnis zu wahren, verdeutlichen die eifersüchtigen Gottheiten wiederum eine der Sackgassen der Evolution, in die das Bewußtsein abirren kann.

Die Titanen und Titaninnen lassen sich so sehr durch ihr

eigenes biologisches Geschlecht bestimmen, daß sie die mit dem Gegengeschlecht verbundenen psychischen Eigenarten nicht bewußt erfahren. Dennoch schlummern diese Eigenarten schon in ihnen selbst. In den psychisch Maskulinen ruht das Potential für Weiblichkeit, wie auch Männlichkeit in den psychisch Femininen verborgen liegt. Erlebt man diese Eigenschaften nicht bewußt, dann werden sie projiziert. Dies macht den Hauptanteil im «Verliebtsein» aus: In der angehimmelten Person sieht man die Verkörperung eigener, ungelebter Qualitäten. Je ausgeprägter die Polarisierung zwischen den bewußt gelebten und den verborgenen Eigenschaften ist, desto größer wird die verliebte Schwärmerei und desto verzwickter die nachfolgende Beziehung – denn selten sind die Geliebten von solch mustergültiger Vollkommenheit, wie man sie gern hätte, und außerdem mögen auch sie nicht frei von Projektionen sein. Hilflos zappeln die Titanen in den Stricken ihrer projizierten Erwartungen, und dennoch fahren sie fort, an anderen jene Männlichkeit oder Weiblichkeit zu suchen, die eigentlich ihre eigene ist.

Anfangs wird das menschliche Bewußtsein von der biologischen Form geprägt, doch muß es dabei nicht bleiben. Die psychischen Eigenarten, die zunächst geschlechtlich bedingt sind, können im Verlauf der horizontalen Integration so ergänzt werden, daß schließlich alle Aspekte einer abgerundeten Individualität gegenwärtig sind. Ein reifes, gesundes Ich vereint in sich die Qualitäten der Männlichkeit und der Weiblichkeit. Einerseits kann das Individuum die Führung übernehmen, ist erfinderisch und selbstbestimmt, willensstark und tatkräftig; andererseits ist es einfühlsam und fürsorgend, nimmt am Leiden anderer Menschen teil und ist für ihre Worte empfänglich. In seinem Verhalten zeigt das Individuum maskuline und feminine Eigenarten gleichermaßen, und dies auf solche Weise, daß es nicht bloß Mann oder Frau, sondern beide zugleich und mehr zu sein scheint. Die biologischen Charaktere der Maskulinität und Femininität sind im Individuum transzendiert – sie sind vereint in der einen, voll ausgereiften Persönlichkeit.

Die Integration der psychosexuellen Pole ist keine leichte

Aufgabe, denn ihre Spaltung wird von den drängenden Ansprüchen des Körpers ebenso wie vom starken Druck sozialer Konditionierung verstärkt. In gewisser Hinsicht wurde die Situation durch das moderne Interesse an «Sexualpolitik» noch unübersichtlicher, zumal viele Theoretiker auf diesem Gebiet die Bedeutung des biologischen Bestimmungsfaktors herunterspielen. Gelegentlich behaupten sie sogar, die psychischen Unterschiede von Männern und Frauen seien durchweg gesellschaftlich bedingt. Diese Auffassung kann die im Westen heute so verbreitete Tendenz zur Entfremdung von grundlegenden Gefühlen nur verstärken. Menschliches Wachstum setzt jedoch immer beim Selbstbewußtsein an, und deshalb müssen wir unsere Charakterzüge und Neigungen kennen. Wollen wir uns entwickeln, dann müssen wir das Rohmaterial unserer unentwickelten Individualität nehmen und es allmählich zu einer durchgebildeten Gestalt formen. Deshalb müssen wir von unserer biologischen Natur ausgehen und sie veredeln oder sie mit den sie ergänzenden Qualitäten abrunden. Der maskuline Tatendrang muß schöpferische Wege finden: eine herausfordernde Arbeit, die Findigkeit und Initiative verlangt; Gefährten, die sich mitreißen lassen; in Maßen sogar einen gesunden Wetteifer, der immer auf Freundschaft und dem Streben nach höherer Entwicklung beruht, nicht aber auf dem Wunsch zu gewinnen. Auch die femininen Neigungen, etwa Fürsorglichkeit, Achtung und die Bereitschaft zu dienen, müssen sich auf gesunde Art äußern können. Es gibt nichts Beschämendes an maskuliner oder femininer Eigenart. Gleichgültig, ob sie Männer oder Frauen sind, sollten die eher Maskulinen oder Femininen ermutigt werden, ihrer psychischen Grundverfassung auf gesunde Weise Ausdruck zu geben. Zugleich sollten sie bisher ungelebte Qualitäten aufspüren und integrieren, so daß ein harmonisches Ganzes entsteht.

Männer wie Frauen sind fähig, die androgyne Stufe zu erreichen und weit über sie hinaus zur Erleuchtung fortzuschreiten. Der Buddha war von Männern *und* Frauen umgeben, die transzendente Einsicht erlangt hatten. Allerdings gehörten zu diesem edlen Bund weitaus mehr Männer als Frauen. Durch alle Zeiten und Kulturen waren es stets Männer, denen der Buddhismus seine größten Errungenschaften verdankt. Diese Tatsache spiegelt nicht etwa altindische maskuline Vorurteile, sondern die Natur von Männern und Frauen. Das Interesse der Frauen richtet sich überwiegend auf Kinder und Familie, denn sie sind von eher fürsorglicher Gemütsart. Diese Eigenschaften bilden den Keim einer reifen Weiblichkeit, doch fehlt hier der männliche Antrieb, der unerläßlich ist für das *Fortschreiten* zu einem Zustand größerer Integration. Höhere Evolution ist nur durch bewußtes und gezieltes Bemühen zu erringen. Deshalb braucht man maskulinen Antrieb, um den Prozeß der Integration von Männlichem und Weiblichem zu beginnen. Den meisten Frauen mangelt es daran, und so fehlt ihnen der Drang, über ihre gegenwärtige Stufe hinauszuwachsen. Mit größerer Ausschließlichkeit sind sie den biologischen Forderungen der niederen Evolution unterworfen und spüren nicht denselben rastlosen Tatendrang, den die Männer ihrer eigenen Entwicklung vorspannen können – deshalb können oder wollen die meisten Frauen sich nicht ganz dem Streben nach höherer Evolution widmen. Die Tatsache, daß die meisten Frauen stärker von den Dingen beansprucht werden, die eigentlich zur niederen Evolution gehören – wie die Erhaltung der Art –, führte Buddhisten dazu, eine Wiedergeburt als Frau für ungünstiger zu halten. Eine Haltung von Geringschätzung oder Unterdrückung war allerdings mit diesem Gedanken nicht verbunden; er drückt lediglich die überprüfbaren Tatsachen des spirituellen Lebens aus. Eine Gefahr mag allerdings darin liegen, daß man ihn zu einer Verallgemeinerung verhärtet, die man ohne Rücksicht auf das verschiedenartige Naturell einzelner Individuen anwendet. Nicht alle Männer streben zum spirituellen Leben im vollen Sinne, obwohl sie bei weitem die Mehrzahl bilden, und selbstverständlich fühlen sich auch viele Frauen dorthin gezogen. Unabhängig von der Geschlechtszugehörigkeit sollte man jeden ermutigen und unterstützen, der zu den erforderlichen Bemühungen bereit ist.

Die üblichen gesellschaftlichen Umstände verstärken die sexuelle Polarisierung. In unserer Kultur sticht dieser Sachverhalt besonders deutlich in der Verherrlichung der romantischen Verliebtheit hervor, die, wie wir sahen, aus der Projektion eigener ungelebter Qualitäten auf einen anderen Menschen entsteht. Die Isolation der Kleinfamilie und der beharrliche Glaube an persönliche Erfüllung in der Ehe spornen niemanden zur Entwicklung einer ausgewogenen Individualität an. In der Kernfamilie finden sich Mann und Frau in einer Enge zusammengedrängt, für die es kaum historische Vorläufer gibt. Das erzeugt psychische Abhängigkeit und fördert die Verewigung der psychosexuellen Polarisierung. Wollen Männer und Frauen reife Individuen werden, dann brauchen sie ganz andere Lebensformen. Traditionell wurde im Buddhismus betont, daß den Entwicklungsinteressen von Männern und Frauen dann am besten gedient ist, wenn sie einen Großteil ihrer Zeit getrennt verbringen. Aus diesem Grund gibt es gewöhnlich getrennte Gemeinschaften für Männer und Frauen. Zunächst einmal wird mit dem übermächtigen Element der biologischen Anziehung eine der Hauptablenkungen beseitigt. Obgleich Sexualität als solche nicht ungeschickt ist, werden die leisen sexuellen Untertöne, die in einer gemischten Situation fast unvermeidlich sind, zur ärgerlichen Ablenkung, wenn man sich auf anderes konzentrieren möchte. Überdies neigen Menschen, die noch nicht die Stufe der integrierten Individualität erreicht haben, immer zu Polarisierung und Projektion – also zu romantischer Verliebtheit. Was zunächst harmlos und fröhlich beginnen mag, führt schnell zu Verwicklungen und Komplikationen – unter denen die Gründung einer Familie keineswegs die geringste ist. Für eine Frau mögen eigene Kinder ein gesunder Ausdruck ihrer biologischen Natur sein, doch jeder Mann, der andere Hauptinteressen hegt, wird dadurch nur zu leicht in der niederen Evolution gefangen. Obwohl es zweifellos möglich ist, auch im Rahmen einer Familie zu wachsen, sind doch deren Ansprüche und Forderungen so stark, daß eine gleichgeschlechtliche Lebensform erheblich vorteilhafter ist.

Natürlich wird nicht jedermann sich für ein Leben in solch einer intensiven, ganz auf höhere Evolution ausgerichteten Gemeinschaft entscheiden. Viele werden es beispielsweise vorziehen, in familienartigen Verhältnissen zu leben. In jedem Fall sind Lebensumstände vonnöten, die dem Weiblichen ermöglichen, sich dienend und fördernd für etwas Sinnvolles einzusetzen, das über die unmittelbaren familiären Belange hinausgeht, und die dem Männlichen Raum geben, seine Energien zum Wohl anderer einzusetzen. Beide brauchen Gelegenheiten, über ihre ursprüngliche, biologische Bestimmung hinauszuwachsen und ganzheitliche Individuen zu werden, in denen Maskulinität und Femininität verschmolzen sind. Wenn dies nicht geschieht, werden die biologische Männlichkeit und Weiblichkeit das Bewußtsein beherrschen, und läßt man eine extreme und ungesunde Polarisierung zu, so führen sie zur Wiedergeburt als Titanen.

8 MENSCHEN UND GÖTTER

Die Menschenwelt

Der Bereich des Menschen ist die Welt der Alltagserfahrung. Zunächst einmal schließt sie alle animalischen Aspekte im Leben des Menschen ein: Geburt, Paarung und Tod, seine Sorge um Nahrung und Unterkunft, seinen Kampf mit den Naturgewalten. Dazu kommen seine technischen Erfindungen: Straßen, Verkehrssysteme, Großstädte und die aufwendigen landwirtschaftlichen und industriellen Produktionsformen. Auch die Gesellschaftstypen der Geschichte wie Stammesgesellschaften, Stadtstaaten, König- und Kaiserreiche oder Nationen gehören dazu. Es ist die Welt der kulturellen Leistungen des Menschen: Sprache, Bildung und wissenschaftliche Erkenntnisse, Handwerke und Künste. Schließlich wurzeln auch die höchsten Errungenschaften der Menschheit in diesem Bereich und überragen ihn: die großen Werke der Kunst und der Philosophie, die universalen Religionen und, an höchster Stelle, die wahren Individuen, die den Menschen über sich selbst hinausführen.

Im letzten Kapitel haben wir die Welten des Elends untersucht, die von einem unreifen, entstellten Selbstbewußtsein geschaffen werden. In jeder dieser Welten lastet so schweres Leiden auf ihren Bewohnern, daß ihnen kaum Kraft zur Entwicklung eines höheren Bewußtseins bleibt. Sie können wenig mehr tun, als zu warten, bis ihr gesamtes unheilsames Wollen sich erschöpft hat und sie nicht länger die Opfer ihrer eigenen ungeschickten Vergangenheit sind. Wir werden uns nun mit jenen beiden Bereichen der Sinnensphäre befassen, die als Welten des Glücks das gesunde Wachstum der aufkeimenden Individualität repräsentieren, wie es sich vom ersten Schimmer des Selbstbewußtseins bis zum leuchtenden Glanz an der Schwelle zu neuen Stufen des spirituellen Gewahrseins vollzieht: die Welten der Menschen und Götter.

Für den Beginn des spirituellen Lebens gilt eine menschliche Wiedergeburt als besonders günstig, denn in ihr sind Lust und Schmerz verhältnismäßig ausgewogen. Pausenlose Qualen, wie man sie in den vier niederen Bereichen erleidet, sind entmutigend und lähmen die Tatkraft. Ungetrübter Genuß und Erfolg nähren den Hang zu träger Selbstzufriedenheit. Die Mischung von Freude und Leid im menschlichen Leben führt uns die Begrenztheit der niederen Daseinsweisen vor Augen und läßt uns zugleich die Freiheit, unser Bewußtsein aktiv zu entfalten. Somit markiert die Menschenwelt einen Wendepunkt im ganzen Weltensystem: Hier wird die niedere zur höheren Evolution. Weil uns das menschliche Leben so vorzügliche Gelegenheiten zu wachsen bietet, betont der Buddhismus immer wieder, wie kostbar es sei. Vielleicht werden wir während vieler kommender Lebzeiten nicht wieder unter ähnlich günstigen Umständen geboren. Wie schade wäre es, dieses Leben durch Achtlosigkeit und Leichtfertigkeit zu vergeuden, nur weil wir versäumten, uns seine wahre Bedeutung klarzumachen!

Kommunikation ist das kennzeichnende Merkmal der Menschenwelt. Kommunikation bedeutet hier mehr als ein schlichtes Signalisieren oder den Austausch von Informationen. Viele Tiere verständigen sich durch Signale, und zweifellos hören die Höllenwesen das Schmerz- und Angstgeheul ihrer Leidensgenossen, können die Hungrigen Geister ihr Verlangen wimmernd bekunden und die Titanen ihre Befehle und Kampfschreie ausstoßen. Doch sind sie alle nur mit sich selbst beschäftigt, ohne Mitgefühl und ohne eine echte Wahrnehmung derer, denen ihre Botschaften gelten. Menschliche Kommunikation im hier gemeinten Sinne setzt dagegen eine wechselseitige Anerkennung der Individualität voraus. Jeder Partner ist fähig, den anderen frei von Projektionen als eine eigenständige Person zu sehen und sich in seine Welt einzufühlen. Jeder erkennt den anderen als ein erlebendes Subjekt, empfindet Mettā für ihn und ist empfänglich für seine besondere Sichtweise. Während Tiere einander vor allem als Quellen ihrer Herdensicherheit erfahren, während Hungrige Geister Objekte ihres Verlangens, Höllendämonen bedrohliche Angreifer und Titanen neidische Rivalen füreinander sind, kann der Mensch den Mitmenschen als Individuum erkennen. Er ist nicht bloß zum Austausch seines Faktenwissens fähig, obgleich er dieses Vermögen auf eine hohe Stufe der Genauigkeit und Universalität getrieben hat, sondern er kann auch innere Qualitäten wie Liebe, Mut, Schönheit, Ehrlichkeit und Verständnis bekunden und in anderen erkennen.

Das menschliche Vermögen zur Kommunikation, im oberflächlichen wie im tieferen Sinne, erlaubt jenes Zusammenwirken, das Zivilisationen und Kulturen hervorbringt. Dadurch wird die Evolution gewaltig beschleunigt, denn Kultur gibt die gespeicherte Erfahrung der Vergangenheit an die Zukunft weiter. Die technischen und ethischen Errungenschaften verstorbener Generationen bleiben in den verschiedenen Überlieferungsformen einer besonderen Zivilisation erhalten. Epische Dichtungen, die einst mündlich überliefert wurden, Bücher, Musik und Bildwerke hinterlassen uns, was unsere Ahnen gelernt haben. Der menschliche Nachwuchs muß nicht mehr selbst, durch eigenen Versuch und Irrtum, die gesamte Kulturgeschichte wiederholen. Er kann aus der Vergangenheit lernen und sich von den höchsten Leistungen seiner Vorfahren weiter aufschwingen. Natürlich ist das kollektive Gedächtnis solcher Überlieferungen selektiv und, wie etwa die wiederkehrenden Bücherverbrennungen zeigen, auch schlechten Einflüssen zugänglich. Dennoch stehen wir heute vor einem Materialreichtum wie nie zuvor. Wissenschaftliche Befunde werden in Datenbanken gespeichert, die der ganzen Welt zugänglich sind. Die großen Werke der Literatur wurden in alle wichtigen Sprachen der Erde übersetzt. Kunstwerke kann man in öffentlichen Museen oder auch als preisgünstige Reproduktionen betrachten. Bedeutende Interpreten spielen die beste Musik in den meisten Großstädten. Eine solche Welt steht den Menschen offen – wenn wir wollen, können wir unsere Kenntnisse der physikalischen Natur vertiefen und steigern oder uns auch mit den Flügeln der Imagination in immer höhere Sphären aufschwingen.

Die Menschenwelt gliedert sich in Ebenen, die dem Reifegrad der Individuen wie auch ihrer jeweiligen Kultur entsprechen. Von der Geburt eines Menschen und vom ersten Auftreten des echten Homo sapiens bis zur ausgereiften Individualität und den höchsten Gipfeln der Zivilisation ist es ein langer Aufstieg. Selbst um ihre gegenwärtige, beschränkte Entwicklungsstufe zu erreichen, benötigte die Menschheit zigtausend Jahre. Ein gesundes Selbstbewußtsein muß auf seiner Wanderschaft vom Tierreich bis zu den Göttern mehrere Abschnitte durchlaufen. Für unseren gegenwärtigen Zweck genügt es, diesen langen Marsch in zwei Phasen zu gliedern und einerseits den Proto-Menschen und die positive Gruppe zu untersuchen, andererseits das selbstbestimmte Individuum und die spirituelle Gemeinschaft.

Die Trennungslinie zwischen diesen beiden Stufen des Menschseins wird von der bewußten Entscheidung für die höhere Evolution gebildet. Dieser entscheidende Schritt, den wir im nächsten Kapitel genauer besprechen werden, bedeutet, daß ein Individuum sich vom Ideal der Erleuchtung so sehr angezogen fühlt, daß es seine Verwirklichung zum Angelpunkt seines Lebens macht. Wer dies tut, hat – in den Worten der Überlieferung – «Zuflucht zu den Drei Juwelen Buddha, Dharma und Sangha» genommen; er hat den Spiralen-Pfad betreten. Nur der Anfang der Spirale liegt im menschlichen Daseinsbereich, weshalb unsere Untersuchung der zweiten Stufe des Menschseins im wesentlichen ins nächste Kapitel gehört. Man kann sagen, nur ein Individuum, das vom Ideal der Selbsttranszendierung angespornt ist und sich zu seiner Verwirklichung verpflichtet hat, sei ganz und wahrhaft Mensch. Will man zur vollen Individualität heranwachsen, dann muß man über seinen Eigennutz hinausblicken können. Bis zu diesem Punkt der Selbstverpflichtung aber gibt es eine Bahn gesunder Entwicklung, die jenen Irrwegen des unreifen Selbstbewußtseins ausweicht, die zum Hungrigen Geist, Höllendämon, Titanen oder Tier führen. Diesen Entwicklungsprozeß beschreibe ich als die Phase des Proto-Menschen und der positiven Gruppe.

Soweit die Individualität sich noch nicht voll entfaltet hat, ist man ein Gruppenmensch. Wer seine eigenen Gedanken und

Gefühle nicht klar von den Ansichten und Einstellungen seiner Gesellschaft abgehoben hat, wer der Einflüsse nicht gewahr ist, die sein Denken geprägt haben, und wer noch nicht die volle Verantwortung für sein Tun übernimmt, der ist ein Gruppenmensch. Er ist mehr vom Druck und von den Meinungen seiner Mitmenschen bestimmt als von seiner eigenen, individuellen Wahrnehmung. Ganz wie Eltern, Lehrer und andere soziale Einflüsse ein Kind so formen, daß es keinen wirklich eigenen Standpunkt hat und auch moralisch nicht voll verantwortlich zu machen ist, so sind die meisten Menschen kaum von der sozialen Gruppe unterscheidbar, der sie angehören. Daß Kinder im Hinblick auf ethische Werte und Sozialerziehung von ihren Eltern abhängen, ist unvermeidlich und so natürlich wie gesund. In gleicher Weise benötigen viele Menschen Unterstützung und Sicherheit durch die Gruppe und deren Normen, bis ihre eigene Individualität gereift ist. Wie ein Kind heranwächst, hängt sehr weitgehend von den Erwachsenen in seinem Leben ab. Wie ein Proto-Mensch reift, wird von der Gruppe bedingt, deren Mitglied er ist. Darum müssen wir verschiedene Gruppentypen unterscheiden.

Gruppen lassen sich mit den Begriffen der sechs Bereiche beschreiben. Ganze Gesellschaften und Nationen können wir vergröbernd als begehrlich nach Art der Hungrigen Geister, als titanisch, dämonisch oder tierisch bezeichnen, je nachdem, ob Gier, Neid, Haß oder Verblendung die treibende Kraft der jeweiligen Kultur ist. Auch der Proto-Mensch lebt in einer Gruppe, doch handelt es sich dabei um eine Gruppe positiver Art. Alle Einflüsse in seiner Gesellschaft begünstigen die Entstehung positiver Emotionen und heilsamer Geisteshaltungen.

Die positive Gruppe, so könnte man sagen, ist auf gesunde Art heidnisch. Der Mensch ist die Achse des Rades und der Spirale oder der Schnittpunkt der niederen und der höhern Evolution. Er besitzt einen Körper als Ergebnis einer langwierigen biologischen Entwicklung und ein Selbstbewußtsein, das sich zur Buddhaschaft hin entfalten kann. Leugnet er einen dieser Aspekte, dann gerät er in Gefahr. Ein gesunder Heide erkennt die Naturkräfte in sich selbst und in der Umgebung; er gibt ihnen in angemessener Weise Raum, erlaubt ihnen aber nicht, seinen Geist zu beherrschen oder irrezuführen. Keinesfalls verachtet oder haßt er seinen Körper, denn solch eine Haltung führt zu Verdrängung und zu den Martern der Hungrigen Geister, die sich nicht eingestehen mögen, was sie wirklich ersehnen, und die deshalb nur unbefriedigende Ersatzgüter begehren können. Ebensowenig erlaubt der gesunde Heide den Naturtrieben, sein Bewußtsein ganz zu beherrschen. Käme es dazu, dann lebte er nur für Nahrung, Schlaf und Paarung, wie Tiere es tun.

Aufgrund ihrer zutiefst erschütternden Kraft ist die Sexualität der am häufigsten fehlgeleitete Naturinstinkt. Die positive Gruppe betrachtet Sexualität nicht als «schmutzig» oder «sündig». Es gilt als gesund und normal, sexuelle Empfindungen zu haben, und freimütig bejaht man die sexuelle Lust. Allerdings wird sie nicht überbewertet und zur alles verzehrenden Besessenheit gesteigert. Man sieht ihre gewaltige, ja mitunter zerstörerische Kraft, kann sie doch stabile Familien zerrütten und die Harmonie der Gemeinschaft untergraben. Ein Rahmen von Umgangsformen und Sitten sorgt dafür, daß es auch ohne Verdrängung nicht zu Ausschweifungen kommt. Unter diesen Umständen können Aufdringlichkeit und Zügellosigkeit in den Beziehungen zwischen den Geschlechtern gar nicht erst aufkommen. Der Sexualtrieb erhält gesunde Ausdrucksmöglichkeiten und wird nicht zum Quälgeist. Im antiken Griechenland und in anderen großen heidnischen Kulturen der Vergangenheit gab es, abgesehen vom Inzest, nur wenige Tabus. Oft bewertete man die Homosexualität als ehrbar oder sogar als edel, anstatt sie nur als Verirrung einiger weniger zu dulden. Zum einen eröffnete sie den Unverheirateten einen sexuellen Ausweg, der die Verantwortung infolge einer Schwangerschaft umging. Außerdem galt sie als Verstärkung der Freundschaftsbande zwischen Männern – denn es waren meistens Männer, die sich homosexuell betätigten –, ohne daß sexuelle Polarisierung entstehen konnte. Für manche Männer und Frauen mag Homosexualität ein Weg sein, frei von der Einbindung in Familien zu bleiben, um sich ganz dem spirituellen Weg zu widmen, ohne doch auf Sex völlig verzichten zu müssen.

Die Männer und Frauen der positiven Gruppe haben eine in

jeder Hinsicht gesunde Einstellung zum Körper. Der Heide befriedigt seine körperlichen Bedürfnisse auf zwanglos geradlinige Art und stellt sicher, daß er leistungsfähig und gesund ist. Weder verachtet oder kasteit er seinen Körper, noch verzärtelt er ihn. Er sieht in ihm ein Mittel, sich selbst zum Ausdruck zu bringen, und ein Werkzeug seines Handelns. Der menschliche Körper gibt ihm die Möglichkeit zu wachsen, und deshalb schützt und nährt er ihn mit Stolz und Umsicht. Auch in seiner gewählten und gefälligen Kleidung und seinem Schmuck äußert sich diese gesunde Geisteshaltung. Weder versucht er, durch übertriebenen Putz Aufmerksamkeit auf sich zu ziehen, noch drückt er durch schlampige oder unansehnliche Kleidung Selbsthaß und Gleichgültigkeit aus; seine Erscheinung bekundet vielmehr eine angemessene Selbstliebe. Der gesunde Heide lebt im Einklang mit seiner natürlichen Umwelt. Er empfindet Hochachtung vor der Lebendigkeit aller Dinge und antwortet unmittelbar auf Schönheit und Erhabenheit in seinem Lebensraum. Er ist darum besorgt, die natürlichen Vorräte der Erde weder zu verschwenden noch auszubeuten.

Die positive Gruppe stärkt ihre Mitglieder mit Gefühlen von Selbstvertrauen und Sicherheit. Jeder weiß, daß er geschätzt wird; niemand leidet an Selbsthaß oder Minderwertigkeitsgefühlen. Man vertraut der eigenen Kultur und denen, die sie vermitteln. Unbekannt ist jener Argwohn und Widerwille, den so viele Menschen des Westens heutzutage angesichts der Gesellschaft empfinden, die sie aufgezogen hat. Der gesunde Heide achtet und liebt die Überlieferungen seiner Gruppe und wahrt sie mit Stolz. Weil er auf seine Kultur vertrauen kann, vermag er an sich selbst zu glauben. Deshalb ist er fähig, in gemeinsamen wirtschaftlichen, politischen und sozialen Belangen freundschaftlichen Sinnes mit anderen Gruppenmitgliedern zusammenzuarbeiten. Die kollektiven Kräfte der Gruppe sind auf positive Ziele gerichtet, auf gemeinschaftliche Unternehmungen, die den Gruppenmitgliedern Gewinn von Wohlstand, Schönheit und Wissen bringen. Es gibt keine Gruppenfeinde für die Abfuhr überflüssiger Aggression, denn die Kräfte der Gemeinschaft werden auf geschickte Weise genutzt.

Die Traditionen der positiven Gruppe äußern sich vor allem

in Umgangsformen und Sitten, die freundliche und mitfühlende Beziehungen zwischen den Menschen zu gestalten helfen. Jedes Kind lernt am Vorbild seiner Eltern, daß man anderen höflich und liebenswürdig begegnen und beispielsweise Gäste herzlich aufnehmen soll. Die zwischenmenschlichen Beziehungen sind dementsprechend von Anteilnahme und Fürsorge bestimmt. Die Tradition wird auch die kleinen Dinge berücksichtigen, so daß jedermann weiß, wie er unter allen Umständen im Sinne dieser feinfühligen Freundlichkeit handeln kann. Außerdem wird sie eine Reihe grundlegender ethischer Leitlinien enthalten, die den Verzicht auf Mord, Diebstahl, sexuelle Gewalttaten und so weiter betreffen. Da selbst diese vorbildliche Gesellschaft noch eine Gruppe ist, deren Mitglieder nicht den natürlichen ethischen Sinn entwickelt haben, muß ihr Moralkodex durch eine Rechtsprechung gestützt werden, die eine Überschreitung der Grundsätze ahndet und ihre Erfüllung belohnt. Jeder wird seine Pflichten als Bürger kennen und wissen, was er tun und unterlassen soll. Er wird darauf vertrauen, daß die Gesetze seiner Gruppe angemessen sind, und die Gerechtigkeit der Bestrafung von Vergehen wird ihn überzeugen.

Alle Einflüsse einer derartig positiven Tradition wirken förderlich und steigernd. Städte sind als schöne und ansprechende Lebensräume gestaltet, Wissenschaften und Künste blühen, und eine hochgesinnte Begeisterung durchflutet alle Bereiche des öffentlichen Lebens. Entscheidungen fallen nicht auf der Basis von Teilinteressen in ihrem Wettbewerb um Rang und Würden, sondern unter allgemeiner Beachtung von Grundwerten, die kleinliche persönliche Wünsche übersteigen. Die ganze Gesellschaft wird von der Vision eines höheren Lebens inspiriert, die jeder zumindest in gewissem Ausmaß achtet und ehrt. Ohne den «Sauerteig» höherer Werte könnte die Gruppe nur auf die Einzelinteressen ihrer Mitglieder zurückgreifen, und die geraten natürlich früher oder später in Widerstreit: Das soziale Gefüge zerbricht, und so wird die positive zur negativen Gruppe – zu einer Gesellschaft von Dämonen, Titanen, Hungrigen Geistern oder Tieren. Ohne ein allen gemeinsames Ideal kann es keine positive Gruppe geben.

Ideale lassen sich nicht herbeireden, Visionen nicht künstlich auf abstrakten Grundsätzen errichten. Eine Vision muß man lebendig erfahren, leuchtend klar und kraftvoll, so daß sie alle eigennützigen Bestrebungen und verknöcherten Werte fortschwemmen kann. Eine Vision braucht einen, der sie schaut. Es muß Menschen in der Gruppe geben, die über die Gruppe hinausgegangen sind. Es muß Individuen geben, die die Ideale sehen und sie selbst klar genug verkörpern, um die höhere Schau – die Nährquelle der Kultur der positiven Gruppe – glaubhaft vermitteln zu können. Die Gruppe muß sich um Menschen scharen, die höhere Bewußtseinsebenen erfahren haben. Die positive Gruppe benötigt als ihre Führer reife Individuen mit eigener, direkter Erfahrung der Wahrheit. Nur wenn die Gruppenmitglieder diese Weisen achten und offen für sie sind, kann die oben umrissene Art einer inspirierten Kultur entstehen.

Vermutlich ist es mittlerweile deutlich geworden, daß der Buddhismus keineswegs so demokratisch ist, wie ihn manche seiner modernen Verfechter gerne hätten. Natürlich ist er auch nicht aristokratisch im üblichen Sinne oder gar totalitär. Er plädiert nicht für die Unterordnung eines Bevölkerungsteiles unter die selbstsüchtigen Wünsche eines anderen. Aus seinem Glauben, daß der Sinn des menschlichen Lebens darin liegt, sich individuell auf das Ziel der Buddhaschaft hin zu entfalten, wächst auch seine «politische Ideologie». Sie weist darauf hin, daß verschiedene Menschen unterschiedliche Entwicklungshöhen erreicht haben und daß, wie die Beobachtung bestätigt, nur sehr wenige relativ hoch entwickelt sind. Fällt man Entscheidungen im Sinne von Mehrheitsbeschlüssen, dann gründet man sich damit auf das unterste gemeinsame Niveau von Einsicht. Sehr wahrscheinlich werden die meisten Menschen nur das wünschen, was dem Interesse ihres beschränkten Ego zu dienen scheint, aber nicht im Sinne höherer Werte liegt. Dennoch ist der Buddhismus nicht antidemokratisch – für jeden, der zu wachsen wünscht, sind die heutigen parlamentarischen Demokratien westlichen Stils zweifellos die am ehesten zumutbaren Regierungsformen, weil sie am wenigsten Konformität des Denkens erzwingen. Der Buddha selbst hat keine bestimmte Herrschaftsform empfohlen. Wer auch immer

Macht ausübt und wie auch immer er sie erlangt haben mag: Man soll im Einklang mit moralischen Grundsätzen herrschen und nicht auf der Basis eigennütziger Berechnung. Wenn die Regierenden das Wohl aller im Sinn haben, wenn sie für eine unparteiische und ethisch begründete Rechtsprechung sorgen, wenn sie zu einer höheren Kultur im allgemeinen und insbesondere zum spirituellen Leben ermutigen und jene ehren, die sich ihm ganz verpflichtet haben, dann ist es von zweitrangiger Bedeutung, wie sie zur Macht gelangt sind – es sei denn, sie hätten anderen dabei geschadet. Mit Ausnahme extremer Fälle sind Revolutionen kaum zu rechtfertigen, denn sie zerreißen die Stetigkeit der Überlieferung und bringen Gewalt mit sich. Wir können daher sagen, daß die Kernfragen der Politik nicht konstitutioneller, sondern moralischer, ja spiritueller Natur sind. Ohne eine echte moralische und spirituelle Führung kann es keine positive Gruppe geben.

Die positive Gruppe ist somit ein Beziehungsgeflecht von Menschen, die eine reife, ethische Individualität erst noch erlangen müssen und sich noch nicht verbindlich für die Verwirklichung des transzendenten Ideals entschieden haben. Sie leben noch ohne einen natürlichen ethischen Sinn und ohne eigene spirituelle Einsicht. Alleingelassen, würden sie auf kleinlichen Eigennutz zurückfallen. Aber sie sind empfänglich für die ethische Führung und die von anderen Menschen ausstrahlende Vision, die zum kulturellen Erbe ihrer Gruppe gehören. Darin finden sie den Ansporn, selbst geschickt zu handeln und über sich hinauszublicken. Den Wert dieser Überlieferung gewährleisten jene schöpferischen Menschen, die sie einst hervorbrachten, aber auch ihre Nachfolger, die der Tradition durch eigene unmittelbare Scheu ihre Lebensimpulse geben. Auf diese Weise spornt die positive Gruppe zu einem glücklichen, zupackenden und freundlichen Leben an, das höheren als bloß persönlichen Zielen verpflichtet ist. Vor allem bestärkt sie diejenigen, die der Gruppe entwachsen wollen, darin, für sich selbst die transzendente Wirklichkeit zu erfahren, in der die positive Gruppe letztlich gründet.

Alle, die den Drang spüren, eine höhere Bewußtseinsebene zu erreichen, sind als Mitglieder der spirituellen Gemeinschaft willkommen. Sind die Angehörigen des Sangha der Auffassung, daß ihr Gesuch echt ist und sie fähig sein werden, der Selbstverpflichtung nachzukommen, die sie auf sich nehmen wollen, dann wird man sie ohne Ansehen ihrer Herkunft oder Vorerfahrung annehmen. Obgleich der neue Angehörige der spirituellen Gemeinschaft oder des Ordens noch weit vom Eintreten in den Strom entfernt sein mag und Gier, Haß und Verblendung ihr Spiel in ihm treiben mögen, ist er doch entschlossen, auf eine ganz neue Weise zu handeln. Er will ethisch geschickt leben, nicht weil er Strafe fürchtet oder Lob erheischt, sondern weil er eine Vorahnung von Sensibilität und Mettā für alle Lebewesen spürt, aus denen die echte Moral erwächst. Er möchte höhere Stufen der Bewußtheit und schließlich transzendente Einsicht erlangen. Er strebt nach Freundschaften, die nicht in einander überlappenden Eigeninteressen, sondern in gegenseitiger Liebe und Anteilnahme gründen. Er sieht einen Schimmer jener Vision, von der die spirituelle Gemeinschaft beflügelt ist, und ist bereit, sich ihrem Einfluß ganz zu öffnen. Er ist bereit, jene Kultur und Überlieferung der spirituellen Gemeinschaft mitzugestalten, die auch den Kern der Kultur und Überlieferung der positiven Gruppe bildet.

Die spirituelle Gemeinschaft ist die Erfüllung des menschlichen Lebens und sein höchster Sinn. Die positive Gruppe wird vom Sangha aufrechterhalten und dient zugleich jenen Menschen als Brücke, die selbst zur spirituellen Gemeinschaft fortschreiten möchten. In gewissem Sinne wird man erst dann ganz zum Menschen.

Die Himmel der Götter

Hoch hinauf über die Menschenwelt türmen sich die vielen Ebenen himmlischer Welten, deren jede die darunterliegenden an Feinheit und Glückseligkeit übertrifft. Die unteren Götterwelten liegen noch in der Sphäre sinnlichen Erlebens, die höheren dagegen in den Dimensionen der archetypischen Form und der Formlosigkeit. Obwohl die Himmelsfolge insgesamt der ansteigenden Spirale der höheren Evolution entspricht, werden wir in diesem Kapitel nur die Himmel der Sinnensphäre besprechen.

Die Pali- und Sanskrit-Wörter, die man gemeinhin als «Gott» übersetzt, leiten sich aus einer Wurzel mit der Bedeutung «leuchten» ab. Die Götter sind «Leuchtende» oder «Strahlende», die in ungetrübter Glückseligkeit und Lust leben. Traditionell heißt es, solche Wesen seien himmlischer Natur, doch gebe es sie auch auf der Erde. Es gibt demnach himmlische Welten, in die hinein man als Gott geboren werden kann, aber man kann auch als Mensch wie ein Gott auf Erden leben. In alten Zeiten schienen Fürsten und Könige ein göttliches Leben in Reichtum und Macht zu führen und sich jeden Wunsch erfüllen zu können. Auch heutzutage gibt es Reiche und Mächtige, die in einer vom Normalverbraucher abgeschirmten Welt des Überflusses leben. (Daß viele von ihnen unverkennbar unglücklich sind, mag darauf hinweisen, daß sie eigentlich Titanen sind, die Reichtümer gescheffelt haben, aber keine Götter, denen Schönes aufgrund ihres hochherzigen Handelns zugeflossen ist.) Götter auf Erden sind auch die spirituell Entwickelten. Die in den Strom Eingetretenen und die noch weiter Fortgeschrittenen sind Ebenbilder ihrer transzendenten Erkenntnis: Die von ihnen verwirklichten idealen Qualitäten strahlen von ihnen aus. Sie genießen die ungeteilte Glückseligkeit der Nicht-Zweiheit, und ihr Lebenswandel zeugt von heroischer Zuversicht und Stärke. Strenggenommen ist die Götterwelt allerdings ein objektiver Daseinsbereich, in dem jedes selbstbewußte Wesen wiedergeboren werden kann.

Die Überlieferung unterscheidet sechs Ebenen von Götterbereichen der Sinnensphäre. Von den Wesen der untersten Stufe heißt es, sie könnten in Wechselwirkung mit den Menschen treten. Hier finden wir die gütigen Geister der Folklore: Feen, Waldelfen, Nymphen und andere Elementarwesen. Über ihnen thronen Götter von größerer Macht und Herrlichkeit, die den griechischen Olympiern ähneln, obwohl sie ein reineres Leben führen. Die höchsten Ebenen werden von den zufriedenen Göttern, von den Göttern, die sich an ihren eigenen Schöpfungen erfreuen und schließlich von den Göttern, die sich an den Schöpfungen anderer erfreuen, bewohnt. Alle diese Himmelswesen haben feinstoffliche Körper, die für gewöhnliche Menschenaugen unsichtbar sind. Ihre Erscheinung ist überaus schön und edel. Was sie wünschen, finden sie unverzüglich vor Augen; sie genießen stete Sinnesfreuden und Befriedigung. Je höher das himmlische Gefilde, desto feiner und beglückender sind seine Freuden. Jede Götterwelt bildet eine hochzivilisierte Gesellschaft, die auf Bildern zumeist als ein fürstlicher Hofstaat erscheint, in dessen Mitte der König oder der höchste Gott residiert. In Schönheit schwelgend, verleben die Götter ihre Zeit.

Die Götter der Sinnensphäre sind geschlechtlich differenziert, doch nimmt der Unterschied der Geschlechter mit jeder Stufe ab. Sie betätigen sich sexuell, aber ihr Verkehr wird mit der Minderung der polaren Spannung immer subtiler. Beischlaf wie unter Menschen führt auf den untersten Stufen zur Befriedigung. Höher hinauf genügt zur Erfüllung ein zärtlicher Händedruck, dann ein Lächeln, langes Anschauen und schließlich ein flüchtiger Blick. Auf dieser höchsten Stufe sind Männlichkeit und Weiblichkeit so sehr vereint, daß ein kurzer, wechselseitiger Augen-Blick genügt, um die Spannung der Einseitigkeit zu lösen und alle Freuden sexueller Befriedigung zu genießen. Die Götter einer jeden Stufe sind somit integrierter als die der darunterliegenden, und der Aufstieg von einem Rang zum nächsten bedeutet auch eine fortschreitende Überwindung geschlechtlicher Polarisierung.

Da sie – wenngleich auf höchst geläuterten Stufen – die gleiche Sphäre sinnlichen Erlebens mit den Menschen teilen, sind sie nicht zu weit von ihnen entfernt, um ihnen begegnen zu können. Es heißt, die Götter weilten gerne an Orten von großem natürlichen Reiz und sie seien glücklichen, positiven Menschen zugeneigt. Insbesondere suchten sie die Nähe der spirituell Entwickelten, und häufig heißt es, sie ließen ihnen – wie Schutzengel – ihr Wohlwollen angedeihen. In ähnlicher Weise, so wird behauptet, könnten auch Menschen das Vermögen entwickeln, göttliche Wesen zu sehen und sich mit ihnen zu verständigen. In diesem Glauben steht der Buddhismus nicht allein, berichten doch zahlreiche Überlieferungen von Weisen, die mit Wesen höherer Seinsstufen sprechen konnten. Da diese

Götter eine höhere Bewußtseinsstufe verkörpern, können nur jene Menschen Verbindung mit ihnen aufnehmen, die ihren eigenen Geist zu derselben Höhe entwickelt haben.

Alle diese Götter und auch jene der höheren Schichten sind vergänglich. Ihr Leben mag unermeßlich lang währen – je höher der Bereich, desto länger das Leben –, doch müssen sie alle sterben, wenn das Kraftfeld des Wollens erschöpft ist, das sie einst zu Göttern gemacht hat. Die buddhistische Kosmologie kennt keine unsterblichen Wesen. Wohl gelten manche Götter als überaus langlebig, doch sind auch sie bedingt wie jedes andere Wesen des Lebensrades und der Spirale. Keiner der Götter ist ein Schöpfer, denn das bedingte Sein ist anfangslos und unerschaffen. Die Idee eines einzelnen, über dem Universum thronenden Gottes hält der Buddhismus für äußerst gefährlich in ethischer und spiritueller Hinsicht. Dabei ist es gleichgültig, ob diese Vorstellung in ihrer gröbsten, vermenschlichenden Fassung daherkommt oder als eine hochabstrakte philosophische Theorie. Eine theozentrische Welt muß eine höchste Autorität haben, und das verleitet dazu, sich moralisch nicht verantwortlich zu fühlen, denn die Gebote Gottes müssen ohne Rücksicht auf das eigene Empfinden befolgt werden. Ein solcher Glaube zieht auch der menschlichen Entwicklung eine Grenze, denn immer muß der Abstand zwischen Gott und seinen Kreaturen unaufhebbar bleiben. Für Buddhisten gibt es keine Grenzen der Evolution des Bewußtseins, und über alle Dualitäten kann man hinauswachsen. Die Götter, wie hoch sie auch stehen mögen, sind doch geringer als der Buddha, weil sie noch im bedingten Geschehen und im Kerker der Subjekt-Objekt-Spaltung gefangen sind.

Die Götterwelten der Sinnensphäre sind die Konkretisierung eines ethischen Bewußtseins. Wesen, die für gewöhnlich geschickt handeln und einen natürlichen ethischen Sinn entwickelt haben, sind von heilsamen Willensregungen geleitet. Nach den überlieferten Worten «erwerben sie Verdienste»: Sie bauen einen Grundstock positiver Willenskräfte auf, der schließlich angenehme Folgen zeitigen wird. Diese werden sie im jetzigen Leben erfahren, sofern negative Kräfte aus der Vergangenheit kein zu schweres Gegengewicht bilden, oder sie führen zu einer späteren Wiedergeburt in himmlischen Sphären. Wenn man erkennt, daß andere fühlen wie man selbst, und wenn man mit ihnen und für sie empfinden kann, dann wird man ethisch geschickt handeln und dadurch beginnen, Verdienste zu erwirken. Diese Verdienste wird man bald spüren, weil das Leben erfreulicher und glatter verläuft und günstige Gelegenheiten immer häufiger auftreten. In den Götterwelten, die weitaus schöner als die Erde und ohne deren Mängel sind, hat verdienstvolles Handeln noch weit größere Auswirkungen. Die karmischen Ergebnisse geschickten Tuns sind gesteigertes Wohlbefinden und ein erfülltes sinnliches Erleben.

Die Tatsache, daß mit einer geschickteren Lebensweise größere Sinnesfreuden einhergehen, weist auf die Identität des ethischen und ästhetischen Bewußtseins, des Guten und Schönen hin. Wer von negativen Geisteszuständen beherrscht ist, wird feinere Sinnesgenüsse kaum zu schätzen wissen. Lust wird für ihn überwiegend in der Abfuhr zwanghafter Spannungen liegen, nicht aber in der Freude an Ausgewogenheit und Harmonie. Die Versenkung in sinnliche Schönheit in ihrer ganzen Fülle ist jenen vorbehalten, deren Geisteshaltung der Schönheit der wahrgenommenen Formen verwandt ist. Die Entfaltung des ästhetischen Sinnes muß mit der Steigerung der Moral einhergehen, denn andernfalls würde er zu hohler Kennerschaft verflachen – zu einem aufgebauschten Fachwissen ohne echte Wertschätzung – oder zu bloßer Sinnenlust. Die Götter der Sinnensphäre sind jene Wesen, die aufgrund ihrer Güte das Schöne zu schätzen wissen.

Die Freuden des Götterreiches bergen eine Gefahr. Das Leben im ungetrübten Sinnesgenuß ist so behaglich, daß ein Gott vergessen kann, wer er ist. Daß er die Freuden der Sinne genießen kann, ist eine Folge seiner Achtsamkeit, seines geschickten Handelns und seines moralischen Bestrebens in der Vergangenheit. Bemüht er sich aber nicht weiterhin und verliert er sein Selbstbewußtsein, dann wird er allmählich auf eine niedrigere Evolutionsstufe absinken oder sich bestenfalls dort einrichten, wo er gerade weilt. Diese Gefahr liegt für die meisten von uns in ferner Zukunft, doch gilt die aus ihr zu ziehende Lehre schon jetzt: Wenn wir glücklich sind und das Leben genießen, neigen wir dazu, unsere Selbstwahrnehmung zu verlieren und in ungeschicktes Verhalten abzugleiten. Das heißt nicht, daß wir nun das Glück meiden sollten, und auch die Götter müssen den Freuden ihrer Welt nicht entsagen, doch sollten wir danach streben, jederzeit – in unseren glücklichsten und unseligsten Momenten – unser selbst als Individuen bewußt zu bleiben, die sich entwickeln. Nur allzu leicht gleitet der Gott ab in die selbstvergessene Verzückung des Augenblicks und hegt keinen Gedanken mehr an einen weiteren Aufstieg. Sehr leicht macht Selbstzufriedenheit sich breit im spirituellen Leben.

9 DER WELTLICHE PFAD

Die Menschenwelt und die unteren Himmel sind die ersten Stufen des Spiralen-Pfades, dem wir nun weiter folgen wollen. Wir werden seine Abschnitte anhand einer weiteren zwölfgliedrigen Kette untersuchen, die das spiralige Gegenstück der zyklischen Kette an der Felge des Rades ist. Diesmal also schließen sich die Kettenglieder nicht zum Kreis, sondern führen aufwärts in progressiver Folge. Diese Evolutions-Kette des bedingten Entstehens führt fort vom Rad und unterbricht den endlosen Kreislauf seiner Umdrehungen. Jedes Glied in der Spirale schafft die Voraussetzungen für das folgende Glied, das eine höhere Stufe der Freude, Klarheit und Liebe erreicht. Alle zwölf Stufen vom untersten Kettenglied bis zum Gipfel der Erleuchtung können im menschlichen Leben erfahren werden. Die Geisteszustände, denen sie entsprechen, können aber auch nach dem Tod zu Wiedergeburten in Welten erhabener Schönheit und Lauterkeit führen. Wir werden diese Schritte auf dem Spiralen-Pfad sowohl in ihrer Bedeutung als subjektive, innerliche Erfahrung erkunden als auch unter dem Gesichtspunkt der objektiven Welten, die der konkrete Ausdruck solcher Erfahrungen sind.

Die zwölf Kettenglieder der progressiven Bedingtheit beginnen mit der Erfahrung von *Unvollkommenheit*. In Abhängigkeit von Unvollkommenheit entsteht *gläubiges Vertrauen*, von gläubigem Vertrauen *Freude*, von Freude *Verzückung* und weiter – wobei jede Stufe sich aus der vorangehenden entfaltet – *Frieden, Glückseligkeit, Versunkenheit, Erkenntnis und Schau der Dinge, wie sie wirklich sind, Ablösung, Gemütsruhe, Befreiung* und schließlich *Wissen, daß die giftigen Geistesströme versiegt sind*. Die ersten sieben

Stufen von Unvollkommenheit bis Versunkenheit bilden den weltlichen Pfad, auf dem noch keine transzendente Einsicht in die Wirklichkeit erlangt wird und alles Gewonnene wieder verlorengehen kann. «Erkenntnis und Schau der Dinge, wie sie wirklich sind» bezeichnet den Punkt der Einsicht und damit den Eintritt in den Strom. Die darauffolgenden Kettenglieder bilden den transzendenten Pfad. In diesem Kapitel werden wir den weltlichen, im nächsten Kapitel den transzendenten Pfad erörtern.

Der Pfad wächst aus dem Rad hervor, denn obgleich die zyklische Kette kein Ende hat, gibt es in ihr doch einen Punkt, an dem sich ein Schlupfloch öffnet, durch das wir entkommen können. Am Ende des sechsten Kapitels ordneten wir jedes Glied der zyklischen Kette einer von zwei Phasen zu. Es gibt eine aktive Verursachungsphase, die der Ausdruck unserer eigenen Willensregungen ist. Das innere Bewegungsmoment dieser Verursacherphase führt unausweichlich zur Ergebnisphase. Wir haben einen Körper, Sinne und Sinneserfahrungen aufgrund unseres Wollens in der Vergangenheit; unsere gegenwärtigen Willensregungen sind nicht verantwortlich für unser gegenwärtiges Erleben. Die gesamte zyklische Kette besteht aus Aktionen und Reaktionen zwischen diesen beiden Phasen. In ihren zwölf Abschnitten gibt es drei Übergangspunkte zwischen beiden Phasen: dort, wo die Verursachungsphase der Vergangenheit in die Ergebnisphase der Gegenwart übergeht; dort, wo die Ergebnisphase und die Verursachungsphase des gegenwärtigen Lebens aneinanderstoßen; und dort, wo die jetzige Verursachungsphase der Ergebnisphase des zukünftigen Lebens Platz macht (siehe S. 148). Ohne Ausnahme folgen die Ergebnisse auf ihre Ursachen. Haben wir das Rad erst einmal mit der Kraft unseres Wollens angetrieben, dann muß es sich drehen, bis die Willensenergie sich erschöpft hat. Wenn die Ergebnisphase ihren Schwung erschöpft hat, muß es nicht unbedingt zu weiteren Reaktionen kommen. Nur neue unheilsame Willensregungen bringen das Rad wieder in Schwung. Die Kluft zwischen der Ergebnisphase und der Verursachungsphase im gegenwärtigen Leben ist jener Punkt des Rades, an dem wir abspringen können. Er liegt zwischen den Kettengliedern Fühlen und Begierde. Angenehme und leidvolle Erfahrungen treten als Folgen unserer psychophysischen Grundstruktur auf. Aufgrund dieser Gefühle begehren wir in der Regel, was uns angenehm ist – oder erscheint –, und wir versuchen, es festzuhalten. Andererseits hassen wir Leidbringendes, das wir zurückweisen oder zu vernichten suchen. Auf diese Weise setzen wir die neue Verursachungskette in Gang.

Das Fühlen ist demnach jenes letzte Glied der Ergebnisphase, auf das hin wir einen neuen Abschnitt des Wollens beginnen, der uns dazu bestimmt, entweder weiter mit dem Rad zu kreisen oder aber unseren Fuß auf die Spirale zu setzen. Es gibt allerdings verschiedene Schichten des Fühlens, und wir werden fortfahren, mit ungesunden Willensregungen zu reagieren, wenn wir unsere Gefühle nicht genau wahrnehmen. Oft gründen unsere Reaktionen in recht oberflächlichen Vorlieben oder Abneigungen, wenn nicht überhaupt nur in unseren Körperempfindungen von Lust und Schmerz. In einer etwas tieferen Schicht erzeugt unser Vorstellungsvermögen Erwartungen und Befürchtungen, Hoffnungen und Ängste. Werden wir in dieser Schicht unzufrieden, so deshalb, weil wir vom Leben mehr Befriedigung wünschen und erwarten und vom Erlebten enttäuscht sind. Wir hoffen auf Besseres, und wir glauben, durchaus einmal ganze Erfüllung finden zu können, wenn sich nur erst die Umstände glücklich fügen. Diese Einstellung führt uns in neue Gier und neuen Haß, indem wir alle Kraft darauf richten, ideale Bedingungen für unsere beschränkte Individualität zu schaffen.

Unvollkommenheit

Während wir mit dem Rade kreisen, kann auch ein anderes Gefühl in uns aufsteigen. Oberflächlich gesehen mögen wir glücklich sein und reichliche Freuden sinnlicher und psychischer Art genießen, doch spüren wir nach und nach eine tiefgreifende Ernüchterung. Wir werden gewahr, daß das weltliche Leben von Grund auf unvollkommen ist. Natürlich bietet es unbestreitbare Genüsse, doch sind sie immer begrenzt. Ständig gibt es etwas, das sie stört oder trübt, und unausweichlich gehen sie irgendwann zu Ende. Worauf wir auch immer setzen mögen, um dauerhafte

Sicherheit und Freude zu finden – es erweist sich als zerbrechlich. Auf nichts können wir uns fest verlassen; auch das glücklichste Leben birgt manche Erfahrungen von Leid und Verlust. Niemals kann uns der Genuß eines Vergnügens an unsere äußerste Grenze führen; etwas in uns bleibt ungestillt. Irgendeine Beklommenheit verhindert die Vollkommenheit unseres Glückes, und es heißt, sogar durch erhabene Seligkeit der höchsten Göttergefilde wehe ein dünner Nebelschleier dieser Beklommenheit.

Die wachsende Empfindung der Unvollkommenheit dessen, was die Welt uns bieten kann, ist nicht etwa jene Art von Enttäuschung, die aus gescheitertem Ehrgeiz erwächst, und auch nicht die Reaktion eines Schwächlings, der sich vom Leben betrogen fühlt. Wer Ernüchterung im hier gemeinten Sinne spürt, rechnet nicht länger darauf, in weltlichen Dingen Vollkommenheit zu finden. Wohl ahnt er vage, daß wirkliche Erfüllung möglich ist, doch weiß er noch nicht, wie er sie finden kann. Was er jetzt tut, erscheint ihm als rundum hohl und belanglos. Gleichwohl mag er keinerlei Schwierigkeiten in seinen Beziehungen mit anderen oder in seiner Arbeit haben und auch körperlich und seelisch völlig gesund sein. Er weiß, daß das Leben weit mehr ist, als er bisher verwirklicht hat, und er sucht nach seinem tieferen Sinn.

Dieses Gefühl der Unvollkommenheit ist das natürliche Empfinden eines Bewußtseins, das nach Entwicklung strebt. Der allem Bewußtsein innewohnende Zug zur Evolution wirkt auf uns ein. Unser Selbstgewahrsein ist der Keim des transzendenten Bewußtseins, und wir können es nicht lange auf die Enge des Rades beschränken, ohne schreckliche Platzangst zu bekommen. Es liegt in der Natur des Bewußtseins zu wachsen, und wo diese Natur unterdrückt wird, entstehen Schmerz und Enttäuschung. Die Unterdrückung dieses ganz fundamentalen Dranges führt zu weitaus drastischeren Folgen als der Verdrängung von Instinkten, denn wir können in eine durch und durch mürrische und verdrießliche Grundstimmung geraten, wenn wir ihm nicht gerecht werden. Zahlreiche Menschen spüren diese Unvollkommenheit oder Ernüchterung; manche vergessen sie rasch im Sog ihrer reaktiven Neigungen, während andere dem Druck ihrer Bezugsgruppen unterliegen, der ihnen Anpassung an die üblichen Erwartungen abnötigt. Wieder andere nehmen die Suche auf, um früher oder später entmutigt aufzugeben, weil es ihnen an klarer Führung und Hilfe mangelt oder weil die Möglichkeiten, die sich vor ihnen auftun, sie verwirren. Diesen Drang kann man nicht ohne weiteres von den anderen Wünschen und Begehren unterscheiden, die in uns brodeln. Noch schwieriger ist es, ohne Hilfe oder Ansporn den Weg zu finden. Darum verwundert es nicht, wenn so viele Menschen, die irgendwann jene Unvollkommenheit gespürt haben, doch aufgeben und sich mit dem Rade weiterdrehen. Die vorherrschenden Einstellungen und Institutionen unserer Gesellschaft ermutigen kaum zu einem anderen Handeln. Dennoch kann man das Gefühl der Ernüchterung über das weltliche Leben weder betäuben noch heilen. Wir sollten es begrüßen, denn es ist das Tor zum Pfad der höheren Evolution.

Einige, die die Unvollkommenheit eines beschränkten Lebens erfahren, brechen auf, um nach etwas Wirklicherem zu suchen. Haben sie Glück, dann begegnen sie einer Verkörperung des Ideals, die ihnen wenigstens einen Abglanz dessen zeigt, wonach sie suchen. Vielleicht vermittelt ihnen eine Buddhastatue von hohem künstlerischem Rang den Frieden des erleuchteten Geistes und sein tiefes Verständnis und Erbarmen für alle Lebewesen. Auch ein Buch kann die ersehnte Wahrheit zum Ausdruck bringen. Oder sie begegnen einem Menschen, der sie einfach durch seine verwirklichte Menschlichkeit beeindruckt. So oder auf ähnliche Weise erwächst aus dem Gefühl der Ernüchterung eine neue und begründete Hoffnung. Abhängig von Unvollkommenheit entsteht *gläubiges Vertrauen*.

Gläubiges Vertrauen

«Glaube» ist im Buddhismus ein facettenreicher Begriff mit einem viel größeren Bedeutungsreichtum als in unserer Sprache. Dieser Glaube ist keine blinde Gläubigkeit, sondern die Antwort unseres ganzen Seins auf das Ideal. Er ist das Aufwallen der schöpferischen Vorstellungskraft über die eigene, direkte Erfahrung hinaus zur Ahnung und schließlich zum Erfassen der höchsten Wahrheit. Wer gläubiges Vertrauen fühlt, weiß, was er zu tun hat.

Zunächst einmal ist gläubiges Vertrauen eine direkte intuitive Antwort. Die bisher in uns gefesselte Kraft zur Evolution wird durch etwas befreit, das die Möglichkeit der Erfüllung und Vervollkommnung verkörpert. Ob es sich um ein Kunstwerk, eine Person oder ein Buch handeln mag – das manifest gewordene Ideal rührt an etwas Entsprechendes in uns. Das in unserem Selbstbewußtsein schlummernde transzendente Bewußtsein schwingt in Resonanz mit der transzendenten Wirklichkeit in jenem Objekt, das unseren Glauben beflügelt. Gleiches wird von Gleichem angezogen, und unwiderstehlich zieht es uns nun zu dem, was unser tiefstes Wesen zu spiegeln scheint. Anfangs mag das gläubige Vertrauen recht verschwommen und wirr sein, doch ist es auch dann schon eine starke Emotion, die uns aufstreben läßt.

Gläubiges Vertrauen, das weiter gereift ist, schließt Geistesklarheit ein. Die Ideale, an die man glaubt – im Buddhismus der Buddha, der Dharma und der Sangha – erfaßt man nun verstandesmäßig. Man entwickelt ein zutreffendes intellektuelles Verständnis des Dharma und ist fähig, ihn ebenso rational zu untersuchen wie emotional auf ihn zu antworten. Blinder Glaube ist unerwünscht – ehe das gläubige Vertrauen Früchte tragen kann, mag es nötig sein, die Aussagen des Buddha unvoreingenommen auf ihre rationale Stichhaltigkeit zu untersuchen. Das gläubige Vertrauen muß klar umrissen und bestimmt sein, damit man ein klares Verständnis des Ideals hat, von dem man sich intuitiv so stark angezogen fühlt. Ohne diesen eher kognitiven Aspekt des Glaubens kann man sehr leicht in die Irre gehen. Vielleicht wird man dann gläubiges Vertrauen mit weniger gesunden Emotionen verwechseln und sich etwa vom eigenen neurotischen Sicherheitsverlangen dazu verleiten lassen, blindlings einem Guru zu folgen, der – selbst neurotisch – in seine Macht über andere Menschen verliebt ist.

So wie der freie Fluß der Emotionen und die kritische Überprüfung mit dem Verstand das gläubige Vertrauen stärken und schärfen, wird es durch Erfahrung weiter bestätigt. Läßt man sich auf diesen Glauben ein und folgt dem Weg, so wird sich in den heilsamen Auswirkungen des Dharma zeigen, daß er gerechtfertigt ist, und man wird durch eigene direkte Einsicht manche der dargelegten Wahrheiten erkennen. Dadurch wächst das gläubige Vertrauen weiter und gründet nicht mehr nur in emotionaler Zuneigung und intellektueller Überzeugung, sondern steht fest auf dem Felsen innerer, aus eigener Erfahrung stammender Gewißheit.

Gläubiges Vertrauen ist der erste Schritt auf dem spirituellen Pfad und damit das Gegenstück zur Begierde, jenem ersten Schritt einer neuen Umdrehung mit dem Rad. Den Absprung vom Rad schafft man allerdings nicht gleich ein für allemal. Jeder Augenblick unseres Lebens bringt uns angenehme, leidvolle oder neutrale Gefühle und stellt uns vor die Wahl, ob wir begehrend re-agieren oder mit gläubigem Vertrauen antworten wollen. Im Begehren leugnen wir unsere höhere Bestimmung und identifizieren uns ausschließlich mit unserem gegenwärtigen Erfahrungsniveau: Wir verschwenden die Kraft unserer innigsten Wünsche an weltlichen Vergnügungen. Fassen wir dagegen gläubiges Vertrauen, dann sehen wir, daß Lust und Schmerz sich einfach aus Bedingungen ergeben, und jetzt verlangt es uns nach einem Glück, das jenseits aller Bedingtheit liegt. Damit sind wir in der Lage, auf alle Gefühle, die im täglichen Leben auftreten, auf gesunde Weise zu reagieren, die angenehmen zu genießen, die leidvollen möglichst zu beseitigen, ohne uns von ihnen berauschen oder überwältigen zu lassen. Wir sehen in ihnen nicht den ganzen Sinn des Lebens.

Allmählich werden wir der bedingten Natur unserer Gefühle gewahr und unterscheiden zwischen unseren Reaktionen von Begierde oder Haß und unseren gesunden Antworten mit gläubigem Vertrauen und Mettā. Unsere Kräfte verlagern sich immer mehr auf die Spirale, bis schließlich, in der vollkommenen Erleuchtung, keine Spur des Rades mehr in uns verblieben ist. Diese Entscheidung zwischen Begehren und gläubigem Vertrauen *ist* die höhere Evolution. Solange wir den Punkt des Eintretens in den Strom, von dem an sich die Spirale spontan weiter entfaltet, noch vor uns haben, muß unser ganzes Bemühen darauf gerichtet sein, zwischen gesunden und ungesunden Impulsen in uns zu unterscheiden. Unermüdliche Achtsamkeit richten wir auf unsere geistigen Vorgänge, um klar zu erkennen, wohin sie streben, und um möglichst geschickt zu handeln. Unsere anfänglichen Bemühungen werden nur die offensichtlich ungeschickten Taten vereiteln können, doch nach und nach wird unsere Selbstwahrnehmung schärfer, und wir spüren das Kommen und Gehen heilsamer oder unheilsamer Geisteshaltungen, ehe sie die Schwelle des nach außen gerichteten Handelns überschreiten. Allmählich können wir so unsere zyklischen Tendenzen «aushungern», und die Spirale wird die Oberhand gewinnen.

Dieses Streben nach Achtsamkeit und Unterscheidungsfähigkeit ist eine der aktiven Ausdrucksweisen des gläubigen Vertrauens. Denn es ist nicht bloß eine Bejahung des Ideals, sondern der Wunsch, sich ihm anzunähern. Wir spüren nicht nur die Verwandtschaft der Buddhaschaft mit unserem innersten Wesen, sondern wir wollen sie auch lebendig verwirklichen – wir wollen unser Bewußtsein aktiv entwickeln. Darum nehmen wir die Übung auf: Wir wenden die Lehren des Buddhismus auf unser Leben an und heben uns damit selbst vom Rad auf die Spirale. Zunächst müssen wir die moralische Qualität unseres Verhaltens überprüfen, wenn wir unsere Taten zum Ausdruck der neugewonnenen Sicht machen wollen. Wir werden uns bemühen, unser Leben von jenen Idealen leiten zu lassen, denen wir Glauben und Vertrauen geschenkt haben. Somit gründet Sittlichkeit in gläubigem Vertrauen.

Der aktive Aspekt des gläubigen Vertrauens oder der Wunsch, die Ideale im eigenen Leben zu verwirklichen, wird die «Zufluchtnahme zu den Drei Juwelen» genannt. Sie ist der Akt der Hingabe an Buddha, Dharma und Sangha. Durch die Bekundung der Zufluchtnahme und ihre Annahme durch den Lehrer und spirituellen Freund wird man auch formell zum Angehörigen des Sangha – der spirituellen Gemeinschaft.

Im Wagnis des gläubigen Vertrauens hat man den Schatten seines alten Selbst übersprungen und sich einer umfassenderen Sphäre des Bewußtseins geöffnet. Man bekennt sich zu etwas, das höher als man selbst ist, und sieht sich nicht mehr starr als Mittelpunkt. Man ist hochgemut, begeistert und von neuen Gefühlen der Weitherzigkeit ergriffen. Weil man weniger in sich selbst verstrickt ist, möchte man mit anderen teilen. Man spürt einen inneren Reichtum, der zu anderen überfließt, und man empfindet tiefe Dankbarkeit gegenüber seinen Lehrern und spirituellen Freunden. Sie haben die Botschaft des Buddha lebendig erhalten und uns diesen Pfad gewiesen, der jede Sehnsucht stillt und den bitteren Geschmack der Unvollkommenheit vertreibt. Die Ideale und die Menschen, die sie verkörpern, wecken starke Gefühle der Achtung und Verehrung.

Es ist sehr wichtig, solche Gefühle wachsen und sichtbar werden zu lassen. Drückt man sie nicht aus, dann werden sie, wie andere Regungen auch, welken und absterben. Je ungehinderter sie sich äußern können, desto höher werden sie sich schwingen und unser gläubiges Vertrauen stärken. Aus diesem Grunde gibt es in jeder buddhistischen Überlieferung Bilder des Buddha, vor denen Menschen sich verbeugen, Opfergaben niederlegen oder Zeremonien mit Gesängen und Ritualen feiern. Oft sind die Schreine und Orte solcher Feiern und auch die Worte und Handlungen der Zeremonien überaus schön und ergreifend, selbst für jemanden, der die genaue Bedeutung einzelner Klänge und Gebärden nicht kennt. Sie verknüpfen unsere Emotionen mit dem Vorsatz zu wachsen und geben uns so den Schwung, der uns vorwärtstreiben wird. Die Lehren des Dharma theoretisch zu verstehen, reicht nicht aus; wir müssen mit unserem Fühlen beteiligt sein. Wir müssen fortschreiten *wollen* und unsere Emotionen im Zaum halten, weil sie sich sonst an die Objekte der Begierde heften werden. Gläubiges Vertrauen und Hingabe sind die emotionalen Aspekte der höheren Evolution, um deren Wachstum und Steigerung wir uns aktiv bemühen müssen. Ohne irgendeine Hingabeübung wird der Buddhismus wohl ein intellektueller Zeitvertreib bleiben.

Gläubiges Vertrauen ist demnach der erste Schritt auf dem Pfad. Wir begegnen dem Ideal und verpflichten uns dazu, es selbst zu verwirklichen. Über unser kleinliches Eigeninteresse sind wir hinausgewachsen und beginnen, geschickter zu leben und großzügiger zu geben. Wir empfinden Dank gegenüber unseren Lehrern und Freunden auf dem Pfad und Hingabe an die Drei Juwelen und ihre Verkörperungen. Damit haben wir die zweite Ebene der menschlichen Welt betreten, auf der das Individuum die Gruppe verläßt und sich der spirituellen Gemeinschaft anschließt. Ein Kennzeichen des wahren Menschen ist sein Glaube an transzendente Ideale.

Obwohl das gläubige Vertrauen der erste Schritt auf dem Pfad ist, erlischt es nicht beim Übergang zur nächsten Stufe. Es entfaltet und steigert sich immer mehr und liegt jedem weiteren Abschnitt der Spirale zugrunde.

Gläubiges Vertrauen, durch aktive Hingabe bekundet, verwandelt allmählich den Menschen. Seine Lebensweise wird umgestaltet; seine Sicht der Welt ändert sich; sein Geist wird auf eine neue, höhere Ebene gehoben, und er empfindet nie gekannte Gefühle tiefer Erleichterung. Abhängig von gläubigem Vertrauen entsteht *Freude*.

Freude

Weil man geschickt und im Einklang mit seinem gläubigen Vertrauen lebt, wächst ein Gefühl von Wohlbefinden und Harmonie – das ist «Freude». Man empfindet eine innere Befriedigung aus dem Wissen, sich nichts vorwerfen zu müssen. Das eigene Gewissen ist rein; man lebt mit sich selbst in Frieden. Weil man seine tieferen Anlagen praktisch verwirklicht, muß man nicht an jenen Gefühlen der Selbstverachtung und Enttäuschung leiden, die aufkommen, wenn man seine Ideale verfehlt.

Wie mit sich selbst, so lebt man auch im Einklang mit anderen, denn auch sie können einem nichts vorwerfen. Viele unserer zwischenmenschlichen Probleme entstehen, weil wir uns gegen die Vorwürfe anderer verteidigen. Auf der Stufe der Freude jedoch gibt es keine inneren Unstimmigkeiten mehr, anhand derer andere uns manipulieren könnten. Wir fühlen uns sicher und zuversichtlich.

Ohne ein solches Gefühl von Unschuld wird unser Geist weitgehend von Schuldgefühlen und Selbstvorwürfen absorbiert sein. Wer unsere Schwäche ausnutzen will, kann uns dann jederzeit verletzen, und unter anderen Menschen empfinden wir immer eine gewisse Beklommenheit. Schuldgefühle können rationaler oder irrationaler Natur sein. Sind sie irrational, dann lebt man in dem ständigen Gefühl, etwas Schlechtes getan zu haben – ob dem nun so ist oder nicht. Ein Mensch mit irrationalen Schuldgefühlen hat gelernt, sich selbst für einen grundsündigen Menschen zu halten. Er leidet an dauernden unterschwelligen Gewissensbissen und Strafängsten. Solch eine Geisteshaltung ist rundum ungeschickt und muß so schnell wie möglich abgebaut und durch Selbstliebe und Zuversicht ersetzt werden. Rationale Schuld ist dagegen durchaus gesund, denn hier bedauern wir eine wirkliche ungeschickte Tat. Wir haben falsch gehandelt und bedauern das. Auch hier ist es aber nicht geschickt, die Reue in die Länge zu ziehen. Selbstverständlich dürfen wir vor unserer Unzulänglichkeit und Ungeschicklichkeit nicht die Augen verschließen, doch sollten wir die aufkeimenden Schuldgefühle möglichst schnell wieder auflösen. Der Buddhismus legt großen Wert auf die Ausrottung von Schuldgefühlen. Der erste Schritt dazu ist das Eingeständnis dessen, was wir getan haben. Dies geschieht am besten als Bekenntnis vor einem Lehrer oder spirituellen Freund, der einzuschätzen vermag, ob unser Tun wirklich ungeschickt war, und dessen Grundeinstellung zu uns dennoch bejahend bleiben wird. Wenn wir uns auf diese Weise offenbaren und unser Bedauern über das Geschehene ausdrücken, kann unser Gewissen erneut rein sein. Im Falle eines besonders gewichtigen Fehlers oder auch eines großen Feingefühls unseres Gewissens mögen solche Bekenntnisse nicht immer genügen, um unser Herz zu erleichtern. Für diese Fälle werden verschiedene Übungen der Hingabe empfohlen, welche die Gefühle des gläubigen Vertrauens neu beleben und schließlich in eine positivere Geisteshaltung münden werden. In jedem Fall gehört zum Eingeständnis ebenso wie zur Übung der Hingabe als ausschlaggebender Teil immer der feste Entschluß, zukünftig ein derartiges Verhalten zu unterlassen.

Freude ist die völlige Abwesenheit jeder Art moralischer Zwiespältigkeit oder Schuld. Man empfindet nicht nur subjektive Gefühle von Glück und Gelassenheit, sondern auch objektiv genießt man die karmischen Früchte seines geschickten Tuns. Die eigenen Verdienste tragen Früchte. Jemand, der vorwiegend auf dieser Stufe lebt, wird nach seinem Tod in den himmlischen Welten der Sinnensphäre wiedergeboren werden und die veredelten Sinnesfreuden dieses Bereichs genießen.

Von Anfang an verschafft uns das Streben auf dem Spiralen-Pfad Freuden; je höher wir steigen, desto reicher werden sie. Ein heiles ethisches Leben legt das Fundament einer durchgreifenden psychischen Integration, die alle widersprechenden Kräfte versöhnt und im Erlebnis überströmenden Glücks vereint. In Abhängigkeit von Freude entsteht *Verzückung*.

Verzückung

Mit diesem Kettenglied gehen wir erstmals über die Sphäre sinnlichen Verlangens hinaus in das Reich archetypischer Form. Die drei folgenden Abschnitte werden uns durch die verschiedenen archetypischen Stufen und auch durch den Bereich der Nicht-Form führen. Beide Sphären sind die Gefilde der Meditation, und die sie bildenden Geisteszustände sind von denen des Normalbewußtseins sehr verschieden. Der Versuch, ein wenig von diesen erhabenen Gipfeln sichtbar zu machen, treibt unsere Sprache an ihre Grenzen. Dennoch kann jeder diese Erfahrungen selbst machen, der sich systematisch der Meditation widmet.

Wer zu meditieren beginnt, wird zunächst zwei miteinander zusammenhängende Wirkungen spüren: Meditation integriert alle Kräfte der Psyche, und sie führt überdies zu immer positiveren Emotionen. Die Stufe der Verzückung wird erreicht, wenn alle innerpsychischen Konflikte und Verspannungen gelöst und wenn die unterbewußten Antriebe befreit und in die volle Bewußtheit eingeschmolzen werden. Dadurch werden sehr lustvolle Körperempfindungen ausgelöst, und wir empfinden eine noch köstlichere Freude als auf der vorigen Stufe. Meistens sind wir geistig gespalten und zersplittern unsere Kräfte auf eine Vielzahl von Interessen und Beschäftigungen, die kein harmonisches Ganzes bilden. Diese Lage wird dadurch noch komplizierter, daß wir unserer Motive häufig nicht gewahr sind oder sie falsch interpretieren. Wir handeln nicht wie eine einzige Person, sondern wie ein Bündel verschiedener Persönlichkeiten, von denen einige miteinander Krieg führen. Selten nur können wir einmal alle unsere geistigen und emotionalen Kräfte auf bloß eine Aufgabe versammeln. Meistens, wenn nicht immer, handeln wir nur mit einem Bruchteil unserer Gesamtkraft. So können wir nicht den Reichtum eines mit ganzem Herzen gelebten Lebens genießen. Es fällt auf, daß viele der größten Künstler und inspirierten Gestalten der Geschichte sich offenbar überschäumender Kräfte erfreut haben und zu einem Eifer und einer Begeisterung fähig waren, die unsereins meist schon mit seinen Kinderschuhen verloren hat.

Um alle unsere Teilpersönlichkeiten auf horizontaler Ebene zu integrieren, müssen wir uns durch Achtsamkeit und Selbstbesinnung tiefer und vollständiger kennenlernen. Meditation, eine positive Arbeit im Sinne des «Rechten Lebenserwerbs» und spirituelle Freundschaft helfen uns bei dieser Schlüsselaufgabe, die Splitter unserer Persönlichkeit zu einer ausgewogenen Individualität zu vereinen. Vor allem aber ist es unsere Vision und das Streben nach ihrer Verwirklichung, wodurch unsere Kräfte gesammelt werden. So wie die verfeindeten Interessengruppen einer Nation sich zur Abwehr eines Angreifers zusammenschließen, so benötigen wir etwas, das über unser Ich hinausgeht und dem wir uns mit aller Kraft widmen können. Soll ein solches Ziel alle Seiten unseres Daseins harmonisieren, dann darf es nicht einseitig oder in irgendeiner Hinsicht unheilsam sein. Dieses Ideal ist die Erleuchtung des Menschen. Auf der Stufe der Verzückung erfüllen sich unser gläubiges Vertrauen in die Drei Juwelen und unser tatkräftiger Einsatz für eine geschickte Lebensweise in der Lösung aller Konflikte und Verspannungen sowie in der Einschmelzung der unterbewußten Kräfte in den anschwellenden Strom des gläubigen Vertrauens. Nur ein hohes Ziel kann die ganze Kraft des Menschenherzen entfesseln.

Konflikte und Spannungen sind nicht bloß innerpsychische Ereignisse, sondern sie drücken sich auch in unserer Körperhaltung aus. Ein furchtsamer Mensch krümmt den Rücken vor Schicksalsschlägen; der Zornige beißt die Zähne zusammen und hält sich kampfbereit. Unsere vorherrschenden Emotionen formen unsere Muskeln fortwährend zu etwas, was der

Psychologe Wilhelm Reich den «Charakterpanzer» genannt hat. Wenn die psychische Verspannung sich im integrierten Zustand löst, zerfällt diese Starre allmählich und die in der Muskulatur blockierte Nervenenergie kann freier fließen. Das Schmelzen dieser Sperren und die dadurch bewirkte Befreiung psychischer Lebenskräfte empfindet man als körperliche Lust. Vom Grad der bisherigen Hemmung und Verspanntheit hängt das Ausmaß der erlebten Verzückung ab – sie kann überaus stark sein. Die buddhistische Psychologie zählt fünf Stufen der Ekstase auf. Die erste ist der «geringere Schauer», der immerhin stark genug ist, um die Haare zu Berge stehen zu lassen. Darauf folgt die «kurze Verzückung», die in starken, aber kurzen, blitzähnlichen Stromstößen durch den Körper schießt. Die «flutende Verzückung» durchwogt den Körper, aufwallend und verebbend wie Meereswellen, die ans Ufer schlagen. Die «mitreißende Verzückung» gilt als so gewaltig, daß sie den Körper tatsächlich heben kann. Die «alles durchdringende Verzückung» steigert den Prozeß zu seinem Gipfel und wird mit einem voll aufgeblasenen Ballon verglichen, weil die Empfindungen der Ekstase so allgegenwärtig und anhaltend geworden sind, daß sie das gesamte psychophysische System erfüllen.

Die fortschreitenden Stufen der Verzückung sind nur gesteigerte Formen jener körperlichen Erscheinungen, die manchmal von überwältigenden Gefühlen hervorgerufen werden. Wenn wir von etwas tief berührt sind – ob von Kunst oder Natur, von kühnen Taten oder unserer Begegnung mit einem anderen Menschen –, dann mögen uns Tränen in die Augen treten oder ein unkontrollierbares Beben befällt uns. Das sind keine Anzeichen von Schwäche oder mangelnder Selbstbeherrschung, sondern Auswirkungen einer so tiefen Erschütterung, daß die gewohnten Ausdrucksmittel nicht mehr ausreichen und unsere Emotionen sich direkt Bahn brechen. Bei den Meditationen ist solch ein Aufwallen von Gefühlen nicht ungewöhnlich, und es kann vorkommen, daß Menschen ganz unwillkürlich weinen, zittern oder von Lachen geschüttelt werden. Dabei kann es sich um Äußerungen von Verzückung handeln. Sie gehen nicht bloß mit Empfindungen körperlicher Befreiung und Freude einher, sondern auch mit sehr starken Glücksgefühlen. Alle psychischen Energien strömen immer ungehinderter in der Richtung des gläubigen Vertrauens, und man fühlt sich vollständig, heil und zutiefst beglückt, daß man sich zur besten und edelsten Aufgabe bestimmt hat, die ein Mensch sich stellen kann.

Je tiefer die Verzückung geht, desto mehr überwiegt das rein Geistige in ihr, und so entsteht in Abhängigkeit von Verzückkung *Frieden*.

Frieden

Früher oder später ist die horizontale Integration vollendet, und alle vorher in Spannungen und unterschwelligen Widersprüchen blockierten Kräfte sind befreit. Darum verebbt das Erlebnis körperlicher Ekstase, und die belebende Freude wird stetiger. Die Tatsache, daß die Lust der Verzückung schwindet, bedeutet nicht, daß der folgende Zustand weniger beglückend wäre – das Glück ist jetzt nur von einer feineren Art, die der Körper nicht länger fassen kann. Auf dieser Stufe verebbt das Körperbewußtsein, und man läßt die Welt des sinnlichen Erlebens ganz hinter sich zurück. Man weilt in einer Verfassung vollkommener Gelassenheit und Stille. Der Geist ist hellwach und klar, sehr durchlässig, sehr geschmeidig und frei von Starrheit und Vorurteilen. Keine Regung negativer Emotionen stört die tiefe, kraftspendende Ruhe, in die man versunken ist.

Mit wachsender Kraft und in anschwellender Flut strömen in dieser Verfassung tiefen Friedens unsere Emotionen. Zugleich aber werden sie immer subtiler. In Abhängigkeit von Frieden entsteht so *Glückseligkeit*.

Glückseligkeit

Wenn man schon die verfügbaren Superlative für Glück und andere positive Geisteszustände verwendet hat, wird es schwierig, eine Stufe zu beschreiben, die noch beglückender und noch positiver ist – und dabei haben wir erst die Hälfte der

Spirale erstiegen. Aber dies ist Glückseligkeit: das Glück des Friedens in einem noch höheren Grad. Der Vorgang der vertikalen Integration fördert Kräfte aus einer viel tieferen Schicht zutage, Energien der Inspiration und Schöpferkraft, die nun den breiten Strom der Emotion verstärken, der – seit er zuerst aus der Quelle gläubigen Vertrauens aufsprudelte – eine gewaltige Kraft gewonnen hat, die alle Hindernisse in einer mitreißenden Flut fortspült. Auch alle anderen positiven Emotionen sind vorhanden: Mettā, auf alle Lebewesen ausstrahlend; mitfühlendes Erbarmen mit allen Leidenden; Frohlocken über das Glück und die Tugend anderer; Dank und Ergebenheit für jene, die weiter fortgeschritten sind. Kein Gran persönlicher Vorlieben und Befangenheiten entstellt den vollkommenen Gleichmut dieser Liebe.

Die vertikale Integration setzt sich fort, bis alle Kräfte des weltlichen Bewußtseins so zusammenfließen, daß abhängig von Glückseligkeit *Versunkenheit* entsteht.

Versunkenheit

Nichts ist vom Bewußtsein ausgeschlossen. Alle Energien der Person sind in voller Bewußtheit vereint und gesammelt auf einen Punkt gerichtet. Alles ist genau ausgerichtet, in völligem Gleichgewicht und auf der höchsten Stufe der Verfeinerung. Der Geist ist erhoben und genießt höchstes Glück. Er ist frisch und freudig, geschärft, klar und in reinem Gewahrsein gesammelt. Subjekt und Objekt sind so sehr in Resonanz, daß sie kaum noch unterscheidbar sind. Der Geist hat den höchsten Gipfel dessen erreicht, was in der Sphäre der Weltlichkeit möglich ist. Dies ist der Punkt des Absprungs ins Transzendente, denn in Abhängigkeit von Versunkenheit entstehen *Erkenntnis und Schau der Dinge, wie sie wirklich sind.*

Das Kettenglied der Versunkenheit steht für den Höhepunkt jenes Abschnittes auf dem Pfad, der vor allem mit Meditation befaßt ist. Wie wir im zweiten Kapitel sahen, gliedert sich der Pfad in drei Hauptphasen: Moral, Meditation und Weisheit. Gläubiges Vertrauen und Freude sind besonders mit dem

Abschnitt der Moral verknüpft; Verzückung, Frieden, Glückseligkeit und Versunkenheit mit Meditation; die restlichen Kettenglieder mit der Entwicklung transzendenter Weisheit. Da die meditative Praxis eine der wichtigsten Methoden der höheren Evolution ist, werden wir sie nun etwas genauer betrachten.

Der Zweck von Meditationsmethoden liegt darin, uns die systematische Entwicklung höherer Bewußtseinsstufen zu erleichtern. Sie zielen darauf, jenes höchste Kettenglied des weltlichen Pfades – Versunkenheit – hervorzubringen. Andere Meditationstechniken dienen dem Gewinn von Einsicht, doch werden wir uns nicht mit ihnen befassen, weil sie voraussetzen, daß die Stufe der Versunkenheit schon erreicht wurde. Die Reihenfolge der Kettenglieder des Spiralen-Pfades scheint nahezulegen, daß wir mit unseren Meditationsübungen erst dann beginnen sollen, wenn wir den Abschnitt der Moral mit seinen Kettengliedern der Unvollkommenheit, des gläubigen Vertrauens und der Freude bewältigt haben.

Die menschliche Entwicklung verläuft allerdings selten so planmäßig und geradlinig, wie es eine solche Formel anzudeuten scheint. Wir befinden uns nicht so sehr auf einer einzelnen Stufe, sondern vielmehr auf einer längeren Strecke des Pfades. So mögen wir etwa vorwiegend die Unvollkommenheit spüren, doch erleben wir daneben auch Momente gläubigen Vertrauens und der Freude, vielleicht sogar Augenblicke, in denen uns erste Schauer der Verzückung durchrieseln. Wir können nicht sehr weit über das Kettenglied hinausgehen, das gewissermaßen unsere derzeitige Wohnstätte ist, und wir sollten uns hüten zu laufen, bevor wir gehen können, doch wird der Versuch, einen höheren als unseren gegenwärtigen Stand zu erreichen, uns helfen, die niederen Stufen abzusichern. Vor allem aber müssen wir danach streben, uns diese unteren Stufen wirklich ganz zu erarbeiten, weil die Übung der höheren sonst nutzlos würde. Obwohl ein gewisses Maß an Meditation durchaus förderlich sein kann, bevor wir unsere Moral gefestigt haben, wird sie uns doch nicht sehr viel weiterbringen, solange wir nicht auch versuchen, ein ethisch gediegeneres Leben zu führen. Viele Menschen, die sich «auf der Suche nach etwas» befinden, werden auch Meditation erproben. Vielen wird sie bei ihrer Suche helfen. Früher oder später aber werden auch sie gläubiges Vertrauen entwickeln und sich entscheiden müssen, weil sie andernfalls nicht weiterkommen werden.

Die beiden grundlegenden Meditationstechniken, die man in vielen buddhistischen Schulrichtungen findet, entwickeln und fördern einerseits die positiven Emotionen und andererseits die innere Sammlung. Natürlich wird man positive Emotion durch Sammlung und Sammlung durch positive Emotion erreichen – wir haben schon gesehen, daß die höheren Bewußtseinszustände sich durch Glück und Integration auszeichnen. Wenn wir allerdings nicht beide Techniken üben, droht die Gefahr einer einseitigen Entwicklung, sei es, daß unsere Sammlung ziemlich trocken oder vielleicht sogar vom Fühlen abgespalten sein wird, sei es, daß unser Fühlen vage und abgelenkt bleibt. Obwohl jede der Techniken einen etwas anderen Entwicklungsschwerpunkt betont, fußen sie doch auf gemeinsamen Grundsätzen.

Zieht man sich anfangs zur Meditation zurück, dann wird selbst unter idealen äußeren Umständen bald offenbar, daß gewisse innere Kräfte die so leicht erscheinende Aufgabe erschweren, die Atemzüge zu zählen. Diese psychischen Regungen sind als «Hindernisse» bekannt, denn sie halten uns von der Sammlung auf das Objekt der Meditation ab. Das erste dieser insgesamt fünf Hindernisse ist *sinnliches Verlangen*. Ein Großteil unserer geistigen Aktivitäten erschöpft sich in Phantasien über verschiedene Dinge. Wenn wir erstmals zu meditieren versuchen, kann es uns schockieren, die ständige Neigung unseres Geistes zu Selbstgesprächen sehen zu müssen. Unsere Phantasien mögen durchaus lustvoll sein, doch hindern sie uns daran, die Stufe der Sinneserfahrung überhaupt loszulassen und höhere Dimensionen archetypischer Formen zu betreten. In ähnlicher Weise verstrickt uns *Haß*, das zweite Hindernis, in unsere Gedanken an die Bosheit unserer vermeintlichen Feinde und in das Schmieden von Rache- und Vergeltungsplänen. *Schlaffheit und Stumpfheit* sind dumpfe Zustände der Lähmung, die viele Menschen befallen, die meditieren wollen. Verträumt dösen sie vor sich hin und mögen sogar einschlafen. Meistens wird dieser Zustand von inneren Konflikten unter der Oberfläche des Bewußtseins ausgelöst, die an unseren geistigen Kräfte zehren. *Ruhelosigkeit und Besorgtheit* treiben unser Denken von einem Thema zum nächsten, so daß wir gar nicht erst zum Meditieren kommen. *Zweifel*, das letzte Hindernis, ist das chronische Unvermögen, uns überhaupt auf irgend etwas einzulassen, und sei es auch nur eine einzige Meditationssitzung. Wir sind unwillig, alles andere abzulegen und uns ernsthaft der vorgegebenen Übung zu widmen.

Diese fünf Hindernisse – sinnliches Verlangen, Haß, Schlaffheit und Stumpfheit, Ruhelosigkeit und Besorgtheit sowie Zweifel – müssen wir zeitweise überwinden, um uns im Erleben des Atems sammeln zu können. Solange wir uns der Übung widmen, kehren wir immer wieder zum Atem zurück. Bemerken wir, daß wir unter der Einwirkung eines Hindernisses abgeschweift sind, kehren wir zum Atem zurück und verfolgen sein Auf und Ab. Je geschickter unser Leben ist und je glücklicher wir sind, desto leichter wird es uns fallen, die Hindernisse zu überwinden.

Sind wir fähig, übermäßige Ablenkungen durch die Hindernisse zu vermeiden, dann können wir die Meditationsübung ausführen. Um die im zweiten Kapitel erwähnte «Vergegenwärtigung des Atems» zu üben, richten wir unsere Aufmerksamkeit zunächst in gleicher Weise auf den Atem, wie wir es mit einem beliebigen Gegenstand halten würden, und versuchen, ihn möglichst vollständig zu spüren. Nach einer Weile wird unser Erleben subtiler. Der Atem erscheint uns nicht mehr als grobkörperliche Empfindung, sondern als sehr leicht und fein, ruhig und stetig. Es wird sehr reizvoll zu spüren, wie die Luft im Körper ein- und ausströmt und der Geist ruhig und still wird. An diesem Punkt gehen wir vom Meditationsversuch zur eigentlichen Meditation über. Wir wechseln von der Sinnensphäre in den Bereich archetypischer Form. Wir gehen ganz im Atem auf und durchqueren eine Folge von vier Stufen der Versunkenheit, die uns ans Ende der weltlichen Kette der Bedingtheit führen.

Die erste Versunkenheit ist die *Stufe horizontaler Integration,* in der alle Kräfte des Bewußten und des Unterbewußten vereint sind. Hier gibt es noch gewisse subtile Regungen des diskursiven Denkens, die zumeist dem Meditationsobjekt gelten, doch stehen sie eher am Rande, und die Aufmerksamkeit gehört nahezu ausschließlich dem Atem. Verzückungsgefühle, wie sie schon beschrieben wurden, steigen im Körper auf, und man ist von starken Gefühlen der Freude und Glückseligkeit ergriffen. Die nächste Versunkenheit, die *Stufe der Inspiration*, leitet den Prozeß der vertikalen Integration mit Gefühlen ein, als werde man aus einer höheren Quelle schöpferischer Kräfte gespeist. Verzückung und Glückseligkeit werden noch intensiver, und die Sammlung des Bewußtseins ist so weit gesteigert, daß alles diskursive Denken verebbt. Der Geist ist leuchtend klar, und kein Gedanke stört seine Stille. Die dritte Versunkenheit ist die *Stufe der Durchdringung*, auf der unser Geist völlig in jene höhere Bewußtseinsdimension eintaucht, die auf der vorigen Stufe noch als eine äußere Quelle der Inspiration erschienen war. Alle Spuren der sinnlichen Welt sind vom Bewußtsein abgefallen, und man weilt in der Sphäre reiner Form. Die Verzückung hat aufgehört, weil der Vorrat blockierter Energien erschöpft ist, doch die Glückseligkeit ist noch größer, und der Geist ist klarer als je zuvor. Auch der Atem ist nun in unserer Aufmerksamkeit verblaßt, aber dies nicht, weil der Geist abgeschweift wäre, sondern weil er sozusagen über den Atem hinausgegangen ist. Die vierte Versunkenheit ist die *Stufe des Strahlens*. Hier macht man die Erfahrung vollkommener – aber dynamischer – Ausgewogenheit. Die positive Kraft des Geistes hat die Glückseligkeit der bisherigen Stufen hinter sich gelassen und scheint nun in großen Wellen der Liebe und des Wohlwollens eine Art Aura wohltätigen Wirkens auszustrahlen.

Obwohl es weitere Vertiefungsstufen gibt, die zur Sphäre der Nicht-Form gehören, sind sie doch bloß neue Verfeinerungen dieser vollständig gesammelten Stufe des Strahlens, denn nunmehr sind alle Energien vereinigt – die Integration ist vollendet. Nur ein solchermaßen integrierter und verfeinerter Geist vermag die Wirklichkeit zu schauen. Solange uns diese Grundlage fehlt, wird jede Einsicht, die wir gewinnen mögen, bloß die intellektuellen Seiten unserer Persönlichkeit bereichern. Soll eine Einsicht uns verwandeln, dann muß sie von der ganzen Kraft unseres geläuterten und geeinten Geistes getragen sein, in dem Verstand und Gefühl verschmolzen und im Vermögen der Imagination aufgegangen sind.

Diesen erhabenen Bewußtseinszuständen entsprechen Welten von gleicher Erhabenheit. Es sind die Sphären der archetypischen Form und der Formlosigkeit, die jenseits der Sinnensphäre liegen. In den Welten archetypischer Form, die einander an Schönheit und Freude übertreffen, gibt es Körperlichkeit, jedoch ist sie von einer feinstofflichen Art, die dem Geiste nicht sinnlich vermittelt, sondern direkt gegenwärtig wird. Hier können wir der Schönheit ohne jede irdisch-stoffliche Umhüllung in ihrer reinen, idealen Form innesein. Solche Formen sind keineswegs abstrakt, doch sind sie sinnlich nicht faßbar. Wollen wir uns eine derartige Erfahrung wenigstens näherungsweise begreiflich machen, dann sollten wir uns vielleicht eine Welt vorstellen, die aus Lichtstrahlen, Regenbögen, feinsten Düften und musikalischen Klängen gebaut ist. Noch subtiler ist die formlose Sphäre, in der nicht einmal die reine Form der archetypischen Welt wahrzunehmen ist. Hier begegnen uns nur noch die feinsten Essenzen der Erfahrung: unendlicher Raum, unendliches Bewußtsein, keine Aufspaltung der Erfahrung, also keine Objekte mehr, und weder Wahrnehmung noch Nicht-Wahrnehmung – Subjekt und Objekt sind so innig verschmolzen, daß es keine Worte mehr für die Beschreibung der Erfahrung gibt. In der Meditation öffnen sich uns alle diese Sphären, wenn wir die vergleichsweise greifbaren, visionären Erfahrungen der Götter des Sinnenbereichs hinter uns lassen. Auf diesen höchsten Ebenen werden die Götter aufgrund ihrer Verwirklichung meditativer Erfahrungen in früheren Leben geboren. Sie sind so herrlich und makellos wie die Welten, die sie bewohnen. Sie sind androgyn; ihre männlichen und weiblichen Eigenschaften sind vollkommen vereint. Weil diese Götter die sexuelle Polarisierung transzendiert haben, findet man in ihren Gefilden keine sexuellen Bestrebungen. Sie erfahren in sich selbst das Spiel der Gegensätze, das die Menschen im Sex suchen.

So erhaben die höchste Stufe der Versunkenheit und jene menschlichen oder göttlichen Wesen auch sein mögen, die dort verweilen – sie alle sind noch weltgebunden. Noch immer kann die Evolutionsrichtung sich umkehren, wenn ihre verursachenden Bedingungen erschöpft sind und kein neues Verdienst hinzukommt. Nur beständige Bemühung und Geistesgegenwart können den weltlichen Teil der Spirale halten, denn noch immer ist das Rad in uns stärker als die Spirale, wenn wir sie nicht durch bewußtes Streben weiterführen. Die Macht unserer Verblendung ist so groß, daß die meisten Menschen ohne Hilfe keinen Boden gegen sie gewinnen könnten. Sie benötigen die volle Mitwirkung und den Ansporn ihrer Umgebung und ihrer Mitmenschen. Häßlichkeit, Grausamkeit und Verwirrung in der Umwelt machen es schwer, positive Emotionen hervorzubringen. Haß und Feindseligkeit oder auch Gleichgültigkeit und Spott seitens der Menschen, mit denen wir leben und arbeiten, werden fast jeden bald entmutigen. Wir benötigen eine Welt der Schönheit und des Friedens, und wir benötigen Gefährten, die unser gläubiges Vertrauen teilen und größere Erfahrung als wir auf dem Pfad haben. Ohne sie werden wir wieder und wieder zurückfallen. Niemand sollte die Anstrengung unterschätzen, die die höhere Evolution verlangt – aber auch nicht ihren Lohn! Wer aufrichtig wünscht, die Spirale zu ersteigen, muß sich um spirituelle Freundschaft bemühen. Ohne sie können selbst die Götter der höchsten Welt der Formlosigkeit in niedere Daseinsbereiche abgleiten. Erst vom Transzendenten kann man nicht mehr zurückfallen. Nur dort ist der weitere Fortschritt gewiß.

10 DER PFAD DER TRANSZENDENZ

Nach dem Tode John Miltons berichtete einer seiner Bekannten, daß er niemanden getroffen habe, der mit einiger Gewißheit Motive in Miltons Taten erkannt hätte. Wir beurteilen andere nach dem, was wir wissen, vor allem aber nach unseren eigenen Motiven. Ein geringerer Mensch vermag einen größeren nicht ohne weiteres einzuschätzen, weil dessen Psyche andere Grundlagen hat und keinem mechanischen Schema gehorcht. Tiefere Quellen speisen sein Tun; Musen und die Kräfte der Imagination beflügeln ihn. Seine Persönlichkeit klebt an keinem starren Gerippe, das die Bewegungen vorhersagbar oder leicht durchschaubar macht. Noch weniger ist jemand zu ergründen, der transzendente Einsicht erlangt hat. Von ihm heißt es, er gleiche drei Wesen: einem Geist, einem Irren und einem Kind. Einem Geist ähnelt er, denn er kommt aus dem Nichts, und niemand kann sagen, wie er kam. Wie ein Irrer erscheint er, weil sein Tun nicht der Logik konventioneller Gepflogenheiten folgt und keinen Sinn zu ergeben scheint. Ein Kind ist er in seiner jugendlichen Begeisterungsfähigkeit, Energie und Spontaneität. Der Buddha selbst verglich jene großen Wesen, die den Punkt der Nichtumkehr überschritten haben, mit seltsamen Ungeheuern aus der Meerestiefe: Sie leben in einem anderen Medium als wir, in der Wahrheit, und wir können sie nicht ganz erfassen. Nur eine dunkle Flosse sehen wir von Zeit zu Zeit die Wellen teilen oder ein silbriges Blitzen unter dem Schaum der Dünung. Diese flüchtigen Erscheinungen und die seltsamen Erzählungen der Seeleute sind unsere einzigen Anhaltspunkte. Von diesen großen Wesen, die sich in den Wassern des Dharma tummeln, wollen wir uns nun einen Eindruck verschaffen.

Die Abschnitte des Pfades, die wir bisher betrachtet haben, erfassen die fortschreitende Verfeinerung der Subjekt-Objekt-Unterscheidung. Noch immer ist das Erleben in Ich und Welt gespalten, doch ist das Ich jetzt fließend und offen, die Welt sehr fein und von großer Schönheit. Ungeachtet ihrer Verschiedenheit befinden Ich und Welt sich im Einklang und schwingen in müheloser Harmonie. Moralisches Handeln hat die gröberen negativen Emotionen fortgeschwemmt, und durch Meditation wurde das Bewußtsein geeint, von den letzten Flecken geläutert und mit Kraft und Schärfe versehen. Nun vermag der Geist die wahre Natur der Dinge zu erschauen. In Abhängigkeit von Versunkenheit entstehen *Erkenntnis und Schau der Dinge, wir sie wirklich sind.*

Erkenntnis und Schau der Dinge, wie sie wirklich sind

Zum ersten Male hebt sich der Schleier der Verblendung, und der Blick fällt unverstellt auf die Wirklichkeit. Nun geht es nicht mehr um ein bloß intellektuelles Verstehen, sondern um *Einsicht,* die die gesamte Kraft der gereinigten Emotionen und des gesammelten Geistes hinter sich hat. Bis hierher sehen wir die Dinge nicht, wie sie sind, sondern verzerrt und verkehrt durch unsere Begierde, Abneigung und Verblendung. Durch deren Schleier sehen wir eine Welt dauerhafter Wesenheiten, eine Welt von Wunschobjekten, die wir als Quellen tiefer, verläßlicher Erfüllung ansehen. Überdies halten wir auch uns selbst für isolierte Wesen, für feste, unwandelbare Egos. Die Differenzierung von Ich und anderen war ein großer Fortschritt der Evolution, doch messen wir dieser Unterscheidung nun letzte Bedeutung bei. Auch im Zustand der Versunkenheit ist dies noch unsere Grundhaltung, wenngleich in äußerst subtiler Form. Jetzt aber sehen wir die Dinge, wie sie wirklich sind – veränderlich, unvollkommen, vergänglich und häßlich.

Es wurde hoffentlich deutlich genug betont, daß alles Bedingte als Teil eines Geschehens auftritt, dessen Wesensart steter Wandel ist. Nichts, so gewaltig und langlebig es auch sein mag, ist von diesem universellen Gesetz ausgenommen. Vermutlich würde auch kaum jemand seine Geltung ernsthaft bestreiten wollen, am wenigsten angesichts der Dinge unserer menschlichen Welt. Dennoch leben die meisten von uns so, als wäre alles ganz anders. Wir gebärden uns, als könnten wir ewig leben, und wir verwenden viel Zeit und Kraft auf Dinge, die noch hinfälliger sind als wir. Manche Menschen behaupten, es gebe höhere Wesen und Zustände, die ewig währten. Der Buddhismus leugnet diesen Glauben und bekräftigt, daß es auf keiner Daseinsstufe, selbst jener der höchsten Götter nicht, etwas Beständiges gibt und auch kein höchstes Wesen, das vom Gesetz des Wandels ausgenommen ist.

Jemand, der diese Stufe der Einsicht erreicht, erkennt überdies in dem, was wir gewöhnlich als Dinge oder Menschen wahrnehmen, ein Gefüge zahlloser Partikel, die sich zu den komplexen Mustern gegenständlicher Erscheinungen verbinden. Aus Gründen praktischer Bequemlichkeit nennen wir solche Gefüge «Dinge» oder «Menschen», doch später unterstellen wir diesen von uns geschaffenen Namen eine absolute metaphysische Geltung. Von der Summe der Eigenschaften abgesehen, die unseren Sinnen gegeben sind, hat beispielsweise ein Baum als solcher keine eigene Wirklichkeit. Eher gleicht er einem pointillistischen Gemälde, einer Wolke wirbelnder Atome, Moleküle und vielleicht noch feinerer Kräfte in dauernder Bewegung. Natürlich sind auch diese Partikel keine letzten Einheiten, sondern selbst aus kleineren, unendlich teilbaren Partikeln zusammengefügt. Welchen Gegenstand wir auch analysieren mögen, niemals stoßen wir auf eine Substanz, die sich nicht weiter analysieren ließe. Nie können wir etwas Bedingtes mit einer eigenen, substantiellen Wirklichkeit finden. Wie wir bei der Untersuchung der fünf Ansammlungen sahen, die den psychophysischen Organismus ausmachen, sind auch wir aus Teilen gebildet. Alle Dinge – Subjekte wie Objekte – sind Prozesse und als solche zu einem Netz vielfach verschlungener, wechselseitiger Bedingungen verknüpft.

Daß alle bedingten Dinge unvollkommen sind, folgt aus dem soeben Gesagten. Bedingte Dinge sind flüchtig und wesenlos. Sie taugen nicht als Quellen höchster Befriedigung und unerschütterlichen Vertrauens. Wohl können sie uns Lust und Freude spenden, doch ist ihren Freuden, zumindest innerhalb der Sinnensphäre, unvermeidlich auch Schmerz und Leiden beigemischt. Selbst in den höheren Welten spüren wir einen feinen Schmerz oder eine Enttäuschung, weil das Bewußtsein durch die Beschränkungen der bedingten Welt beengt und eingegrenzt wird. Nur ein Sein jenseits aller Welten gewährt dauernde Erfüllung im Erleben wahrer Vollkommenheit. Wer Einsicht in diesem Sinne erlangt hat, glaubt nicht mehr, daß bedingte Erfahrungen ihm eine solche Vollkommenheit bieten werden.

Schließlich erkennt man das bedingte Dasein als häßlich. Nichts Bedingtes könnte der Mensch mit ungeteiltem Beifall gutheißen. Unsere Erfahrungen von Schönheit sind nur ein recht blasser Abklatsch jener idealen Schönheit, die man nirgends im Weltlichen finden kann. Unser Streben nach schönen Dingen und ihre Wertschätzung sind eigentlich ein Ausdruck unserer Suche nach jener Schönheit, die jenseits der Dinge im Transzendenten liegt.

Durch Erkenntnis und Schau der Dinge, wie sie wirklich sind, sehen wir, daß alles Bedingte ganz anders ist, als wir gewöhnlich glauben. Allzu gern läßt der Mensch sich vom heiteren Erscheinungsbild der Welt täuschen und verwechselt es mit der ganzen Wirklichkeit. Natürlich sind die Dinge und Menschen unserer Welt in dem Sinne real, daß wir sie wahrnehmen und mit ihnen interagieren können; allein, wir sehen nicht, wie sie wirklich sind. Einsicht deckt unseren Irrtum auf. Sie offenbart aber auch, daß es – sozusagen hinter dem Bedingten oder in seiner Tiefe – eine unbedingte Wirklichkeit gibt. Diese Wirklichkeit ist die grundlegende Natur von Welt *und* Ich. Man erblickt das Unbedingte als etwas Beständiges, denn aller Bedingungen ledig steht es jenseits des Wandels. Obwohl es keine festen Merkmale hat, durch die es bestimmbar wäre, und obwohl auch die Begriffe «Sein» und «Nicht-Sein» nicht auf das Unbedingte passen, sieht man es als grundlegend wirklich. Es ist ganz und vollkommen und die Quelle des einzigen bleibenden Glücks und der einzigen Erfüllung, die es geben kann. Und es ist reine Schönheit, die Stillung allen Sehnens, die Quelle aller Freuden. Da es transzendent ist, können Worte es nicht fassen, denn ihre Bestimmungen ziehen immer auch Grenzen. Es kann nur in der direkten Schau wahrgenommen werden, die man mit dieser Stufe des Pfades erreicht.

Der weltliche Pfad erreicht hier sein Ziel. Direkte Schau hat die intuitive Regung des gläubigen Vertrauens bestätigt. Von nun an benötigt man zum Fortschritt nicht mehr jene gewaltige Anstrengung, die auf Intuition beruht und die Vernunft als Stütze braucht. Nun kennt man selbst die wahre Natur des Daseins. Man kann nach wie vor – und sehr viel gezielter – *in* der Welt handeln und wandeln, ist jedoch nicht mehr ganz *von* dieser Welt. Man ist nun ein transzendentes Wesen, kein weltliches mehr. Der Punkt der Nicht-Umkehr ist erreicht; man ist in den Strom eingetreten, der zur vollen Erleuchtung fließt und nicht zurückgeleitet werden kann. Obgleich man radikal die Richtung des eigenen Seins gewechselt hat, steht man weiterhin unter dem Einfluß von Gier, Haß und Verblendung. Das Übel des Rades wurde besiegt, aber noch nicht ganz getilgt; immer noch wirkt es mit starker, wenngleich nie mehr mit entscheidender Kraft. Der Rest des transzendenten Pfades besteht in der allmählichen Löschung seiner letzten Spuren. Eine erste Erfahrung direkter Schau hat stattgefunden, und nun muß das ganze Dasein so verwandelt werden, daß es zu ihrem vollkommenen Ausdruck wird. Der in den Strom Eingetretene beginnt, sich von seiner inneren Weltgebundenheit zu entfernen. Damit entsteht, abhängig von Erkenntnis und Schau der Dinge, wie sie wirklich sind, *Ablösung*.

Ablösung

Wir haben das bedingte Sein nunmehr als das durchschaut, was es ist, und geben uns keinen Illusionen mehr hin. Ganz zwanglos fallen jetzt die auf alten Fehleinschätzungen beruhenden Verhaftungen von uns ab. Dazu bedarf es keiner sonderlichen Mühe; sie interessieren und beanspruchen uns eben nicht mehr so sehr. Wie ein Kind, ohne ihr Verschwinden überhaupt zu bemerken, die Spielsachen zurückläßt, um die es eben noch greinte und stritt, so ziehen wir uns von den weltlichen Dingen zurück, denen eben noch all unser Sinnen galt. Unser Handeln ist nicht die Anwandlung einer strengen, moralisierenden Selbstkasteiung, sondern die natürliche Folge unserer Erfahrung der höchsten, beseligenden Schönheit des Transzendenten. Die Ablösung geschieht freudig und heiter, und wir bleiben nicht arm und verlassen zurück. Wir klammern uns nicht mehr gierig an Menschen, sondern unsere mitfühlende Liebe für sie wächst noch mehr. Mit unserem Fortschritt auf dem Pfad werden Mettā und Erbarmen zu den Emotionen, die unser Handeln entscheidend bestimmen. Wir werden ganz einfach immer mehr zu Verkörperungen von Erbarmen.

Die Ablösung zeigt an, daß unser Umgang mit den bedingten Dingen eine neue Grundlage erhalten hat. Sie bereitet den Weg für ein noch tieferes und beständigeres Loslassen, wenn abhängig von Ablösung *Gemütsruhe* entsteht.

Gemütsruhe

Die Wirkung der Einsicht ist nun so stark, daß weltliche Angelegenheiten uns nicht mehr erregen. Wir sind aber keineswegs gleichgültig, sondern empfinden für alle Wesen die gleiche Liebe. Fest im Transzendenten gegründet, wird die vollkommene Gelassenheit und Stille unseres Seins von nichts gestört.

Durch immer subtilere Ebenen fließt der große Strom zur Erleuchtung hin weiter. Abhängig von Gemütsruhe entsteht *Befreiung*.

Befreiung

Kraft unserer Einsicht haben wir die Grenzen des Bedingten erreicht und sind frei geworden von den psychischen Mächten, die den Geist einengen, fesseln und Begierde oder Haß erzeugen. Jetzt stoßen wir an die subtilste aller Schranken. Wir lösen die Fäden unserer letzten, spinnwebfeinen falschen Ansichten.

Wir werden frei von der Spaltung in Bedingtes und Unbedingtes. Aus unserer weltlichen Perspektive betrachtet, gibt es zweifellos das Bedingte und das Unbedingte. Beginnen wir aber, sie in ihrer wahren Natur zu erfahren, dann erkennen wir, daß diese Unterscheidung lediglich Ausdruck unseres eigenen Standpunkts war, mag sie auch in spiritueller Hinsicht sehr vorteilhaft für uns gewesen sein. Durchschaut man das Bedingte in seiner Tiefe, dann erkennt man, daß es kein festes, bestimmbares Wesen hat. Eher wirkt es wie Rauch, der aus einem Schornstein aufsteigt: Nie kann man seine Wesens-Gestalt ausmachen, weil er keine hat – er ist nichts als ein steter Wandel bewegter Form. Nie kann der Geist ihn festhalten und ergreifen. Man kann nur stehenbleiben und sich an der spielerischen Vielfalt seiner Gestaltungen erfreuen. Der Rauch ist bar aller definierbaren Merkmale. In Wahrheit sind alle bedingten Dinge von solcher Art. Wohl mögen wir sie willkürlich als Bäume, Nachbarn oder irgend etwas anderes definieren, doch können wir ihre wahre oder Wesens-Natur nicht fassen. Sie sind leer von solchen Merkmalen, und eben diese Leere ist ihr innerstes Wesen.

Leere, in diesem tiefsten Sinne, ist kein schwarzes Loch des Nichts, sondern die fundamentale Ungebundenheit der Dinge, die Tatsache, daß nichts jemals endgültig festgelegt werden kann. Darum ist Leere unendliche Potentialität oder grenzenlose Schöpferkraft. Schauen wir tief ins Innere eines beliebigen Dinges – und erst recht eines Menschen –, dann werden wir diese Leere sehen, die absolute Schöpferkraft ist. Jedes Ding, richtig gesehen, ist ein vollkommener Ausdruck transzendenter Potentialität. Das ist die wahre Natur des Bedingten. Auch das Unbedingte ist bar aller Eigenschaften; es ist unbestimmbar und kann vom Geist nicht erfaßt werden. Auch seine einzige «Eigenschaft» ist die Leere. Bedingtes und Unbedingtes sind gleichermaßen leer. Betrachtet man das Bedingte, dann sieht man in seinem Kern das Unbedingte. Betrachtet man das Unbedingte, dann findet man das Bedingte. Durch Befreiung fällt jener feine Schleier der Verblendung, der uns noch dazu verführte, das eine vom anderen abzuheben, obwohl es – das muß nochmals betont werden – eine «Verblendung» nur aus der

Perspektive dieser erhabenen Stufe ist, nicht aber aus der unsrigen, denn wir haben vorerst noch mit einer viel gröberen Verblendung zu kämpfen. Frei wird man also vom Bedingten und Unbedingten gleichermaßen. Der eigene Geist ist nun fast identisch mit jener schöpferischen Leere – dieser «Vollen Leere», wie sie auch genannt wurde –, und wir sind nur noch um Haaresbreite von ihr getrennt.

Die letzte Schranke, die uns nun noch von vollkommener Befreiung trennt, ist der Begriff der «Freiheit» selbst, ja sogar der Begriff der «Leere». Wir müssen von Freiheit frei werden und die Leere der Leere sehen. Alle Gedanken und Meinungen, einschließlich der Begriffe des Buddhismus, die uns an diesen Punkt gebracht haben, müssen wir in der vollen und direkten, von keinem Begriff oder Bild vermittelten Erfahrung der Wirklichkeit preisgeben. Wir müssen die letzte Spur der Unterscheidung von Ich und Welt beseitigen. Auf diese Weise entsteht, abhängig von Befreiung, das *Wissen, daß die giftigen Geistesströme versiegt sind*.

Wissen, daß die giftigen Geistesströme versiegt sind

Dieses letzte Glied der evolutionären Kette ist der Punkt der Erleuchtung. Die Buddhaschaft ist frei von allen negativen Regungen, denn die giftigen Geistesströme, die unserer Ichsucht entspringen, die uns berauschen und unser Leben in ihren fauligen Dunst hüllen, sind endlich ausgetrocknet.

Es gibt drei solcher Ströme – zunächst das Gift der *Begierde nach Sinneserfahrung,* jenes wohlvertraute Verlangen, das Ich durch sinnliche Lust zu festigen und zu stärken, weil wir uns ohne solche handfesten Erlebnisse schwach und unwirklich vorkommen. Ein Erleuchteter weilt in der Geborgenheit des Transzendenten und benötigt deshalb nicht mehr die schalen Lustbarkeiten der Sinne. Er kann sich seiner Sinne bedienen und erfreuen, hat aber kein neurotisches Verlangen danach. Weiter gibt es auf jeder Stufe und in jeder Welt das Gift der *Begierde nach Dasein.* Das Ich ersehnt einen bestimmten Zustand, eine eigene Welt, in der es sich selbst von allem anderen abgrenzen kann. Ich und anderes hinter sich lassend, benötigt der Buddha keine solche Verkörperung, obgleich er einen Körper wählen kann, durch den er in der Welt wirkt, um den Wesen zur Freiheit zu verhelfen. Schließlich hat er auch das Wurzelgift vernichtet, also *Verblendung,* die Weigerung, die Dinge klar zu sehen, weil man fürchtet, das Ego könne davon überwältigt werden. Sein Geist ist ganz in die Wahrheit eingetaucht, sein Herz in die Glückseligkeit, und er hat nichts zu befürchten von dem nicht-dualen Gewahrsein, in dem er lebt. Nicht die geringste Neigung zum Rad ist mehr in ihm wirksam.

Auf dieser Stufe geht es nicht allein um die Zerstörung letzter negativer Bestrebungen, sondern auch um die Erkenntnis, daß sie vollbracht ist. Der Erleuchtete weiß, daß die giftigen Geistesströme trockengelegt sind, ohne daß er darüber zu stolzgeschwellter Überheblichkeit neigte. Er weiß, daß er erleuchtet ist. – Sprache kann seine Erfahrung nicht beschreiben.

Den ganzen transzendenten Pfad und selbst die ganze Evolutionsspirale kann man in einem einzigen Menschenleben durchlaufen. Stirbt man jedoch auf einer der Stufen des Pfades unterhalb der vollen Erleuchtung, dann wird man entsprechend seiner Bewußtseinsstufe und gemäß der Wirkung, die das Rad noch ausübt, wiedergeboren. Wir werden nun die vier Arten von transzendenten Wesen und die Wiedergeburten betrachten, die sie erwarten.

Ein *in den Strom Eingetretener* hat ein erstes Aufscheinen direkter Schau erlebt. Er hat den weltlichen Pfad ganz hinter sich gelassen. In ihm verbinden sich die Qualitäten einer gefestigten Moral und eines ebenso festen Glaubens an die Drei Juwelen mit der brennenden Intensität, dem Feingefühl und der Geistesschärfe, die aus den Versunkenheiten erwachsen. Er ist voller Liebe und Wohlwollen für seine Mitwelt und unerschöpflich in seiner positiven Zuwendung. Es heißt, er habe die ersten drei von zehn Fesseln gesprengt, die uns an das Bedingte ketten: die Fesseln des Persönlichkeitsglaubens, des Zweifels und der Abhängigkeit von Moral und religiösen Pflichten als Selbstzwecken. Diese Fesseln sind die gröberen Schleier der Verblendung, die uns gegen das gleißende Licht der Wirklichkeit abschirmen. *Persönlichkeitsglaube* ist die Überzeugung, entweder gebe es eine unwandelbare Seele, die den Tod überdauert, oder aber die Persönlichkeit sei mit dem Körper identisch und erlösche deshalb im Tod. Diese Auffassungen, der Eternalismus und der Nihilismus, schließen die Möglichkeit aus, steten Wandel als die wahre Natur des Seins zu erkennen. Man kann auch von der «Fessel der Gewohnheit» sprechen, denn es handelt sich hier um die Neigung, die Welt in starrer, eingefahrener Weise zu sehen, ohne zu erkennen, daß alles immerzu entsteht und vergeht. Auch uns selbst sehen wir so, als ob wir stets dieselben sein und bleiben würden.

Zweifel ist als Fessel nicht die besonnene Haltung, etwas erst zu akzeptieren, wenn es ausreichend belegt wurde, sondern die schuldhafte Weigerung, sich überhaupt Klarheit zu verschaffen. Wir ziehen es vor, verwirrt zu bleiben, und wir bringen auch dann noch Einwände vor, wenn unsere Zustimmung schon längst vernünftig wäre. Die Grundlage eines solchen Zweifels ist emotionaler Art. Man will sein Denken nicht klären, weil man entsprechend seinen Schlußfolgerungen handeln müßte. Lieber wankt und schwankt man, statt einen Schritt vorwärts zu wagen. Darum spricht man hier auch von der «Fessel der Unbestimmtheit», denn der Zweifler verweigert eine Klärung seines Geistes und zieht es vor, alles verschwommen und undeutlich in der Schwebe zu halten. Aufrecht und entschlossen dagegen lebt der in den Strom Eingetretene im Sinne seiner Einsicht.

Abhängigkeit von Moral und religiösen Pflichten als Selbstzwekken ist der Hang zu oberflächlicher Übung, der immer wieder jene gefährdet, die dem Pfad folgen. Statt die Gebote zu beachten, weil man das echte ethische Feingefühl entwickeln will, das sie zum Ausdruck bringen, folgt man ihnen wie einer Liste von Regeln. Anstatt um höherer Bewußtseinszustände willen zu meditieren, sitzen wir gewohnheitsmäßig oder um andere zu beeindrucken die Minuten ab. Was wir einst als hilfreiche, wichtige Übungen und Leitfäden aufgenommen haben, wird zur äußerlichen Prozedur, deren wahren Sinn wir vergessen haben. Dies ist die «Fessel der Oberflächlichkeit»: Wir halten

uns an die Regeln und sind doch unbekümmert um ihren eigentlichen Sinn. Im Buddhismus gelten Gebote, spirituelle
Übungen, Rituale und Zeremonien durchaus als wichtige und
nützliche Werkzeuge der höheren Evolution. Wendet man sie
aber an, ohne klar zu wissen, was man tut und warum, dann
können sie sich in Hindernisse verkehren. Der in den Strom
Eingetretene hat diese drei Fesseln gesprengt, und es heißt, er
werde innerhalb von sieben menschlichen Wiedergeburten Erleuchtung erlangen. Er mag auch von Zeit zu Zeit in höheren
Bereichen wiedergeboren werden, doch wird er niemals mehr
in eine der Welten des Elends fallen.

Das nächste transzendente Wesen ist der *Einmal-Wiederkehrer*. Er besitzt und überschreitet alle Eigenschaften eines in den
Strom Eingetretenen und lockert außerdem die zwei Fesseln
des *sinnlichen Begehrens* und der *Aversion*. Selbst auf diesem
erhabenen Niveau wirken also noch die grundlegenden negativen Emotionen. Ihre Macht ist erheblich schwächer geworden,
doch üben sie noch immer ihren verderblichen Einfluß aus.
Der in den Strom Eingetretene hat zwar die Fesseln des verblendeten Denkens gebrochen, die Emotionen aber sind weitaus schwieriger zu verwandeln. Im Einmal-Wiederkehrer treiben Hahn, Schlange und Schwein noch so sehr ihr Unwesen,
daß sie ihn ein letztes Mal in die Menschenwelt zurückbringen,
wo er dann volle Erleuchtung erlangen wird.

Der *Nicht-Wiederkehrer* hat die Fesseln der Sinnesbegierde
und der Aversion vollständig gesprengt, die der Einmal-Wiederkehrer bloß gelockert hatte. Damit hat er alle Bande zerris-
sen, die ihn in der Sinnensphäre des Erlebens hielten, so daß er
in keiner ihrer Welten wiedergeboren wird. Doch unterliegt
auch er noch subtilen Täuschungen und schwachen Begierden,
die ihn in den Welten der archetypischen Form und der Nicht-
Form halten. In diesen höheren Himmeln wird er die letzten
Schritte auf dem Pfad gehen und Erleuchtung erlangen.

Die *Erleuchteten* sind die letzten in dieser Folge der vier transzendenten Wesen. Sie haben die restlichen fünf Fesseln gebrochen, durch die man im Bedingten – wenngleich in seinen
lautersten Sphären – gefangen ist. Dazu gehören die beiden
Fesseln des *Verlangens nach Erfahrung in den Welten der archetypi-*

schen Form und der Formlosigkeit. Der Wunsch, auf eine solche Stufe zu gelangen und dort zu verharren, entspricht der Sehnsucht des Gottgläubigen, im Angesicht Gottes im Himmel zu verweilen. Die Erleuchteten aber haben selbst den haarfeinen Spalt zwischen Subjekt und Objekt überwunden, der sich in solchen Wünschen noch zeigt. Außerdem sprengen sie die Fessel des *Dünkels,* jener letzten Spur des Anhaftens an eine Ich-Identität, die man beim Nicht-Wiederkehrer noch findet. Die Fessel der *Unrast* ist die fast unmerkliche Irritation, die von jener letzten, feinen Trennlinie zwischen Subjekt und Objekt ausgeht. Auch sie wird in der höchsten Glückseligkeit transzendenter Nicht-Dualität endgültig gelöst. Die letzte Fessel ist die der *Verblendung.* Im Geist des Nicht-Wiederkehrers trübt noch ein dünner Schleier das volle Erstrahlen der Wirklichkeit, der Schleier der höchst verfeinerten Subjekt-Objekt-Täuschung. Nun endlich hebt er sich, und vollkommen klar und ungehindert strahlt die Wahrheit hervor.

Wer diese Stufe erreicht hat, wird nicht mehr wiedergeboren, was jedoch nicht bedeutet, daß er nicht mehr existiert. Von einem Erleuchteten wird gesagt, daß er nach dem körperlichen Tod weder sei noch nicht sei – und auch nicht beides zugleich oder keines von beiden. Er überschreitet unser Auffassungsvermögen. Nichts gibt es in unserer Erfahrung, womit wir sein Wesen begreifen könnten. Unsere Sprache ist aus unserer gewöhnlichen Erfahrung in der sinnlichen Welt gewachsen; nie kann sie den erleuchteten Geist angemessen beschreiben: Was wir über ihn sagen, kann mißverstanden werden, wenn man es wörtlich nimmt, denn die Erleuchtung transzendiert das Weltliche, dessen Sprache wir sprechen müssen, vollkommen. Wir könnten Erleuchtung negativ als die Abwesenheit aller unheilsamen Emotionen, als das Versiegen jener giftigen Geistesströme und als Zerstörung des Rades und seiner Macht beschreiben. Gelegentlich verlegt der Buddhismus sich auf die beharrliche Zurückweisung aller gedanklichen Kategorien und sagt, Erleuchtung sei nicht dies und nicht das. Damit werden wir gezwungen, vom Versuch eines bloß intellektuellen Begreifens abzulassen und unsere tieferen, eher intuitiven Vermögen zu nutzen. Doch erfahren wir so nicht, was Erleuchtung tatsächlich *ist,* und das kann uns dazu verleiten, sie für ein absolutes Vakuum zu halten. Wir können es auch mit Superlativen versuchen und sie als einen Zustand beschreiben, in der jene positiven Qualitäten, die wir am meisten verehren, aufs höchste gesteigert sind. Dies hätte den Vorteil, uns die Buddhaschaft als etwas höchst Erstrebenswertes vor Augen zu führen, doch könnten wir dabei der Gefahr erliegen, sie bloß für das Beste des Weltlichen, statt für eine gänzlich andere Ebene zu halten. Gelegentlich sollen paradoxe Aussagen uns zwingen, zwei unvereinbare Gedanken zu verschmelzen, wozu wir etwas intuieren müßten, das sie beide transzendiert. Vielleicht liegt der beste Weg, etwas vom Geschmack der erleuchteten Stufe anzudeuten, im Ansporn unserer schöpferischen Imagination durch Symbole und poetische Bilder. Dieser Art, das höchste Ziel der menschlichen Existenz zu vermitteln, werden wir im folgenden Kapitel begegnen.

11 DAS MANDALA DER FÜNF BUDDHAS

Tief in uns wirkt das Vermögen zur Erleuchtung. Es ist keine bloß abstrakte Möglichkeit, sondern es wird als ein Auftrieb in unserem Selbstgewahrsein spürbar. Von einem absoluten Blickpunkt aus ließe sich auch sagen, wir seien transzendente Wesen, die nicht um ihre wahre Natur wissen. Fortwährend strebt unser innerstes Wesen danach, sich durch uns zu verwirklichen, indem es die egoistische Persönlichkeit beiseite schiebt, die verzweifelt um ihr armseliges Überleben kämpft. Ein Mensch zu sein, heißt im Grunde, diese doppelte Strömung des Rades und der Spirale in sich zu tragen. Wir sind nicht nur von Teilen unseres psychischen Gefüges abgespalten, die wir im Verlauf der horizontalen Integration ganz bewußtmachen müssen, sondern auch von unserer tieferen spirituellen und transzendenten Natur, der wir uns durch vertikale Integration öffnen müssen. Was uns an innerer Erfahrung fehlt, projizieren wir auf unsere Umgebung einschließlich ihrer Bewohner. Dabei dichten wir Sinnesobjekten und Menschen Eigenschaften des Transzendenten an: Beständigkeit, Echtheit, Vollkommenheit und Schönheit – Qualitäten, die sie als Teile des Bedingten nicht besitzen können.

Wie wir gesehen haben, schafft Projektion einen schrecklichen Wirrwarr und Elend, denn wir sehen unser Projektionsobjekt nicht so, wie es ist, und bauen unser Leben auf Hirngespinsten auf. Doch erlaubt uns Projektion auch, mit den übertragenen Eigenschaften Verbindung aufzunehmen und ihrer dadurch bewußt zu werden. So wird ein einseitig maskuliner Mensch seine Femininität auf einen anderen übertragen. Bleibt er achtsam, dann kann er seine Verliebtheit nutzen, um der eigenen inneren Weiblichkeit Raum zu geben. Dazu muß er allerdings sorgsam vermeiden, sich zum beiderseitigen Schaden in einen Beziehungskampf zu verstricken. Gelingt es ihm, die Projektion im Spiegel von etwas anderem – zum Beispiel Dichtung – zu erkennen und sie von der Verhaftung an ihr ursprüngliches Objekt freizuhalten, dann wird es möglich, sie zunächst als etwas Äußeres, später aber als innere Qualität wahrzunehmen. Wenn wir in dieser Weise unsere Projektionen der eigentlich transzendenten Qualitäten wieder aus unserer Umgebung zurücknehmen, können wir sie allmählich ins Bewußtsein einschließen beziehungsweise erkennen, daß sie eigentlich das Wesen unseres Geistes und des gesamten Universums sind.

Die vertikale Projektion nimmt Menschen, Dinge oder visionäre Symbole als eine Art Leinwand, auf die sie ihre Bilder wirft. Projektion auf Menschen birgt die Gefahr, daß diese uns ausnutzen können. Verlieben wir uns, dann mag die umschwärmte Person uns auszubeuten oder mit unserer Vernarrtheit zu spielen versuchen – oder sich ihrerseits in uns verlieben. Statt unsere schlummernden Qualitäten wiederzugewinnen, könnten wir in konfuser Verstrickung oder bestenfalls in der Einöde biederer Häuslichkeit enden. Projizieren wir idealisierte spirituelle Qualitäten auf jemanden, der sie nicht besitzt, dann mag er unsere Ergebenheit für seine privaten Zwecke ausnutzen, wie es viele der neuzeitlichen Gurus offenbar tun. Ist aber andererseits der Mensch, den wir so hoch schätzen, unseres Vertrauens würdig – trifft also unsere Projektion tatsächlich auf entsprechende Qualitäten in ihm –, dann wird er uns in unserer Begegnung mit ihm helfen, dieselben in uns schlummernden Qualitäten zu wecken. Projektion von dieser Art ist ein Aspekt des überaus wichtigen Prinzips spiritueller Freundschaft, das einer der Schlüssel zum menschlichen Wachstum ist.

Auch Dinge können zum Ziel unseres projizierten Potentials werden. Ein Tonklumpen oder ein Stück Holz – zur Gestalt eines sitzenden Mannes, zur Figur eines Buddha geformt – kann zum Brennpunkt echter Gefühle der Hingabe werden. Für den Verehrenden *ist* die Figur der Buddha, obwohl er zugleich genau weiß, daß er nur ein Bildwerk vor sich hat. Je mehr Hingabe er empfindet und je deutlicher er fühlt, daß seine Verbeugung zur Statue hin eigentlich eine Verbeugung vor dem Buddha ist, desto mehr bringt er seine eigene latente Buddha-Natur ins Spiel. Manche Schulen des Buddhismus haben diese Neigung zur vertikalen Projektion auf Dinge genutzt und ein System ebenso schöner wie wirkungsvoller Rituale entwickelt, die eine reiche Vielfalt symbolischer Hilfsmittel und Formen verwenden.

Auch visionäre Erfahrungen, bei denen wir archetypische Gestalten mythische Handlungen von tiefer spiritueller Bedeutung vollziehen sehen, sind Projektionen der vertikalen Art. Sie benutzen das innere Auge der Imagination, und einige Formen des Buddhismus haben diese Art spiritueller Praxis sehr hoch entwickelt. Ein System von Buddhagestalten und anderen Wesen entstand, die in symbolischer Form das Transzendente mit seinen unzähligen Qualitäten veranschaulichen. Die Vergegenwärtigung dieser Gestalten in unserer Imagination ermöglicht uns, immer mehr von unserer inneren Natur hervorzubringen. Wir sehen dabei sehr schöne Gestalten, in klaren, leuchtenden Farben, prachtvoll gekleidet, juwelengeschmückt und glühend in strahlendem Glanz. Je lebensvoller wir sie sehen, desto feinsinniger wird unser Schönheitsempfinden, und wir steigen durch die weltlichen Abschnitte der Spirale empor. Doch die Bedeutung dieser Figuren geht weiter: Sie halten besondere Gegenstände und führen Gesten aus, denen ein transzendenter Sinn zukommt, so daß auch der kognitive Aspekt der Imagination angeregt wird. Die Gestalten verkörpern Schönheit und Wahrheit, und unsere Faszination führt uns immer weiter, bis wir nicht mehr nur das Spirituelle, sondern auch das Transzendente in uns projizieren. An diesem höchsten Punkt sind die Figuren nicht mehr bloß schön und bedeutungsvoll, sondern die Wirklichkeit selbst. Dann erkennen wir gewissermaßen durch Form und Farbe hindurch die Leere, die unser eigenes wahres Wesen ist.

Die in den verschiedenen buddhistischen Schulen verwendeten Systeme symbolischer Formen unterscheiden sich in Einzelheiten, doch folgen sie den gleichen Grundprinzipien. Es gibt Hunderte solcher Gestalten, und jede zeigt das Transzendente von einem etwas anderen Blickpunkt. Jede verkörpert eine Qualität wie Weisheit, Erbarmen, Kraft oder einen anderen Aspekt des erleuchteten Geistes. In gewissem Sinne zeigt die ganze Fülle der Formen ein und dieselbe Gestalt, die aus verschiedenen Blickrichtungen wie ein Diamant funkelt, dessen innere Glut sich in seinen vielen Schliffkanten bricht. Jede Gestalt enthält daher alle anderen und ist selbst in jeder anderen enthalten.

Alle Buddhas und die übrigen transzendenten Gestalten gruppieren sich zu einer Art heiligem Kreis, der im Sanskrit «Mandala» genannt wird. Ein Mandala ist ein ausgewogenes, symmetrisches Gefüge archetypischer Formen, die kreisförmig eine zentrale Gestalt umgeben. Es veranschaulicht die dynamische Totalität des erleuchteten Geistes in all seinen Dimensionen.

Wir werden uns mit dem «Mandala der Fünf Buddhas» befassen, welches einen Buddha im Kreismittelpunkt und vier weitere in den Himmelsrichtungen zeigt. In gewisser Hinsicht sind die vier äußeren Gestalten nur Aspekte der inneren und verdeutlichen deren zahlreiche Züge. Zugleich aber faßt jeder der fünf alle anderen in sich und wird selbst zur Mitte eines Teilmandalas mit eigenen umgebenden Gestalten, die wiederum seine besonderen Qualitäten weiter auslegen. Grundsätzlich könnte dieser Prozeß der Ausfaltung endlos fortschreiten, so daß jede Gestalt weitere Gestalten ausstrahlte. Immer wären diese aber sowohl Teilaspekte der einen zentralen Figur als auch selbst das Ganze des erleuchteten Geistes. Somit wirbeln die Wesen des Mandala in einer Art kosmischem Reigen, der die unbegrenzte Schöpferkraft der Erleuchtung und ihre makellose Vollkommenheit und Harmonie darbietet.

Das Mandala befindet sich inmitten der Weite des Raumes, der als wolkenlos blauer Himmel gesehen wird und sich in allen Richtungen in eine schimmernde Unendlichkeit ausdehnt. Ein dreifacher Wall umgibt das Mandala. Wollen wir die Buddhas erblicken, dann müssen wir hindurch. Dabei gelangen wir zunächst an einen Ring von Lotosblumen. Nicht nur wegen ihrer verschwenderischen Blüte sind sie häufig verwendete Symbole der buddhistischen Bildersprache. Ihre Wurzeln werden vom Bodenschlamm eines Sees genährt, doch ragt ihre Blüte frei aus dem Wasser, rein und unbefleckt vom Schmutz, aus dem sie hervorwuchs. Damit steht der Lotos für ein Wachstum von gröberen zu verfeinerten Stufen, also für Läuterung. In anderen Zusammenhängen, zum Beispiel als Throne der Buddhas im Mandala, verweist er auf Transzendenz, denn der Lotos steht über der Erde und dem Wasser, die ihn ernähren, und blüht im hellen Sonnenlicht. Um den Lotos-Ring durchqueren zu können, muß man rein sein; man muß ethisches Verhalten geübt haben und von allem Ungeschickten geläutert sein. – Als nächstes stoßen wir auf einen Wall von «Donnerkeilen» oder Vajras. Das Symbol des Vajra ist äußerst reichhaltig und wird häufig als das aktive Gegenstück zur eher sanft empfänglichen Lotosblüte verwendet. Ein Vajra ist unüberwindbar stark und gilt als unzerstörbar, kann aber selbst alles zerstören, was sich ihm entgegenstellt. So weist er auf unerschütterliche Entschlossenheit hin, auf jene Art der Hingabe an das Ideal, die sich von nichts ablenken oder aufhalten läßt. Um in das Mandala einzutreten, benötigt man diese Art der Hingabe. – Zuletzt ist ein Flammenwall zu überwinden. Flammen verwandeln: Sie verzehren grobstoffliche Substanzen und formen sie um in Hitze oder Rauch, die vom Feuer aufsteigen. Flammen deuten auf die Verwandlung jedes Teils unseres Daseins. Unser altes Ich muß vom Feuer der spirituellen Übung verschlungen werden und sterben, damit wir im Mandala wiedergeboren werden können.

Aus östlicher Richtung, mit der aufgehenden Sonne, treten wir in das Mandala ein und erblicken vor uns Akshobhya, den Unerschütterlichen, den Blauen Buddha des Reiches der Vollkommenen Freude. Seine Haut ist dunkelblau – tief und geheimnisvoll, dunkel und doch durchscheinend – wie der Mitternachtshimmel der Tropen. Wie alle Buddhas des Mandala sitzt er in der Lotoshaltung. Er trägt reiche, goldbestickte Seidenkleider in der dunkelblauen Farbe seines Körpers. Eine goldene, fünfzackige Krone, fein ziseliert und mit Edelsteinen besetzt, bedeckt sein Haupt. Ihn schmücken Reifen um Arme und Fußgelenke, eine goldene Kette um den Hals, und sein Körper strahlt gleißendes Licht aus, so daß ihn eine schimmernde Aura umgibt. Die linke Hand ruht im Schoß; mit der rechten berührt er vor sich die Erde. Diese Geste erinnert an eine legendäre Begebenheit vor der Erleuchtung des historischen Buddha: Die personifizierten Mächte des Bösen forderten ihn heraus, die Rechtmäßigkeit seines Anspruchs auf jenen Platz zu beweisen, den vor ihm schon alle Buddhas der Vergangenheit eingenommen hatten. Daraufhin berührte der Buddha mit der Fingerspitze den Boden und rief die Erdgöttin als Zeugin an, daß er durch sein spirituelles Bemühen während unzähliger Lebzeiten eine feste Grundlage ethischer und meditativer Erfahrung geschaffen habe. Diese Geste bekundet somit Selbstvertrauen, feste Verwurzelung und jene Art der Unbeirrbarkeit, die der Buddha unmittelbar vor der Erleuchtung bewies. In seiner linken Hand hält Akshobhya einen Vajra als Symbol unwiderstehlicher Überzeugung, Entschlossenheit und einer Kraft, die direkt ins Herz der Dinge eindringt. Akshobhya thront auf einem großen blauen Lotos, den zwei Elefanten mit ihren massigen Körpern tragen.

Jeder Buddha ist das Oberhaupt einer «Familie» transzendenter Wesen, die weitere Auffaltungen des von ihm verkörperten Erleuchtungsaspektes sind. Sie gruppieren sich so um ihn, daß sie ein neues Mandala innerhalb des ursprünglichen bilden. Akshobhya führt die Vajra-Familie, deren besondere Eigenschaften durchdringende Weisheit und die Zerstörung aller Sperren und Hindernisse sind. Die Mitglieder dieser Familie werden oft in «zornvoller» Form abgebildet: kraftstrotzend, von Flammen umlodert und mit wildzornigen Mienen. Dies betont ihre Verbindung mit Stärke und positiver Zerstörungsmacht. Alle diese ergänzenden Gestalten sind Bodhisattvas (ein Begriff, den wir im höchsten Kapitel eingehend erläutern werden). Kurz gesagt, ist ein Bodhisattva jemand, der sich aus tiefem Erbarmen mit dem Leiden, das ihn umgibt, dem Streben nach Erleuchtung zum Wohle aller Lebewesen verpflichtet hat. Die Bodhisattvas des Mandala stehen auf einer so erhabenen Stufe der Vollendung, daß sie die Buddhaschaft selbst als eine aktive, in allen Welten des Bedingten wirkende Kraft veranschaulichen. Die wichtigsten mit Akshobhya verbundenen Bodhisattvas sind Vajrapāni und Kshitigarbha. Vajrapāni, «der

Vajra-Träger», steht für die unbedingte Kraftentfaltung der Buddhaschaft. Der Bodhisattva Kshitigarbha, «der seinen Ursprung in der Erde hat», steigt zu den Höllenwesen hinab, um ihnen zur Erleuchtung zu verhelfen – und zeigt so auch, wie weit das aktive Erbarmen geht, um den Wesen beizustehen.

Jeder Buddha verkörpert eine Weisheit, so daß alle fünf gemeinsam die ganze Tiefe und Spannweite des erleuchteten Bewußtseins darstellen. Vom Herzen Akshobhyas strahlt als reinweißes, gleißendes Licht die Spiegelgleiche Weisheit. So wie ein Spiegel ein getreues Bild der Gegenstände zeigt, sieht Akshobhyas Weisheit die Dinge ohne Verzerrung oder Deutung vollkommen objektiv und so, wie sie sind.

Wählen wir irgendeinen Aspekt der bedingten Erfahrung und versenken uns tief genug hinein, dann werden wir bemerken, wie er sich zum Transzendenten hin öffnet. Die Gestalten des Mandala drücken nicht nur alle transzendenten Qualitäten aus, sondern sie entsprechen auch jedem Aspekt des Weltlichen. Jede der fünf Ansammlungen, in die wir das menschliche Erleben zerlegen können – also Form, Gefühl, Erkennen, Motivation und Bewußtsein –, ist in ihrer geläuterten Form einer der Buddhas. Einige Schulen haben ausgefeilte Systeme solcher Zuordnungen entwickelt, die uns die grundlegende Einheit des Weltlichen und des Transzendenten vor Augen führen. Akshobhyas Eigenarten der Entschlossenheit, Festigkeit und objektiven Bewußtheit entsprechen den beständigeren, dinghaften Aspekten unserer Erfahrung, also der Ansammlung der Form. Das Geistesgift des Hasses in seiner Zerstörungswut entspricht dem Vajra-Aspekt des blauen Buddha – seiner Fähigkeit, durch alle Sperren und Hindernisse ins Herz der Wahrheit vorzustoßen. Darum ist Akshobhya auch mit der Höllenwelt, dem gegenständlichen Ausdruck des Hasses, verknüpft.

Dem Lauf der Sonne folgend, kommen wir in das südliche Viertel des Mandala. Dort sehen wir den Buddha Ratnasambhava, den Juwelengeborenen, in seinem Reich des Glanzes. Seine Hautfarbe ist goldgelb wie reife Ähren im Sonnenlicht, und auch er ist mit fürstlichen Kleidern und Juwelen reich geschmückt und trägt eine fünfzackige Krone. Seine linke Hand ruht im Schoß, während er die rechte in der Gebärde des

Gebens vorstreckt. In der linken liegt ein Juwel, der Wunscherfüllende Edelstein, der jedes Verlangen augenblicklich stillt. Dies ist der «Dreifache Edelstein» von Buddha, Dharma und Sangha, dem dreifältigen Ideal, das allein uns wirklich befriedigen kann. Ratnasambhava sitzt auf einem goldenen Lotosthron, den zwei mächtige Pferde tragen. Für ein wanderndes Volk bedeuten Pferde Reichtum, und in zahlreichen Kulturen galten sie als Anzeichen von Adel. Auch deuten sie auf eine Reise hin – eine spirituelle Wanderschaft wie jene, die der spätere Buddha begann, als er auf dem Rücken seines treuen Rosses das heimatliche Leben hinter sich ließ. Schließlich kündigt ein Pferd auch Boten an, die Neuigkeiten aus fernen Landen bringen, so wie das buddhistische «Windroß» auf seinem Rücken die Drei Juwelen zu allen Wesen trägt.

Zur Juwelen-Familie, deren Oberhaupt Ratnasambhava ist, gehören Ratnapāni, der «Träger des Juwels», und Jambhala, eine seltsame Gestalt, die mit der Linken einen Mungo so stark drückt, daß er Juwelen speit – eine indische Variante des Füllhorns.

Aus Ratnasambhavas Herz strahlt gelb das Licht des Wissens um die Wesensgleichheit. In allem sieht er ein und dieselbe grundlegende Natur: Leere. Unter den äußerlichen Unterschieden der Dinge verbirgt sich eine gemeinsame Wirklichkeit, die man sich allerdings nicht als eine substantielle Wesenheit vorstellen darf, sondern eher als das in allem Sein wirkende Prinzip absoluter Schöpferkraft. Es ist diese tiefste Natur, die Ratnasambhava sieht. Er ist des schöpferischen inneren Reichtums aller Dinge gewahr wie auch der transzendenten Schönheit, die das Universum durchflutet. Wie man Akshobhya oft als den «Buddha der Weisheit» bezeichnet, kann man in Ratnasambhava den «Buddha der Schönheit» sehen. Seine Weisheit entspricht der Ansammlung des Fühlens, denn die von ihm verkörperte ideale Schönheit ist das transzendente Ebenbild weltlicher Lust. Weil er in allen Dingen die gleiche grundlegende Natur erkennt, vergleicht er sich selbst nicht mit anderen und transzendiert so das Geistesgift des Stolzes. Hochmut ist die Schwäche des Menschengeschlechts, denn allzu leicht kann Selbstbewußtsein zur Selbstgefälligkeit verkommen. Ratnasambhavas Reich ist darum auf die Menschenwelt ausgerichtet.

Im westlichen Viertel regiert der Buddha Amitābha, Grenzenloses Licht, im Reich der Glückseligkeit. Er ist von der glutroten Farbe des Sonnenuntergangs und prachtvoll geschmückt. Schalenförmig in der Geste der Meditation ruhen seine Hände im Schoß und bergen eine rote Lotosblüte. Amitābha sitzt auf einem roten Lotosthron, den zwei Pfauen mit schillernd geschlagenem Rad tragen. Man glaubte früher, die glänzenden Farben der Pfauenfedern stammten aus dem Gift von Schlangen, die angeblich die Nahrung der Pfauen waren. So wurden Pfauenfedern zu Symbolen der Läuterung und der Verwandlung.

Zur Lotos-Familie des Amitābha gehören viele tief verehrte Bodhisattvas und Buddhas. Der bekannteste ist Avalokiteshvara, «der Herr, der herabschaut», der das innerste Wesen des Erbarmens verkörpert. Auch zwei historische Gestalten gehören zu dieser Familie: Gautama Shākyamuni, der Begründer der buddhistischen Überlieferung, und Padmasambhava, ein großer Lehrer, der den Dharma in Tibet fest verankerte, wo er auch als der «Zweite Buddha» gilt. Amitābha kommt eine Art besonderer Hoheit über unser Zeitalter zu und vielleicht, als Buddha des Westens, auch über unsere westliche Welt.

Amitābha verkörpert in herausragender Weise Liebe, das tätige Erbarmen, das im Glutrot seines Körpers leuchtet. Als rotes Licht strahlt die unterscheidende Weisheit aus seinem Herzen. Die spiegelgleiche Weisheit sieht alles, wie es ist, und die Weisheit der Wesensgleichheit sieht in allem die gleiche Leere als sein eigentliches Wesen. Die unterscheidende Weisheit sieht alles und jedes als einzigartig mit eigenen, feinsten Besonderheiten. Die Liebe Amitābhas ist nicht bloß eine Art verallgemeinertes Wohlwollen, sondern brennendes Mitgefühl, das den individuellen Bedürfnissen jedes Lebewesens zugewandt ist. Diese Weisheit entspricht der Ansammlung des Erkennens, also unserem Vermögen, Dinge wahrzunehmen und von ihrer Umgebung abzuheben. Das starke Gefühl des Erbarmens ist die transzendente Entsprechung der Begierde und des Ergreifens und Festhaltens bedingter Dinge. Das Geistesgift der Begierde treibt die Hungrigen Geister, weshalb ihre Welt mit dem Reich Amitābhas verbunden ist.

Amoghasiddhi, «der sein Ziel unbeirrt verwirklicht», ist der Buddha in der nördlichen Region, dem Reich des Angesammelten Handelns. Er ist von grüner Farbe und hebt die rechte Hand zur Geste der Furchtlosigkeit, die eine gelassene Zuversicht ausdrückt. Seine linke, im Schoß ruhende Hand hält zwei gekreuzte Vajras – Symbol einer unermeßlichen Macht, die zwei Kräfte verschmilzt, deren jede schon unwiderstehlich ist. Damit ist eine Transzendenz angedeutet, die alle tiefgreifenden Polaritäten wie jene von Subjekt und Objekt miteinander versöhnt. Amoghasiddhis Thron wird von zwei Schang-Schangs getragen. Diese sind seltsame Wesen: Vögel bis zum Hals, aus dem der Oberkörper eines Mannes wächst, der in seinem Flug zwei Zimbeln schlägt.

Amoghasiddhis Familie ist die Tat-Familie, zu deren Mitgliedern der Bodhisattva Vishvapāni, «Träger der Welt», und Sarvanīvaranaviskambhih, «Vernichter der Hindernisse», gehören.

Aus Amoghasiddhis Herz strahlt grün die alles vollendende Weisheit. Weisheit ist keine passive Eigenschaft. Sie ist nicht bloß das Vermögen, die Dinge klar zu erkennen, sondern auch das Wissen, was getan werden muß und welche Taten allen Wesen die Erfüllung spenden werden. Diese Weisheit ist eine sehr geheimnisvolle Macht; sie kann Verbindungen und Verflechtungen erkennen, die gewöhnlicher Klugheit verborgen bleiben. Sie schwingt so genau mit dem Grundrhythmus des Universums, daß ihr Handeln vollkommen erfolgsgewiß ist. Diese Weisheit ist sehr subtil: Kaum sind die Bewegungen wahrnehmbar, durch die Amoghasiddhi seine Vorhaben vollendet. Immer zielt sein Wirken auf das höchste Glück aller Wesen. Als Buddha der Tat transzendiert Amoghasiddhi die Ansammlung der Motivation, denn sein erbarmungsvolles Tun ist die transzendente Ergänzung des Wollens. Das Geistesgift des Neides führt zu jenem feindseligen, aggressiven Verhalten, das Rivalen ausstechen oder beschämen soll. Amoghasiddhis Handeln wird von noch stärkeren Kräften getragen und bezweckt doch immer nur das Wohl anderer. Die Welt der neidgetriebenen Titanen ist mit seinem Reich verbunden.

Vairochana, der Sonnengleiche, residiert im Mittelpunkt des

Mandala. Sein Reich ist der Alles Durchdringende Kreis. In gewissem Sinne ist Vairochana die Summe aller Buddhas und vereint deren Eigenschaften. Deshalb ist er von reinweißer Farbe, denn im weißen Licht sind alle Farben gemischt. Jeder dieser Buddhas gibt, insbesondere am Vorbild des historischen Buddha orientiert, einem Aspekt der Erleuchtung seine ideale Gestalt. So vertritt Amoghasiddhi die Entschlossenheit und Bestimmtheit, die Gautama zeigte, als er den Boden berührte und die Erdgöttin zu seiner Zeugin aufrief. Vairochana ist das Idealbild dessen, was man als wichtigste Tätigkeit eines Buddha ansehen könnte: die Lehre des Weges zum Transzendenten. Die Begebenheit im Leben des Buddha Gautama, die diesem Idealbild am nächsten kommt, ist die Lehrrede vor seinen fünf ehemaligen Mitasketen unmittelbar nach seiner Erleuchtung. Diese Begebenheit ist als «Erstes Drehen des Rades der Lehre (Dharma)» bekannt. Das achtspeichige, goldene Rad, das zum Symbol des Dharma wurde, war ursprünglich in der indischen Überlieferung wohl eine Sonnenscheibe; später wurde es zum Zeichen königlicher Würde. In der Gesellschaft nahm der König gewissermaßen die Position der Sonne ein. Deshalb stand ihm das Sonnenrad als Zeichen seiner Macht zu. In spiritueller Hinsicht hat der Buddha dieselbe Stellung im Universum inne: Er ist die Quelle des nährenden Lichtes der Wahrheit. Wenn er das Rad des Dharma dreht, strahlt es goldenes Licht aus, das die verblendeten Herzen der Menschen erleuchtet. Darum ist Vairochana, der Erleuchter, die Idealgestalt dieser Lehrfunktion des Buddha. Wie eine große Sonnenscheibe dreht er das Rad des Dharma vor seinem Herzen, so daß es noch heller flammt und strahlt. Vairochana ist eine Art transzendenter Sonnenfürst, der im Mittelpunkt des Mandala glüht. Zwei weiße Löwen tragen seinen weißen Lotosthron. Der Löwe ist der König der Tiere; wenn er brüllt, so heißt es, verstummen alle anderen. Die Lehre des Buddha ist sein «Löwengebrüll», vor dessen Tiefe und Erhabenheit alle geringeren Lehren verstummen. Vairochanas Familie ist die Buddha-Familie, deren herausragendes Mitglied Mañjushrī, der Bodhisattva der Weisheit, ist.

Das blaue Licht der Weisheit der Dharmasphäre strahlt aus

Vairochanas Herz. Er sieht das gesamte Dasein, von der untersten Hölle bis zum lautersten Himmel, als Wahrheit. Wo immer man hinblickt, was immer man erwägt – man steht dem Dharma gegenüber. Man sieht das Transzendente als nicht-verschieden vom Weltlichen, das Weltliche als nicht-verschieden vom Transzendenten. Die Weisheit der Dharmasphäre sieht das Bedingte als Dinge oder Menschen, aber auch als leer – als Manifestationen der absoluten Wirklichkeit.

Die Ansammlung des Bewußtseins, welche die Objekte unserer Wahrnehmung beleuchtet, ist die weltliche Entsprechung der transzendenten Weisheit Vairochanas. Das absolute Licht seiner Bewußtheit steht der Finsternis der Verblendung gegenüber. Auf dem Gipfel des weltlichen Seins verkörpern die Götter das, was Vairochana für die gesamte Wirklichkeit ist. Nur durch ihr Nicht-Wissen um die wahre Natur des Seins sind sie vom Transzendenten getrennt. Darum ist ihre Welt mit Vairochanas Reich, dem Alles Durchdringenden Kreis, einer Art Kreis ohne Mittelpunkt und Umfang, verbunden. Vairochana kommt zwar die zentrale und beherrschende Stellung zu, doch sind diese Attribute transzendenter Art. Die Mitte ist überall, an jedem Punkt im Universum, denn das transzendente Bewußtsein identifiziert sich nicht mit irgendeiner besonderen Stelle in Raum und Zeit. So wie Vairochana im Herzen des Mandala steht, ist er auch an jedem anderen Punkt im Mandala – und außerhalb.

In symbolischer Form veranschaulichen die Fünf Buddhas des Mandala mit ihren begleitenden Bodhisattvas alle Qualitäten der Erleuchtung. Die Vergegenwärtigung ihrer Gestalten und Farben, ihrer Embleme und Gesten wird uns helfen, immer mehr unserer inneren transzendenten Eigenschaften zu projizieren. Je lebensvoller wir das Mandala sehen, je schöner und strahlender unsere Vision wird, desto näher werden wir der Wirklichkeit kommen. Letzten Endes kann man den Fünf Buddhas nicht tatsächlich in ihren symbolischen Formen begegnen. Man muß über ihre Gestalten und Farben hinaus zu ihrem eigentlichen Wesen vordringen. Um die Fünf Buddhas in ihrer wahren Form zu sehen, muß man dem Transzendenten unmittelbar gegenübertreten – man muß Erleuchtung erlangen.

12 DER BODHISATTVA UND DIE WELT

Im unendlich weiten, blauen Himmel des absoluten Raumes sitzt der Buddha Amitābha, vollkommen in sich ruhend, im Frieden transzendenter Meditation. Sein Körper glüht feuerrot wie die sinkende Sonne und strahlt eine Aura allumfassender Liebe in das Universum. In seinen friedvollen Zügen liegt das feine Lächeln einer unaussprechlichen Glückseligkeit, die sich mit Weisheit und Erbarmen mischt. Ein Strahl rubinroten Lichtes dringt aus seinem Herzen bis in die fernsten Regionen des Weltalls. Auf der Spitze dieses Lichtpfeilers erscheint die glanzvolle Gestalt eines jungen Prinzen: Seine Haut ist vom reinen Weiß unberührten Schnees im ersten Sonnenlicht. Seine bunten Seidenkleider sind mit goldenen Blumen bestickt; auf dem Haupt trägt er die fünfzackige Krone der Fünf Weisheiten, und der Körper ist mit den Juwelen der Sechs Vollkommenheiten geschmückt. Kraftvoll und doch geschmeidig ist seine ebenmäßige Gestalt; die Mienen spiegeln die Feinheit seines Wissens und die Fülle seines Erbarmens. Hell durchdringend ist sein Blick und tränenerfüllt. Es ist Avalokiteshvara, der Herr, der erbarmungsvoll herabblickt, der Bodhisattva des Erbarmens. Er weint, weil er die vielfachen Leiden aller Wesen der sechs Bereiche und der drei Seinssphären erblickt.

Angesichts des Elends der Welt fühlt er sich völlig machtlos. Zwar ist er ein transzendentes Wesen, doch kann er nicht jedem helfen. Sein Mitgefühl für die Qualen jedes einzelnen Lebewesens ist so stark, daß sein Körper die Kraft seines Fühlens nicht fassen kann und in viele Teile zerbirst. Das Haupt splittert in elf Köpfe, die aufmerksam die notleidenden Wesen in allen Himmelsrichtungen aufspüren. Sie blicken nach Norden, Süden, Osten und Westen, in die Zwischenrichtungen, zum Zenit, Nadir und Mittelpunkt. Auch das winzigste Lebewesen wird von ihm bemerkt. Tausend Arme wachsen aus dem geborstenen Körper und bilden einen großen Fächer. Aus jeder Handfläche blickt ein Auge – das Auge des transzendenten Gewahrseins – in ungetrübter Klarheit auf die Wesen. Und jede Hand trägt einen Gegenstand: was immer ein Wesen benötigen mag, um aus seinem Elend herauszuwachsen, ob Speise, Buch, Juwel, Waffen oder Feuer. Auch in die fernsten Bezirke der Welten reichen seine Hände und bringen jedem die Hilfe, derer er bedarf. Unermüdlich und freudigen Sinnes spürt Avalokiteshvara mit seinen elf Gesichtern das Leiden auf, um es mit tausend Armen zu lindern. Obgleich er die Leiden eines jeden Wesens empfindet, als wären es seine eigenen, bleibt er doch geborgen im höchsten Gleichmut transzendenter Verwirklichung. Obwohl er ohne Unterlaß aus unerschöpflichem Erbarmen wirkt, empfindet er seine Arbeit doch als ein heiteres Spiel. Er gelobt, von diesem Spiel nicht abzulassen, bevor auch dem letzten Wesen dazu verholfen wurde, über sein Leiden hinauszuwachsen.

Bei alledem sinnt er, daß noch mehr getan werden müsse, und so sendet er von seinem Herzen sechs Lichtstrahlen aus: einen weißen, grünen, roten, dunkel- und hellblauen und einen gelben. Jeder dieser Strahlen fällt in einen der sechs Daseinsbereiche und bringt dort einen Buddha hervor, dessen Auftreten und Erscheinung den Bewohnern dieser Welt gerecht wird. Ein dunkelblauer Buddha lindert mit himmlischem Balsam die Martern der Wesen im Höllenreich. Ein roter Buddha bringt den Hungrigen Geistern Speisen und Getränke, die ihnen endlich wirkliche Nahrung sein werden. Unter den Tieren erscheint ein hellblauer Buddha mit einem Buch und vermittelt ihnen, was sie über ihre Instinkte erheben kann. Im Panzerhemd und mit dem gezückten Schwert der Weisheit in der Hand zeigt ein grüner Buddha den Titanen, wie sie gegen Verblendung und Finsternis kämpfen müssen. In der Menschenwelt wandert ein Buddha im orangefarbenen Mönchsgewand und mit Bettelschale und Stab; er lehrt die Menschen, das spirituelle Leben zu führen. Ein weißer Buddha schließlich schlägt für die Götter eine Laute; er spielt das Lied der Vergänglichkeit, das die Götter zur Erkenntnis der Flüchtigkeit ihres gegenwärtigen Wohllebens erweckt.

Avalokiteshvara offenbart sich auf jeder Stufe des Daseins und gibt jedem Lebewesen die Mittel zu seiner Befreiung – wenn es sie annehmen will. Sein Erbarmen ist vollkommen universell, frei von Bevorzugung und doch ganz auf die besondere Bedürftigkeit jedes einzelnen gerichtet. Unendlicher Raum ist sein Wirkungsfeld, Ewigkeit seine Zeit. Nie hört er auf, allen Wesen zu helfen, Erleuchtung zu erlangen. Er ist der wahre Bodhisattva.

Das Bild der sechs Buddhas, jener Manifestationen des Bodhisattva Avalokiteshvara in den sechs Bereichen des Lebensrades, ist von tiefer Bedeutung. Es eignet sich überdies als ein Symbol, in dem wir alles bisher Gesagte zusammenfassen und zuspitzen können. Zunächst einmal erfahren wir aus diesem Bild manches über die spirituellen Bedürfnisse der Wesen in den verschiedenen Welten. Überall sind die Nöte andersartig, und überall antwortet der Bodhisattva in geeigneter Weise. Auch innerhalb der menschlichen Welt finden wir verschiedene Temperamente und Typen, mit verschiedenen spirituellen Bedürfnissen. Zwar gibt es letztlich nur *einen* Pfad der Evolution, denn dieselben Ideale, dieselben ethischen Maßstäbe und dieselben Wahrheiten gelten für alle. Die Art und Weise aber, in der man diesem Pfad folgt, wird von einem zum anderen verschieden sein. Immer hat sich der Buddhismus an diese Wahrheit gehalten und neue Wege entwickelt, um dem einen, ewigen Dharma in jeder neuen Kultur und Zeit angemessene Ausdrucksformen zu geben. Zudem bietet er auch innerhalb seiner einzelnen Schulrichtungen, die in den wechselnden Umständen besonderer Zeiten entstanden, vielfältige Zugangsweisen, so daß jede Person von ihrem eigenen Berührungspunkt mit dem Dharma aus fortschreiten kann. Manche Menschen neigen mehr zur Meditation, andere zum Studium, wieder andere wollen vor allem für den Dharma wirken. Irgendwann müssen alle Aspekte des spirituellen Lebens zur Harmonie gebracht werden, doch wird man anfangs von einzelnen stärker angezogen sein als von den übrigen. Der Ruf des Dharma ist universell; individuell ist aber seine Anwendung. Er ist kein abstraktes System quasi-mathematischer Sätze, sondern ein lebendiges Zwiegespräch zwischen dem erleuchteten Geist und einem nicht-erleuchteten Individuum. Der Bodhisattva drängt den Wesen kein vorgefertigtes Verlaufsschema des geistigen Wachstums auf und zwingt sie nicht aufs Prokrustesbett seiner Dogmen. Er sieht sie, wie sie sind, und gibt ihnen, was sie brauchen, damit sie selbst ihr inneres Potential entfalten können.

Die Leiden der Höllenwesen lindert er mit Balsam. Wer in einer Verfassung extremen Hasses lebt, bedarf sehr umsichtiger Zuwendung. Man muß seine Neigung beachten, auch dort eine Bedrohung zu sehen, wo keine beabsichtigt ist. Wenn möglich, muß man eine gewisse Objektivität in das Erleben eines solchen Menschen einführen, damit er fähig wird, seinen eigenen Haß als Quelle seiner Schmerzen und Enttäuschungen zu erkennen. Zunächst aber erleichtert der Bodhisattva die Pein. Wo immer es Leiden gibt und was immer seine Ursache sein mag – er versucht, es zu beseitigen, weil ein Übermaß von Schmerzen den Geist so sehr beherrscht und die Wahrnehmung so sehr lähmt, daß es nahezu unmöglich wird, auf eine höhere Stufe zu steigen. Erst wenn die Qual gelindert ist, kann man den Dharma in sich aufnehmen. Deshalb besänftigt der Bodhisattva zunächst die Wut des Dämons, beseitigt seine Folterqualen und unterweist ihn dann im Dharma.

Der Hungrige Geist ist von neurotischem Verlangen besessen, doch können die ersehnten Dinge ihn nicht nähren, sondern seine Gier nur noch steigern. Er leidet am Gefühl innerer Leere, die er durch äußerlichen Genuß auffüllen will. Der Bodhisattva bringt echte, wahrhaft sättigende Nahrung. Er hilft ihm, die innere Leere zu sehen und zu erkennen, was er eigentlich ersehnt. Falls seine Wünsche bloß verdrängte Instinkttriebe sind, mag er sie auf gesunde Art befriedigen; Wünsche tieferer Art kann er durch den Dharma erfüllen.

Das Tier geht ganz in seinem Körper auf und sieht im Leben nichts als Nahrung, Sexualität und Schlaf. Avalokiteshvaras Emanation bringt ihm ein Buch als Ausdruck von Kultur. So erwacht das Tier zur Lebendigkeit von Herz und Verstand, zur Schönheit und zur schöpferischen Imagination. Zum erstenmal hebt es den Kopf von der Erde, wo es graste, und erblickt die grenzenlose Himmelsweite. Es beginnt zu sehen, daß sein Leben einen Sinn, daß es selbst ein Ziel hat.

In ihren Neid verbohrt, kämpfen und schachern die Titanen um Herrschaft und um den Besitz des wunscherfüllenden Baumes. Ihnen muß man mit einer Macht begegnen, die sie respektieren werden. Darum erscheint der Bodhisattva als Krieger im Waffenkleid und mit flammendem Schwert. Doch verletzt er niemanden mit seinen Waffen. Er lehrt die Titanen, ihre gewaltigen Kräfte zu zügeln und auf den Kampf für die höhere Evolution zu lenken. Sie sollen ihre Macht nicht für Zerstörungswerke nutzen, sondern mit ihrer Hilfe Verwirrung und Verblendung durchstoßen und die Wahrheit freilegen.

Durch die Verständigung und Zusammenarbeit unter den Menschen kann Kultur entstehen. Doch rasch kann eine solche Kultur verfallen, so daß die Menschenwelt zu einer der Elendswelten verkommt. Nur ein Streben nach Höherem kann die menschliche Stufe sichern. Die Menschen müssen sich selbst verpflichten, dem spirituellen Pfad zu folgen. Darum erscheint ihnen der Bodhisattva als ein dem spirituellen Leben Geweihter, der sie ermuntert, ein Leben zu führen, das in der Zuflucht zu den Drei Juwelen gründet.

Den Göttern nähert sich der Bodhisattva auf ihre Weise. Ihnen, die dem Genuß hingegeben sind, geht die Schönheit seiner Lautenmelodie zu Herzen, sie hat jedoch auch etwas Beunruhigendes: Sie klingt so betörend und lieblich und ist doch ungreifbar, nicht für ewigen Genuß bestimmt. Sie fließt weiter und weiter, um schließlich zu verklingen. Indem sie ihr lauschen, werden die Götter an ihre Sterblichkeit erinnert, bemerken sie doch sonst in ihrer großen Freude und Seligkeit kaum den Wandel der Zeit. Nun werden sie aus ihrer Selbstzufriedenheit gerüttelt und angespornt, höher zu streben auf der Spirale der Evolution. Sie sollen für die vergänglichen Himmelsfreuden die ewige Glückseligkeit des Transzendenten eintauschen.

In jedem Bereich verkörpern die Bodhisattvas das Transzendente im Weltlichen. Wie immer unser Geisteszustand sein mag und welche Welt wir auch bewohnen mögen, immer gibt es die Möglichkeit der Erleuchtung. Könnten wir nur klar genug sehen oder in die Tiefe der Dinge dringen, dann würden wir erkennen, wie sie wirklich sind. Und wenn wir das Bedingte sehen, wie es ist, dann sehen wir auch das Unbedingte. Mit dem Auge der Wahrheit gesehen, ist jede Welt wesenhaft leer oder ein Feld grenzenloser Möglichkeiten. Und in jeder Welt wirkt der Bodhisattva.

Die Bodhisattvas bekunden nicht allein das der bedingten Welt innewohnende unbedingte Prinzip – die Transzendenz des Objekts –, sondern auch das erleuchtete Bewußtsein innerhalb des Selbstbewußtseins – die Transzendenz des Subjekts. Der Bodhisattva verkörpert den evolutionären Drang, der allem Bewußtsein innewohnt. Es liegt in der Natur des Bewußtseins, nach Erweiterung auf höheren Stufen zu streben. Weil wir aber den Verlust unseres gegenwärtigen Selbstbewußtseins fürchten, bekämpfen wir diese Tendenz mit der ganzen Kraft unserer Gier, unseres Hasses und unserer Verblendung. Es scheint also, als zielten unsere Anstrengungen darauf, unser weiteres Wachstum zu verhindern! Unter all den Kräften jedoch, die jene Welt gestaltet haben, in der wir uns befinden – also unter den durch unsere früheren Willensregungen geschaffenen Kräften – gibt es zumindest Spuren eines Dranges zur Evolution. Dies ist jene Kraft, die das Bewußtsein auf jeder Stufe über sich hinaustreibt. Schon auf seiner niedrigsten Stufe wird das Selbstbewußtsein getrieben, die Grenzen zwischen Subjekt und Objekt zu sprengen, und ebenso muß es über jede neue, verfeinerte Dualität hinauswachsen. Dem Wesen nach besteht die höhere Evolution in diesem Vorgang der Selbsttranszendierung auf immer höheren Stufen, bis das Ich schließlich in der Erleuchtung vollkommen transzendiert ist. Diese Kraft ist der Bodhisattva in jedem Wesen.

Der Bodhisattva verbindet das Weltliche mit dem Transzendenten. Er entspricht dem Trieb im Weltlichen, sich selbst im Transzendenten zu erfüllen. Zugleich aber – als Ausstrahlung Amitābhas, eines der idealen Buddhas des Mandala – ist der Bodhisattva die Bewegung des Transzendenten zum Weltlichen hin. In seinem Aufwärtsstreben erhält der Bodhisattva in uns Hilfe vom Bodhisattva außer uns, der gewissermaßen herabsteigt, um uns an seiner ausgestreckten Hand hinaufzuziehen. In diesem Sinne ist der Bodhisattva ein Wesen, das von Erbarmen dazu bewegt ist, andere auf den Pfad der höheren Evolution zu führen. Er ist der Führer, der das evolutionäre Prinzip verkörpert.

Das Sanskritwort «Bodhisattva» bedeutet «Erleuchtungswesen». Es wird verschieden gedeutet als ein Wesen, das nach Erleuchtung strebt, oder ein Wesen, daß auf Erleuchtung fußt. Eigentlich ist der Bodhisattva jemand, der gelobt hat, zum Wohle aller Wesen Erleuchtung zu erlangen. Er betrachtet Erleuchtung überhaupt nicht als ein persönliches Ziel, sondern als eine Grundlage, von der aus er anderen helfen kann. Er wird nicht nur von seiner Erfahrung der Unvollkommenheit der Welt und von seinem gläubigen Vertrauen in die Drei Juwelen bewegt, sondern auch von seinem Mitgefühl und Erbarmen für andere. Dabei handelt es sich nicht um bloßen weltlichen Altruismus, nicht nur um das Vermögen, sich aufgrund einer gesunden Selbstliebe auch in andere einzufühlen. So erstrebenswert das allein schon ist, sein Erbarmen geht doch weit darüber hinaus. Der wahre Bodhisattva unterscheidet nicht mehr zwischen sich und anderen. Er hat die Subjekt-Objekt-Spaltung in einem solchen Grade durchschaut, daß er die Leiden der anderen so stechend spürt, als seien sie die seinen. Ihm geht es nur darum, Leiden zu beseitigen; wessen Leiden es ist, kümmert ihn nicht. Er vereint in sich die Qualitäten von Weisheit und Erbarmen. Mit seiner Weisheit durchbricht er die Schranken zwischen Subjekt und Objekt, und erbarmungsvoll handelt er für das Wohl aller.

Sein Geisteszustand ist so erhaben, und die weltliche Ichgebundenheit hat er so weit hinter sich gelassen, daß er kaum noch ein Mensch zu sein scheint. Eher scheint es, als sei der evolutionäre Drang seiner selbst vollständig gewahr geworden und wirke durch ihn, indem er ihn, alle egoistischen Wünsche fortfegend, auf immer höhere Stufen der Selbsttranszendierung treibe. Der Bodhisattva ist somit die höchste Ausprägung jener schöpferischen Kraft, die jedes Lebewesen über sich selbst erhebt.

Bisher haben wir den spirituellen Pfad vornehmlich im Sinne

von psychischen Erfahrungen und verschiedenen Welten betrachtet. Auch andere Betrachtungsweisen sind möglich: Wir können ihn etwa in soziologischer Hinsicht oder auch als System von Übungsmethoden erforschen. Der Bodhisattva verkörpert eine weitere, sehr wichtige Weise, den ganzen Pfad zu sehen, diesmal unter dem Gesichtspunkt unserer Beziehungen zu anderen Menschen. Die Bodhisattvas sind jene transzendenten Wesen, denen wir schon früher begegnet sind, die aber nun im Lichte ihres altruistischen Verhältnisses zu ihren Mitmenschen erscheinen: Der Bodhisattvapfad ist eben der Pfad der höheren Evolution, auf dem die in den Strom Eingetretenen wandeln. Der Bodhisattva lehrt uns, daß unsere spirituelle Entwicklung andere Menschen berücksichtigen muß. Zunächst einmal ist unser Leben so sehr mit anderen Menschen verkettet, daß wir uns kaum entwickeln können, wenn wir unsere Beziehungen zu ihnen nicht überprüfen und verbessern. Außerdem kann man letztlich keinen wahren Frieden in sich finden, solange andere leiden. Niemand ist eine Insel – geistige Entwicklung bedeutet, daß wir unsere wechselseitige Verbindung mit anderen in immer tieferen Schichten erkennen, bis wir uns überhaupt nicht mehr mit dem Ego, sondern mit dem gesamten Bewußtseinsfeld identifizieren.

Die Entwicklung unserer Beziehungen zu anderen beginnt in der Gruppe, jenem menschlichen Äquivalent der Tierherde. Die Gruppe gewährt ihren Mitgliedern den wichtigen Vorteil der Sicherheit und Unterstützung, doch verlangt sie dafür von ihnen völlige Unterwerfung unter ihre Regeln. Gruppen können positiv oder negativ sein. Positive Gruppen fördern bei ihren Mitgliedern Gesundheit und Glück und werden von einer höheren Vision getragen. Negative Gruppen halten nur aufgrund übereinstimmender Eigeninteressen ihrer Mitglieder zusammen. In ihnen überwiegen unheilsame Geisteshaltungen. In den Gruppen beider Arten beruhen die Beziehungen auf Bedürfnissen. Jeder sieht die anderen vor allem als Quellen bestimmter Vorteile für sich selbst, ob es nun um biologische Erfüllung, praktische Hilfen oder psychische Unterstützung gehen mag. Da die Mitglieder der positiven Gruppe auf ihre Weise glücklich und zufrieden sind, pflegen sie insgesamt freundliche und gutartige Beziehungen. Die Atmosphäre der negativen Gruppe ist dagegen von Argwohn, Abneigung und Ausbeutung vergiftet. Das Gruppenmitglied gehört der Gruppe mehr als sich selbst. Im großen und ganzen ist sein Bewußtsein ein Abklatsch des Gruppenbewußtseins. Sehr langsam entwächst der Gruppe, diesem verwickelten Netz von Bedürfnissen, eine reife Individualität.

Ein Individuum nimmt sich selbst als eine von anderen verschiedene Bewußtheit wahr. Deshalb wird es erstmals fähig, echte und selbstlose Freundlichkeit zu empfinden, denn es vermag sich über seinen unmittelbaren Eigennutz zu erheben und das eigenständige Dasein anderer zu würdigen. Da ein seiner selbst bewußter Mensch sich nicht nur als Wesen mit einer Gegenwart, sondern auch mit Vergangenheit und Zukunft erfährt, ist er sich der Kontinuität seiner Identität bewußt und kann deshalb mit anderen langfristige Beziehungen auf der Grundlage wechselseitigen Wohlwollens eingehen. Freundlichkeit wird so zu Freundschaft.

Wahre Freundschaft beruht auf Selbstgewahrsein, und das entwickelte Selbstgewahrsein enthält auch ein Wissen um die evolutionären Kräfte innerhalb des Bewußtseins. Anders gesagt: Echte Freunde erkennen sich selbst und den anderen als Individuen, die sich entwickeln und in ihrem Leben ein Ideal anstreben. Eine Freundschaft, der diese vertikale Dimension fehlt, kann nur auf beiderseitigem Eigennutz beruhen und wird bald auf das Niveau der Gruppe absinken. Echte Freundschaft ist darum spirituelle Freundschaft auf der Grundlage des gemeinsamen Engagements für die höhere Evolution. Die Kultivierung solcher Freundschaften ist einer der wichtigsten Bereiche des spirituellen Pfades und eine seiner höchsten Freuden. Den überlieferten Berichten zufolge bezeichnete der Buddha spirituelle Freundschaft einmal als das Ganze der höheren Evolution.

Das erste Merkmal spiritueller Freundschaft ist Mettā. Üblicherweise wählen wir unsere Freunde aufgrund gleicher Interessen oder einer Art Charakterverwandtschaft. Mettā lehrt uns, darüber hinauszugehen und andere Menschen losgelöst von unseren bedingten Vorlieben wahrzunehmen. Wir sollten jedem empfindenden Wesen mit Wohlwollen begegnen und Freund eines jeden sein können, der selbst reif genug ist, um Freundschaften einzugehen. Spirituelle Freundschaft ist die Antwort auf das evolutionäre Potential im anderen. Sie stammt aus der Begeisterung für dessen positive Eigenschaften. Jemand hat gesagt, Freundschaft sei das gegenseitige Erkennen der wahrhaft Strebenden und sie sei unbekannt unter den niedrig Gesinnten.

Freundschaft erblüht nicht über Nacht, denn zwei Menschen benötigen Zeit, um einander kennenzulernen. Erst Kommunikation schafft Freunde – und zwar Kommunikation im Sinne jener gegenseitigen Wahrnehmung und Offenheit, auf die wir schon hingewiesen haben. Mit wachsender Freundschaft lernen beide Seiten, sich einander immer offener zu zeigen und zugleich immer mehr sie selbst zu sein. Da echte Freundschaft auf Idealen gründet, darf und soll man seinen Freunden auf seinem besten und höchsten Niveau begegnen, selbst wenn andere Bekannte solche Ideale nicht schätzen oder sie sogar verspotten würden. Spirituelle Freunde stellen die Drei Juwelen in den Mittelpunkt ihres Lebens, und dieser Umstand prägt ihren gesamten Umgang miteinander. Wo einer weniger entwickelt ist als der andere, wird die Begegnung mit dem spirituellen Freund ihn fördern, seine eigenen verborgenen Qualitäten werden durch die verwirklichten Tugenden des Freundes freigesetzt. In diesem vertikalen Sinne verbindet eine Kette spiritueller Freundschaft die höchsten und niedrigsten Stufen der höheren Evolution. Die höher Entwickelten schenken ihre Freundschaft den weniger Fortgeschrittenen und mobilisieren deren Entwicklungsmöglichkeiten. Die weniger Entwickelten ehren die Fortgeschritteneren und achten die empfangene Freundschaft. Von den Buddhas und Bodhisattvas bis hinunter zu jenen, in denen der Wunsch zu wachsen sich erstmals zeigt, durchzieht das Band der Freundschaft den gesamten Pfad.

Dieses große Netz von Freunden, das sich vom Anfang bis zum Ende der Evolutionsspirale erstreckt, ist der Sangha, die spirituelle Gemeinschaft im weitesten Sinne. Alle, die eine spirituelle Schau miteinander teilen, bewohnen in gewissem Sinne dieselbe Welt und stehen ihren Gefährten auf dem Pfade näher als jenen, die nur Mitbewohner derselben äußeren Welt sind. Sie streben danach, über sich hinauszuwachsen, ihr begrenztes Ichgefühl aufzugeben – aber nicht, indem sie in einer bewußtlosen Gruppenseligkeit untertauchen, sondern durch Gemeinschaft auf einer Ebene, wo das Ich und das andere verschmelzen. Um dieses Ideal spiritueller Gemeinschaft praktisch zu verwirklichen, wird ein Orden als lebendige Verkörperung des Sangha-Ideals gebildet. Die Menschen, die ihm angehören, versuchen in ihren Beziehungen zueinander, sich selbst zu transzendieren und einen Bewußtseinsstand zu erreichen, auf dem ihre egoistischen Interessen zu gegenseitiger Liebe und Achtung verschmelzen. Man hat gesagt, daß sie eine Art «kollektives Bewußtsein» anstrebten, doch ist dies mißverständlich, wenn man es als das Versinken der Individualität im undifferenzierten Meer einer unbewußten Gruppenidentität versteht. Die Angehörigen des Sangha versuchen vielmehr, ihre Individualität in einen gemeinsamen Bewußtseinsstand einzubringen, der den des einzelnen übersteigt. In seiner Fürsorge und seinem Interesse an den anderen, in seiner Kommunikation, seiner Arbeit und der gemeinsamen Übung versucht jeder, über sich hinauszugehen und eine wahrhaft spirituelle Gemeinschaft zu verwirklichen. Denn in seinem höchsten Sinne ist der Sangha die Bruderschaft jener, die die Unterscheidung von Subjekt und Objekt transzendiert haben. Er ist die Gemeinschaft der in den Strom Eingetretenen, der Einmal- und Nicht-Wiederkehrer, der Befreiten, der Bodhisattvas und der Buddhas. Sie alle weilen in einer Bewußtseinsverfassung, in der das Ich und das andere zu einer nicht-dualen Bewußtheit verschmelzen, auf die unsere gewohnten Erkenntniskategorien nicht anwendbar sind. Jeder von ihnen ist ein völlig einzigartiges Individuum, und doch sind sie alle Verkörperungen der einen unbedingten Wirklichkeit. Diese transzendente Gemeinschaft versuchen die Mitglieder des Ordens durch ihre Liebe und ihr Zusammenwirken auf der Erde ins Werk zu setzen.

Andere Menschen sind unser wichtiger Zugang zur Selbst-Transzendenz. Sie gehören zum objektiven Teil unserer Erfahrung, sind aber selbst Subjekte, die sich dem Diktat unseres Ego nicht ohne weiteres beugen werden. Verbinden wir uns ihnen in spiritueller Gemeinschaft, dann müssen wir ihre Bedürfnisse und Wünsche ebenso berücksichtigen wie unsere eigenen. Dazu müssen wir ein wenig über uns hinausgehen. Je mehr Harmonie wir zwischen uns und ihnen verwirklichen, desto mehr werden wir uns selbst übersteigen, bis wir zuletzt die Subjekt-Objekt-Spaltung ganz hinter uns lassen. Das ist der Bodhisattva-Pfad.

Der Weg des Bodhisattva ist in zwei Hauptphasen unterteilt: den Abschnitt des Bodhisattva-Neulings und den eines Bodhisattva des Pfades. Der Neuling spürt den Drang zur Selbst-Transzendierung. Gläubig vertraut er auf die Drei Juwelen und das Bodhisattva-Ideal. Er wünscht, über sich hinauszugehen, um wie Avalokiteshvara die in der Welt wirkende Verkörperung des Erbarmens zu werden. Das freilich ist vorläufig noch Sehnsucht und nicht die Wirklichkeit. Um sie zu verwirklichen, muß er hart an sich arbeiten. Er bemüht sich, sechs Tugenden in sich heranzubilden, die bei einem wahren Bodhisattva natürliche, spontan hervortretende Eigenschaften sind.

Die erste dieser Tugenden ist die *Großzügigkeit*. Er strebt danach, seinen Hang zu Kleinlichkeit und egoistischer Selbstsucht durch Geben zu überwinden. Den Bedürftigen gibt er materielle Dinge, opfert Zeit und Kraft, wo Hilfe gebraucht wird; wo immer er kann, gibt er den Dharma oder hilft wenigstens, Bedingungen zu schaffen, in denen andere zum Dharma finden können. Unter allen Umständen versucht er, schöpferisch zu handeln, und gibt sich selbst rückhaltlos. Auf diese Weise beginnt er, über sich hinauszugehen.

Weiterhin bemüht er sich um die Tugend der *Moralität*. Indem er die Gebote einhält, so gut er nur kann, bildet er jene Sensibilität gegenüber anderen aus, die dem Voll-Bodhisattva ganz natürlich geworden ist. Sein Verhalten ist nicht nur moralisch, sondern zivilisiert. Sein Umgang mit anderen ist höflich und besonnen, würdevoll in jeder Bewegung.

Als nächstes bemüht sich der Bodhisattva-Neuling, die Tugend der *Geduld* zu üben. Er versucht, seine reaktiven Regungen von Haß und Gier zu überwinden. Er beschuldigt nicht andere für sein eigenes Mißgeschick und hegt keine Feindseligkeit gegen jene, die ihn verletzen. Er steht ab von Rachegelüsten und versucht nicht, sein Ego auf Kosten anderer zu behaupten. Er ist für andere empfänglich, hört auf ihre Worte und versucht, von ihnen zu lernen. Immer ist er bereit, spirituelle Wahrheit in sich aufzunehmen, so sehr sie auch sein bisheriges Verständnis erschüttern mag. Er ist partnerschaftlich und zugänglich, kann mit anderen zusammenarbeiten und streitet nicht über Belanglosigkeiten. Er verfügt über die sogenannten weiblichen Tugenden – er vermag herzlich und fürsorglich auf andere einzugehen, und er weiß ihnen zu helfen.

Die Tugend der *Energie* wirkt gewissermaßen als Gegengewicht der Geduld. Sie ist jene maskuline Eigenschaft der Initiative und Kraft, des aktiven Strebens nach dem Guten. Da die höhere Evolution nur aufgrund von Bemühung erfolgen kann, ist Energie unverzichtbar für das Wachstum. Sie ist der Antrieb zur Selbst-Transzendierung, der positive Drang, der uns über uns selbst hinaustreibt. Sie drückt sich auch in Arbeit, insbesondere im Einsatz für den Dharma aus.

Der Bodhisattva-Neuling entfaltet die Tugend der *Meditation*. Systematisch bildet er seinen Geist, um immer positivere Zustände zu erfahren. Er versucht, seine Bewußtheit so zu steigern, daß er täglich eine Zeitlang im Zustand der Versunkenheit weilt.

Weisheit ist die letzte und alles entscheidende Tugend, die er mit Hilfe der anderen Tugenden zu entwickeln trachtet. Sie wird besonders durch das Studium von Darlegungen des Dharma und durch Einsichts-Meditation gefördert. Das Aufscheinen von Weisheit macht einen Bodhisattva-Neuling zum Bodhisattva des Pfades. Mit dem Auge der Weisheit sieht er, daß alle Dinge letztlich unbestimmbar, unbedingt, leer sind. Er selbst ist leer, wie auch alle Wesen leer sind. Er sieht, daß das Wesen der ganzen Wirklichkeit jene ungreifbare Offenheit ist, die Leere genannt wird. Noch einmal sei gesagt, daß diese kein hohles Nichts ist, sondern eine solche Fülle, daß alle unsere Begriffe sie nur schmälern und herabsetzen könnten. Auf seine Weisheit gegründet, strebt der Bodhisattva nunmehr danach, die Tugenden in transzendente Vollkommenheiten zu verwandeln, das heißt in die spontanen Bekundungen seiner Einsicht in die Nicht-Zweiheit. Er gibt ganz aus seiner unmittelbaren

Reaktion auf Bedürfnisse heraus, ohne jeden Gedanken an einen Gebenden und einen Empfangenden, ja, ohne auch nur um den Akt des Gebens zu wissen. Er ist Gebender, Empfänger und Gabe in einem. Seine Moralität ist nun vollkommen, denn sein Handeln entspringt spontan seiner Weisheit, ohne daß irgendwo Platz wäre für Gedanken an Gebote oder schickliches Verhalten. Sein Verhalten ist auf natürliche Weise moralisch. Seine Geduld ist vollkommen. Er fühlt keinen Zorn gegen jene, die ihn verletzen, denn er müht sich so sehr um sie wie um sich selbst. Er braucht sich nicht mehr zu bemühen, seine Reaktionen zu zügeln und zu beherrschen, denn es gibt keine mehr. Er lebt in der Vollkommenheit der Energie, weil die Evolution nunmehr durch ihn wirkt, ohne daß er noch darum ringen müßte. Seine Energie fließt frei und unerschöpflich, um den Lebewesen zu helfen. Seine Meditation ist vollkommen, denn stets ist sein Geist ruhig und ausgeglichen, gesammelt und lauter. Um sich zu versenken, muß er nicht mehr kämpfen; Versunkenheit ist sein natürlicher Zustand. Und er besitzt vollkommene Weisheit, denn er schaut die Leere der Dinge – und das macht aus seinen Tugenden Vollkommenheiten.

Vom historischen Buddha Gautama Shākyamuni heißt es, er sei diesen Pfad des Bodhisattva während unzähliger Lebzeiten gegangen, in denen er die Tugenden entwickelt und vervollkommnet habe. Zahllose Zeitalter vor dem Leben, in dem er die Erleuchtung erlangte, habe er sein großes Gelöbnis vor dem Buddha jener Zeit abgelegt. Dieses Gelöbnis wird in allen Bodhisattvas laut, wenn sie zu Bodhisattvas des Pfades werden: Es steht für ihre spontane Antwort auf die Leiden aller Wesen. Sehr tief empfinden sie ihre Verbundenheit mit allem Leben und geloben, daß sie vollkommene Erleuchtung zum Wohle aller erlangen werden. Sie erkennen, daß das spirituelle Leben keine Sache der persönlichen Entwicklung allein ist, sondern der Vervollkommnung des gesamten Universums. Das Gesichtsfeld der höheren Evolution ist die Grenzenlosigkeit des Raumes und die Endlosigkeit der Zeit, und es erfaßt alle Lebewesen. Die Geschichte der Bodhisattva-Laufbahn des historischen Buddha wird in einer Folge von Erzählungen berichtet, von denen viele als nicht-kanonisch gelten. Manche von ihnen sind offensichtlich Volkserzählungen, den Fabeln des Äsop vergleichbar, doch die allgemeine Absicht der Geschichten ist deutlich, ob man sie nun als Beschreibungen früherer Lebzeiten des Buddha ernst nimmt oder nicht. In jeder dieser Begebenheiten geht der Bodhisattva über sich selbst hinaus und nimmt dadurch andere Wesen mit sich. In jeder Geschichte ergreift er die Initiative und führt andere auf den Weg zur Erleuchtung.

Die Geschichte des Buddhismus ist reich an großen Lehrern und Weisen, die genau diese Eigenschaften eines Bodhisattva in Vollkommenheit besaßen – Menschen, die ihre Schüler unter oftmals widrigen Umständen auf dem Pfad der Erleuchtung führten. In der Tat ist es dieser Bodhisattva-Geist, der den Buddhismus bis in unsere Tage lebendig erhielt – lebendig nicht so sehr als ein Gebäude gelehrter Philosophie und exotischer Bräuche, sondern als lebendiges Netz spiritueller Freundschaften, in denen Individuen sich entfalten. Das Bodhisattva-Ideal war und ist für unzählige Menschen der Anstoß, ihre eigene Entwicklung und das Wohl der anderen als zwei Aspekte ein und desselben Pfades zu betrachten. Während sie mit Eifer an der Entwicklung des eigenen Bewußtseins arbeiten, widmen sie sich auch der Aufgabe, anderen zu helfen. So hat das Bodhisattva-Ideal im Leben vieler Menschen Ausdruck gefunden. Als Bodhisattva-Neuling haben viele danach gestrebt, in ihrem eigenen Lebenswandel die sechs Tugenden zu verwirklichen. Beharrlich haben sie sich um Gefühle von Mettā bemüht und ihre spirituellen Freundschaften vertieft. Sie haben teilgehabt an jenem Sangha-Bewußtsein, welches das Individuum übersteigt, ohne es zu negieren. Sie haben direkt für das Wohl anderer gearbeitet. Einige sind auf diese Weise zu einer neuen Stufe von Weisheit durchgebrochen, zur Stufe eines Bodhisattva des Pfades. Ihre Tugenden sind zu Vollkommenheiten geworden, ihre transzendente Einsicht zur Quelle ihres tätigen Erbarmens.

Auch in archetypischer Form drückt sich das Bodhisattva-Prinzip aus. In vertikaler Projektion werden Gestalten visualisiert, welche die Wesenseigenschaften des Bodhisattva personifizieren. Zur höchsten Stufe der Erleuchtung gehörend, verkörpern sie – als die Kraft des Guten in der Welt – die aktive Natur des Erleuchteten Geistes. Vier ideale Bodhisattvas werden in den meisten buddhistischen Ländern als Archetypen der Bodhisattva-Tugenden besonders verehrt.

Am Anfang dieses Kapitels sind wir schon Avalokiteshvara begegnet, dem Bodhisattva des Erbarmens mit elf Köpfen und tausend Armen. Wie alle Bodhisattvas wird er nicht nur in bildlicher Form dargestellt, sondern auch als Mantra. Ein Mantra ist ein Lautsymbol und als solches in gleicher Weise Träger der Erleuchtungsqualitäten wie Umriß, Farbe oder Gebärde einer visuellen Darstellung. Das Mantra *ist* der Bodhisattva im Medium des Klangs. Es hat keine Bedeutung im eigentlichen Sinne, oder genauer: Seine wörtliche Bedeutung ist unerheblich. Es wirkt kraft der Assoziationen, die sich im Laufe von Jahrhunderten mit ihm verknüpft haben. (Das Mantra des Avalokiteshvara ist das bekannte *Om Mani Padme Hum*, das manchmal als «Om, das Juwel im Lotos, Hum» übersetzt wird. *Om* bezeichnet dabei die absolute Wirklichkeit; das Juwel ist das Juwel der Erleuchtung im Lotos des Geistes; *Hum* ist die in der bedingten Welt manifest gewordene absolute Wirklichkeit.)

Mañjushrī, «der edel und sanft ist», ist der Bodhisattva der Weisheit. Auch er ist ein junger Prinz von großer Anmut; er ist in Seide gekleidet, trägt auf dem Haupt die Krone der Fünf Weisheiten und am Körper den juwelenbesetzten Schmuck der Sechs Vollkommenheiten. Seine Körperfarbe ist ein feuriges Orange «wie das Auge eines Löwen», und eine gleißende Aura von rötlichem Gold strahlt von ihm aus. Er sitzt mit überkreuzten Beinen, und seine rechte, erhobene Hand schwingt das flammende Schwert der Weisheit, das mit der Schärfe eines Skalpells mühelos alle Verwirrung und Verblendung durchtrennt. Es ist das Schwert der Nicht-Dualität, welches Leiden und Unvollkommenheit abschneidet. Mit der Linken hält er ein Buch an sein Herz gedrückt, das Buch der vollkommenen Weisheit, der höchsten Erkenntnis, die es gibt. Mañjushrī ist eine Art buddhistischer Apollo, wenngleich auf viel höherer, transzendenter Stufe. Er ist der Beschützer aller Künste und Wissenschaften, der Mittler von Kultur und Bildung. Sein Mantra lautet *Om Ah Ra Pa Cha Na Dhih*.

Der Bodhisattva der Energie ist Vajrapāni, der Träger des «Donnerkeils». Oft wird er in zornvoller Erscheinung abgebildet, um die Macht und positive Zerstörungsgewalt des Transzendenten zu betonen, die alle Schranken durchbricht, Verblendung vernichtet und alle Einschränkungen aufhebt. Er ist eine riesenhafte, dunkelblaue Gestalt mit einem mächtigen Brustkorb, massigen Armen und Beinen und schweren Muskelpaketen. Er steht aufrecht; sein rechter Fuß zermalmt einen niedergeworfenen Leichnam, und seine rechte Hand hebt einen goldenen Vajra, als wolle sie ihn schleudern. Die linke Hand hält er in der Geste des Lehrens vor seinem Herzen. Grimmig ist seine Miene, blutunterlaufen starren seine drei zornigen Augen; von den spitzen Zähnen tropft Blut. Ein Flammenkranz umlodert seinen Körper. Obwohl das transzendente Wesen nichts als Liebe für jeden Teil des Universums empfindet, versetzt seine kompromißlose Aufrichtigkeit und unerschöpfliche Kraft doch jene in Angst und Schrecken, die sich vollständig mit ihrer eigenen Verblendung identifizieren und nicht wachsen wollen. Doch auch in dieser Schreckensgestalt ist Vajrapāni in Wirklichkeit der ruhig-heitere Buddha, der in vollkommenem Frieden weilt. Sein Mantra lautet *Om Vajrapāni Hum*.

Tārā, die Retterin, ist der weibliche Bodhisattva des Erbarmens. Der Legende nach wurde sie aus einem See geboren, der aus den Tränen Avalokiteshvaras entstanden war, als er das unsägliche Leiden der Welt beweinte. Tārā ist eine schöne, junge Prinzessin von zarter, jadegrüner Hautfarbe. Ihr linkes Bein liegt einwärts gedreht zur Meditationshaltung, doch das rechte steht in der Welt, um die Lebewesen zu retten. In der linken Hand hält sie vor dem Herzen die Stengel von drei Lotosblumen, deren dunkelblaue Blüten zu ihrer linken Schulter aufstreben. Eine der Blüten ist geschlossen, eine andere halb geöffnet, die letzte voll erblüht, was auf die verschiedenen Reifestufen der Wesen verweist. Ihre rechte Hand ist zur Geste des Gewährens ausgestreckt. Tārā ist das Sinnbild der Quintessenz jenes Mitgefühls für alle Wesen, welches die Natur des Bodhisattva ist. Ihr Mantra ist *Om Tara Tutare Ture Svaha*.

Für seinen Weg von der anfänglichen Bemühung eines Neulings bis zu Vollkommenen Erleuchtung eines Buddha mag ein

Bodhisattva sehr viele Leben benötigen. Auf seiner Laufbahn wird er versuchen, möglichst vielen Wesen zu helfen. Je weiter er selbst fortgeschritten ist, desto wohltätiger und weitreichender wird seine Hilfe sein. Allmählich wird sich um ihn ein Wirkungsfeld bilden, das alle, die dafür empfänglich sind, aufstreben läßt. In den letzten Abschnitten seiner Entwicklung schafft der Bodhisattva durch die Macht seines Erbarmenden Wollens eine Art ideale Welt. Jeder, der in spirituelle Verbindung mit ihm tritt und offen für ihn ist, wird in dieser Welt wiedergeboren werden, die man als «Reines Land» bezeichnet. Alles begünstigt dort die Entwicklung, und es gibt nichts Hinderliches oder Entgegenwirkendes. Es ist die bestmögliche Umgebung für das spirituelle Leben, denn stets weilt man in der Gegenwart des Bodhisattva, in dessen Reinem Land man lebt und der nun zum Buddha wird. Überall im Reinen Land hört man den Dharma, und alle seine Bewohner gehören dem Sangha an. Körperliche und psychische Bedürfnisse werden unverzüglich durch den bloßen Wunsch selbst erfüllt, und die ganze Welt ist überaus schön und rein. Wie die höchsten Himmelswelten ist sie vom Einfluß des Transzendenten durchflutet.

Der Bodhisattva an der Schwelle zur Buddhaschaft erzeugt ein Reines Land auf einer sehr hohen Stufe der Veredelung. Der menschliche Bodhisattva – ob er nun ein Neuling oder ein Bodhisattva des Pfades ist – versucht, ein Reines Land auf der Erde zu schaffen. Insbesondere arbeitet er mit anderen, mit dem Sangha, um hier und jetzt möglichst gute Wachstumsbedingungen zu schaffen. Er bemüht sich, eine Bewegung von Menschen zu formen, die vom Ideal der Drei Juwelen inspiriert ist. Er ist bestrebt, Einrichtungen aufzubauen, in denen Menschen gemeinsam auf der Grundlage dieser Ideale leben und arbeiten können. Er versucht, eine Kultur hervorzubringen, die das weite Gesichtsfeld der höheren Evolution möglichst vielen Menschen öffnet. Alle seine Bemühungen zielen darauf, eine neue Gesellschaft zu gestalten, deren höchster und grundlegender Wert die spirituelle Evolution ist.

Er arbeitet nicht allein, denn er sucht andere, die seine Vision teilen, und arbeitet mit ihnen zusammen. Einige mögen sie klarer und leuchtender erfassen als er; bereitwillig wird er ihrer Führung folgen. Andere sind geistig weniger reif, und er wird sie nach bestem Vermögen leiten und ermutigen. Mit ihnen allen, mit dem gesamten Sangha, ist er durch das Band der Brüderlichkeit und der Selbst-Transzendierung geeint.

Dies ist das buddhistische Leben, das Leben der höheren Evolution. Es ist ein nicht endendes und doch freudiges Ringen um die Entfaltung der besten und edelsten Eigenschaften aus dem eigenen Inneren. Es ist die immer voller und reiner tönende Harmonie der spirituellen Freunde und Gefährten im Sangha, die sich miteinander bewegen, als seien sie alle nur verschiedene Manifestationen eines einzigen höheren Bewußtseins. Und es ist das heroische Bemühen, so viele Menschen wie möglich auf den Pfad zu führen, auf daß auch sie ihre innerste Natur erfüllen können. Letztlich ist das buddhistische Leben das wahrhaft menschliche Leben – ein Leben für die Verwandlung von Ich und Welt.

DANK

Chris Krupa, Kit Emmett, und Dharmachari Aloka fertigten die Abbildungen dieses Buches an. Dharmachari Dharmapriya, Dharmacharini Srimala, Su Lawson und Vida Browning unterstützten mich bei der Fertigstellung dieses Buches auf die verschiedenste Weise. Ihnen und den vielen anderen Helfern bin ich sehr dankbar.

Weiterführende Literatur

1. Buddhismus allgemein:

Conze, Edward: *Der Buddhismus*. Wesen und Entwicklung, Stuttgart (Kohlhammer, Urban Bücher 5) 1986.

–: *Eine kurze Geschichte des Buddhismus,* Frankfurt/M. (Suhrkamp Tb 1297) 1986.

Dalai Lama: *Das Auge der Weisheit*. Grundzüge der buddhistischen Lehre, Bern, München, Wien (O.W. Barth) [4]1986.

Glasenapp, Helmuth von (Hrsg.): *Pfad zur Erleuchtung*. Das Kleine, das Große und das Diamantfahrzeug, Köln (Diederichs) 1985.

Govinda, Lama Anagarika: *Buddhistische Reflexionen*. Die Bedeutung von Lehre und Methoden des Buddhismus für westliche Menschen, Bern, München, Wien (O.W. Barth) 1983.

–: *Lebendiger Buddhismus im Abendland,* Bern, München, Wien (O.W. Barth) 1986.

Percheron, Maurice: *Buddha*. In Selbstzeugnissen und Bilddokumenten, Reinbek (rororo Monographien 12) 1975.

Schumann, Hans Wolfgang: *Der historische Buddha,* Köln (Diederichs) 1982.

Zimmer, Heinrich (Hrsg.): *Buddhistische Legenden,* Frankfurt/M. (Insel Tb 820) 1985.

2. Pāli-Kanon, Theravāda-Buddhismus, Satipatthāna:

Buddha, Gautama: *Also sprach der Erhabene,* Eine Auswahl aus den Reden Gotamo Buddhos, übers. v. Karl Eugen Neumann, Zürich (Diogenes Tb 21143) 1986.

–: *Die Lehre des Erhabenen,* aus dem Palikanon übers. v. Paul Dahlke, München (Goldmann Tb 08647) 1986.

–: *Die Lehrreden des Buddha aus der angereihten Sammlung,* hrsgg. v. Nyanaponika Mahathera, Freiburg i. Br. (Aurum) 1985, 5 Bde.

–: *Reden des Gotama Buddha.* Aus der mittleren Sammlung, hrsgg. v. Hellmuth Hecker, München (Serie Piper 668) 1987.

Dhammapadam – Der Wahrheitspfad, übers. v. K. E. Neumann, München (Serie Piper 317) 1984.

Nyanaponika: *Geistestraining durch Achtsamkeit,* Die buddhistische Satipatthana-Methode, Konstanz (Christiani) 1984.

– (Übers.): *Sutta-Nipata,* Konstanz (Christiani) 1977.

Nyanatiloka: *Der Weg zur Erlösung,* Konstanz (Christiani) 1956.

3. Mahāyāna-Buddhismus, Mahāyāna-Sūtras u. a. Texte:

Fischer, Jakob/Takezo, Yokota: *Das Sūtra Vimalakīrti, Das Sūtra der Erlösung,* Tōkyō 1944.

Lotos-Sutra. Sutra von der Lotosblume des Wunderbaren Gesetzes, übers. v. Margarete Borsig, Heidelberg (L. Schneider) 1986.

Steinkellner, Ernst (Übers.): *Eintritt in das Leben zur Erleuchtung* (Das *Bodhicharyāvatāra* des Shāntideva), Köln (Diederichs) 1981.

4. Tibetischer Buddhismus, Vajrayāna:

Anderson, Walt: *Der Tibetische Buddhismus als Religion und Psychologie,* Bern, München, Wien (O.W. Barth) [3]1986.

Blofeld, John: *Der Weg zur Macht.* Einführung in Mystik und Meditation des tantrischen Buddhismus, Frankfurt/M. (Ullstein Tb 34056) 1981.

Chang, Garma C. C.: *Mahamudra-Fibel,* Wien (Octopus) 1979.

Clifford, Terry: *Tibetische Heilkunst,* Bern, München, Wien (O.W. Barth) 1986.

Dargyay, Eva K. und Geshe Lobsang Dargyay: *Das tibetische Buch der Toten*, Bern, München, Wien (O.W. Barth) ⁴1984.

Dowman, Keith: *Der heilige Narr*. Das liederliche Leben und die lästerlichen Gesänge des tantrischen Meisters Drukpa Künleg, Bern, München, Wien (O.W. Barth) 1982, und München (Knaur Tb Esoterik, 4122) 1984.

Evans-Wentz, W.Y. (Hrsg.): *Milarepa – Tibets großer Yogi*, Bern, München, Wien (O.W. Barth) ²1985.

Govinda, Lama Anagarika: *Grundlagen tibetischer Mystik*, Bern, München, Wien (O.W. Barth) ⁶1985.

–: *Der Weg der weißen Wolken*. Erlebnisse eines buddhistischen Pilgers in Tibet, Bern, München, Wien (Scherz/O.W. Barth) ⁹1985.

Söpa, Geshe Lhündub/Hopkins, Jeffrey: *Der tibetische Buddhismus*, Köln (Diederichs) 1978.

Trungpa, Chögyam: *Das Buch vom meditativen Leben*, Bern, München, Wien (O.W. Barth) ²1986.

5. Zen-Buddhismus:

Bankei, Meister: *Das Ungeborene*. Leben und Lehre des großen japanischen Zen-Meisters Bankei Eitaku (1622–1693), hrsgg. v. Norman Waddell, Bern, München, Wien (O.W. Barth) i. Vorber.

Bi Yen Lu. Meister Yüan-Wu's Niederschrift von der smaragdenen Felswand, übers. v. Wilhelm Gundert, Frankfurt/M. (Ullstein Tb, Materialien 35156) o. J.

Chang, Garma C.C.: *Die Praxis des Zen*, Freiburg i. Br. (Aurum) 1982.

Dürckheim, Karlfried Graf (Hrsg.): *Wunderbare Katze* und andere Zen Texte, Bern, München, Wien (O.W. Barth) ⁴1979.

Grames, Eberhard/Müller, Michael: *Zen*, Hamburg (Ellert & Richter) ²1985.

Han Shan: *150 Gedichte vom Kalten Berg*, übers. v. Stephan Schuhmacher, Köln (Diederichs) ⁴1985.

Herrigel, Eugen: *Zen in der Kunst des Bogenschießens*, Bern, München, Wien (O.W. Barth) ²⁶1986.

–: *Der Zen-Weg*, Bern, München, Wien (O.W. Barth) ⁷1984.

Huang-po: *Der Geist des Zen*. Die Zen Lehre des chinesischen Meisters Huang-po (9. Jh.), Bern, München, Wien (O. W. Barth) [2]1987.

Kapleau, Philip (Hrsg.): *Die drei Pfeiler des Zen*. Lehre – Übung – Erleuchtung, Bern, München, Wien (O. W. Barth) [7]1986.

Linji, Meister: *Begegnungen und Gespräche,* übers. v. Pierre Brun, Zürich (Amman) 1986.

Maezumi, Hakuyu Taizan/Glassman, Bernard T.: *Der verschleierte Mond der Erleuchtung,* Bern, München, Wien (O. W. Barth) 1981.

Matthiessen, Peter: *Am Fluß des neunköpfigen Drachen,* Begegnungen und Erfahrungen auf dem Weg des Zen, Bern, München, Wien (O. W. Barth) 1987.

Shibayama, Zenkei: *Zu den Quellen des Zen.* Die berühmten Koan des Meisters Mumon, München (Heyne Tb 7277) 1986.

–: *Zen in Gleichnis und Bild,* Bern, München, Wien (O. W. Barth) 1974.

Shimano, Eido: *Der Weg der wolkenlosen Klarheit,* Bern, München, Wien (O. W. Barth) 1982.

Suzuki, Daisetz Teitaro: *Die große Befreiung,* Bern, München, Wien (O. W. Barth) [12]1986.

–: *Leben aus Zen.* Eine Einführung in den Zen-Buddhismus, Bern, München, Wien (O. W. Barth) 1987.

–: *Mushin: Die Zen Lehre vom Nicht-Bewußtsein,* Bern, München, Wien (O. W. Barth) 1987.

–: *Satori – Der Zen-Weg zur Befreiung,* Bern, München, Wien (O. W. Barth) 1987.

–: *Zazen – Die Übung des Zen,* Bern, München, Wien (O. W. Barth) i. Vorber. f. Frühjahr 1988.

Suzuki, Shunryu: *Zen-Geist – Anfänger-Geist,* Zürich (Theseus) [4]1983.